# 听亚当斯讲历史

James Adams

[美] 詹姆斯·亚当斯 著

徐彬 吴林 译

北京大学出版社
PEKING UNIVERSITY PRESS

**图书在版编目（CIP）数据**

听亚当斯讲历史 /（美）詹姆斯·亚当斯著；徐彬，吴林译 . —北京：北京大学出版社，2023.9

ISBN 978-7-301-34169-8

Ⅰ.①听…　Ⅱ.①詹…　②徐…　③吴…　Ⅲ.① 美国—历史—1400—1900
Ⅳ.① K712.2

中国国家版本馆 CIP 数据核字（2023）第 155304 号

| | |
|---|---|
| 书　　　名 | 听亚当斯讲历史 |
| | TING YADANGSI JIANG LISHI |
| 著作责任者 | ［美］詹姆斯·亚当斯（James Adams）著　徐彬　吴林 译 |
| 责 任 编 辑 | 李治威　徐文宁 |
| 标 准 书 号 | ISBN 978-7-301-34169-8 |
| 出 版 发 行 | 北京大学出版社 |
| 地　　　址 | 北京市海淀区成府路 205 号　100871 |
| 网　　　址 | http://www.pup.cn　新浪微博:@ 北京大学出版社 @ 阅读培文 |
| 电 子 邮 箱 | 编辑部 pkupw@ pup.cn　总编室 zpup@pup.cn |
| 电　　　话 | 邮购部 010-62752015　发行部 010-62750672 |
| | 编辑部 010-62750112 |
| 印 刷 者 | 天津光之彩印刷有限公司 |
| 经 销 者 | 新华书店 |
| | 660 毫米 ×960 毫米　16 开本　22 印张　340 千字 |
| | 2023 年 9 月第 1 版　2023 年 9 月第 1 次印刷 |
| 定　　　价 | 78.00 元 |

# 目 录

# 前　言

　　值此修订再版之际，作者切望就公众对本书异常之厚爱深表谢忱。本书销量惊人，明证美国人之精诚所至不独我国之过往，更兼当世。作者无意以此一卷之史滥充汗牛之数，而更着意为其本人及余众揭示，我等所源起各阶层美国普通民众的观念、性格及见解之形成。

　　作者之先祖，一支源自西班牙，1558 年定居南美；另一支（即其姓氏所出）源自英格兰，1658 年定居弗吉尼亚。作者本人则生于斯（美国北方）并长于斯，有生之年颇有岁月寓居海外。他的家族于新世界两大陆之移民及发展与有力焉，而他自身间或旅居旧大陆之经历，足资其领悟当今区分新旧大陆公民之不同。一方面，他意识到自己没有地域偏见，是一个纯粹的美国人；另一方面，他则日益深谙美国人与他国之男女有多么不同。作者着意铺叙美国奇伟壮丽之史诗，揭示美国之为美国之要义。本书立意皆本于此。作者尤其致力于追溯美国理念之开端，诸如"更大更好"、美国商业观念、大众普遍认可之"典型美国"精神，特别是关于美国对当世思想及福祉最伟大之贡献——各阶层公民都过上更美好、更富裕及更幸福生活之"美国梦"。这一梦想始自本初（美国肇始之初）。自独立建国，每一代（国民）都目睹了美国大众为把这一梦想从外在的强力中拯救出来所进行的抗争，那些看似势不可挡的强力是人性和环境中所固有的。在我们已经走过但尚未完全走出的大萧条危机中一直存在社会风险。我相信我们和世界上其他地方将会再次迎来繁荣的新时代，而这一梦想较之以往也或将面临更大危机。旧边疆确已逝去，我们思想中那片自由乐土一度成为社会紧张矛盾之缓冲带且为这一梦想得到实现之长久诱因。此外尚存一新边疆：充分利用科技这一巨大的新诱惑就摆在我们面前，就新产品的洪流及实验研究的前景而言我们对其广延性仅初窥门径。这场斗争可能是也可能不是革命者反对既定秩序的斗争，但对普通大众而言则确系一场艰苦斗争，这场斗争旨在坚守一纸雄文（《独立宣言》）及其憧憬所赋予我等之"追求生命、自由及幸福"的权利。

詹姆斯·亚当斯

于华盛顿

# 序　章

## 一、远古以来

我们的史诗肇兴于何时已无从考证。美洲原住民皆不谙历法（阿兹特克人及玛雅人除外），对现今我国疆域内那些生于斯长于斯的原住民而言，岁月皆无可回溯。时光自远古以来便流逝不已，其印记唯有季节变换和生生不息之生死更替。印第安族群究已于此繁衍多久，抑或他们究自何处而来，我们与他们皆所知茫然。

他们栖居的这片大陆举世未知，唯有他们自己知晓，因为在当地最远古神话流传之前他们便始终劳作、嬉戏、爱恋及争战于斯。大陆最北端广延至北极死寂寒冰之地。大陆东西两端皆濒临无边无际之大洋，终年惊涛拍岸。这片大陆雄踞北方，状如一个巨大的倒三角形，它的顶端直抵南方另一个巨大的倒三角形底端——那是与它毗邻的另一片大陆，其顶端直指南极。

这片大陆构造简单而绵延极广。在这片区域内有一片相对狭窄的沿海平原纵向延伸全境，西侧阿巴拉契亚山脉屏障其间。越过阿巴拉契亚山为密西西比河冲刷出的大河谷，由此向西为绵延的科迪勒拉山系。更往西则是延伸向太平洋的坡地。太平洋沿岸至大西洋沿岸横跨4828千米，1/3以上都被中部（密西西比河）河谷占据，纵贯其间，可谓人世间最宽广之安居乐土。在我们正在描述的这些世纪中，这片大陆上的337万平方千米土地，除了中部大草原和大平原、西部山脉及西南部干旱区域，大都覆盖着葳蕤葱茏的原始森林。林间树木枝枝相连，叶叶相护，一只松鼠在枝头腾跃千余英里，都可能看不见地上有一丝阳光。

这片土地多样的地表特征恰似巨人之手所造。其北部是连绵的大湖群，湖区面积近26万平方千米，淡水储量占世界之半。上游四大湖倾泻入最下游大湖形成的瀑布宽逾1.6千米。在密西西比河水系冲刷出的6437千米长的中部大河谷内，人们可以从温暖的大海湾（墨西哥湾）溯流而上数千英里，穿越起伏的大草原和大平原直达严寒的北方。大河谷整体自东向西呈阶梯状缓慢抬升，直至遥远西部平缓地域已逾海平面以上1500米。其西部绵延耸峙着地球上最大的山系之一，海拔高至4200米，仅有几处隘口可以翻越。其分水岭西侧，科罗拉多河劈山而下，汇入狭窄的加利福尼亚湾，河谷底部宽32千米，长483千米，峡谷平均深度超过1.6千米，构造出科学家们所称之"已知最宏伟的自然地质剖面"。太平洋沿岸各州林木荟郁，高逾60米，其中伟立者树围28米，树龄4000余年，为举世最年长之生物。

这片广袤土地景象各异，气象万千。东北部起伏的群山及低山丘陵皆为森林覆盖，上千个宛如宝石般的湖泊点缀其间，与西南部仙人掌点缀其间的无水沙漠自是不可同语；又遑论东南部地势低洼的沙质松林泥炭地、潮湿的沼泽，以及水流缓慢、水质浑浊的河流，与西北部闪亮的瀑布、白雪皑皑的群山，以及一直延伸到蓝色太平洋的高地之间的差异。同样，那芳远及天、辽阔似海的平原，与贫瘠而令人生畏的西部山脉的无尽复杂性也是天差地别。此间气候亦变化多端，从低洼海湾沿岸的热带湿热高温到西部高原的温凉干燥，再到缅因绵长的严寒和中央山谷北部平原肆虐的暴风雪。

不独不同地域间隔殊远，其各自区域亦极广袤。此外，由于大陆构造简单和山脉南北纵贯阻隔，几乎所有地域的气候均呈现某种极端特征。大西洋沿岸和中部河谷地区尤具特色，皆因来自北极或赤道之风无论南下或北上在该等地域均可畅行无阻。甚且大陆最南端冬日竟有严霜，而最北部居民夏日亦受暑热煎熬。这片大陆大部分地区的气候似乎总是令其间生灵惶然无措，就连野蛮人亦莫能外，不只因其变化突然，亦因某些尚不为人知的特性。就各方面而论这片大陆气候反差极大，而非呈现柔和的渐变色调；这是一片充斥着耀眼光线和急遽阴翳、赤地千里和洪水滔天，以及朗朗天光和骇人风暴的土地。

这片土地深处蕴藏着丰富的煤、铁、金、银、铜和石油，但这片土地最初的栖居者对此却是一无所知；在大多数情况下，这些野蛮人既不觉得有必要去利用它们，也不知道它们有什么用。对他们来说，更为重要的是数百万头在平原上漫游的野牛组成的巨大牛群、无数小型毛皮动物、遮天蔽日的鸽群，以及湖泊、河流中涌动的鱼群。像熊类、美洲豹、响尾蛇及毒虫等有害动物亦为数不少，使得某些地域尤其不适合人类居住。

在我们称为墨西哥的这片三角形大陆顶点处（最南端），各种景致和气候紧密交织。在那里，自热带海岸的浓密丛林经空气寒冷的山地至积雪浮空、火山耸立的中部高原，自然景象间隔较短。这里更是宝石及金属矿藏荟萃之地。这片广阔天地富含一切最新形态人类文明之所需，使人类漫长而艰难的进步中最崇高之梦想得以实现，并对世人的思想和生活影响深远。

然而，在我们所称的史前时期，这片墨西哥以北的辽阔大陆上却是人烟稀少，仅生活着 500 万未开化人类，我们称其为印第安人。"红色"这个描述性形容词名不副实，因为印第安人的肤色仅有深色与浅黄之分。他们本属同一种族，下分多个族群，进而又分为更多部落。最初印第安人可能迁徙频繁，但到我们的故事开始时他们已经养成了定居生活习惯。

区分不同部落既无必要亦不可能。在一定程度上，他们的数量、艺术、手艺和生活方式因地区而异，但就其普遍特征而言已足资分辨。他们尚处渔猎阶段，不过也种植玉米和一些蔬菜。任何一个地区的人口密度主要取决于食物供给量，像大西洋沿岸的人口密度就较平原地区为大。日常生活中，他们在族群内部彼此无所不谈，相处融洽，并极为重视一切公共活动及仪式场合。他们情绪不甚稳定，有时还略显怪异，尤其易受某些暗示或神迹等影响。他们所受的教养使得他们性情冷酷，有仇必报；他们惯于忍受困苦，但亦因幼稚和缺乏自制之特性而无法行事持之以恒。

弓箭、印第安战斧和棍棒是他们的武器。当我们朝西南方往新墨西哥和亚利桑那的印第安人走去时就会发现，那里印第安部族的技艺有所提高，可以制作使用陶器和编织物，尽管最精致的作品乃出自西北部沿岸。他们的房屋较为粗糙：从简陋的棚屋和圆锥形帐篷到易洛魁人的"长屋"；直到我们到达西南部始出现砖石或土坯造"普韦布罗"和"（悬）崖居人"印第安村落形式的公共居所，尤其是后者迥异于其他原住民居所，有时有六层之高且有较多房间。此类建筑旨在进行防御，故其所建之处远离社区耕种区域。

考虑到国土面积和定居人口，我们这个国家当时可谓人烟稀少，但我们必须记得在狩猎文明阶段人们需要较大地域方可维持生存。多数情况下，每个部落粗粗划定的狩猎区都甚广阔，但他对自己的领地从来不厌其大，进而不辞险远，游猎不已。偶尔他们也会进入敌对部落领地，易洛魁人就是如此。除非达成一时之和平协定，部落之战实为生存常态，进而成为男性主要日常活动，其频繁度不亚于搜集食物。为了和平迁徙和战争冒险，印第安人留下的小径几乎遍及整个大陆，他们穿森林越平原，辗转山溪河流之间，其行进路线就连现代工程师也无法改进。考虑到这片土地的宽广和穿行的难度，以及这些小径长达上万英里这一事实也就可想而知，找到它们所花的时间必须用世纪来计算。

他们已不知在美洲的丛林、海岸、大平原乃至荒漠深处生活了多少代。我们无从评价他们的文明是进步还是倒退，但若我们再往南下及至倒三角形大陆最南端的墨西哥，其文明程度确乎达至更高阶段（即有确切纪年可考）。

在墨西哥东南部和尤卡坦半岛上生活着一个神秘的种族，我们称之为玛雅人。他们以石筑城，自创文字，定有历法；依照我们的纪年他们的历史可以追溯至公元418年，若据他们自身记载甚至比这更早。他们的文明因某种原因而湮灭，但以此为基础另一个文明（阿兹特克文明）得以兴起。与美洲大陆上大部分人口稀少的狩猎部落不同，其人口数量多得令人难以置信，早先曾有文献记载，单是其一次庆典上的献祭人数就超过2万。

该印第安族群于公元1000年左右自北方辗转迁移南下，与早期玛雅人接触，形成一个人口稠密、高度组织化的农业国家。他们亦拥有系统的文字和历法并留存有可资解读的文字资料。不同于其北方部族，他们已经掌握金属熔炼之法，尽管仍未使用铁器；其黄金、珠宝首饰和服装之华美堪比《天方夜谭》中的描述。曾有人记述，该印第安国王殿堂占地之广，即便几番穿行其中直至身疲力乏亦未得窥全貌。贵族在其羽毛大氅下穿有黄金制成的胸甲，富人经常佩戴镶有宝石的金首饰。其中一处墓穴陪葬黄金多达27斤，另一处贮藏场发现的物品则价值75万美元。与北方以贝类作为货币不同，此处印第安人以羽毛管内盛金沙作为"零钱"。大市场里簇拥着2万至2.5万人，其中除了各种食物、服装、羽毛、羽状饰品、黑曜石短剑和其他可供售卖之物，尚有专为那些售卖大宗黄金及各种用黄金珠宝制成的鸟兽之商人而设的榷场。

阿兹特克人拥有辉煌的文明、高度发达的社会及经济组织结构，但他们的文明与北方印第安文明相比仅有程度之别，并且他们的宗教残忍而可怕。然而，阿兹特克人的独尊之神祇奎兹克托尔（一个留胡须的白肤之神，是他教给阿兹特克人艺术及手艺）应该是反对人牲献祭的。因而根据他们的传说，在很久很久以前奎兹克托尔便前往海边，扬帆东去，杳然无踪。但他允诺终有一日必将归来，而他的子民也一直都在苦苦等待。

## 二、凶神降临

数个世纪过去了，那"白肤之神"并未回来兑现他对其子民的承诺。墨西哥（当地印第安人的）历法纪年具有周期性，多年为一个循环，周期更替的相同顺位年份具有相同的名称（类似中国的干支纪年）。奎兹克托尔宣称他将于羽蛇年回归，但无数个羽蛇年都已过去依然未见其影。他仍为其子民所尊崇，就连惯偷洗劫民宅时也拿他当护身符。但他久候未至。然而，终有一代人等到奇事发生。根据印第安人所不知晓的历法，1492 年，在巴哈马的一个小岛上，那些赤身裸体的原住民看到海上驶来三艘张着巨大翅膀、大得超乎想象的帆船。船只匆忙靠岸，随后大船上拖出小船，白色皮肤的陌生人登上海滩，他们竖起一根柱子，上面绣有鲜艳的旗帜，像是在举行某种仪式。

陌生人在岛上停留多日，他们最感兴趣者无非那些土著鼻间所穿之小金环。此等好奇而陌生之辈被告知，本岛南方远海外所居之人，金器及金饰贮藏颇丰。这些白人迅速消失，随之失踪的还有数名土著。然而，嗣后不久古巴土著便为这群神出鬼没之陌生人所困扰。接下来那些人又出现于海地岛，他们的大船失事于此，当地人好心地帮他们捞起全部货物；当其他两艘船离开时，有44名陌生人留在了岛上。这些岛上的"食人族"都未听说过羽蛇神奎兹克托尔。他们只是被白人的出现迷惑了，被白人手中武器放出的雷鸣和闪电吓坏了；但那44人饥欲交困而又索求无厌，令当地土著忍无可忍，之后丛林中便发生了可怕的事情。

一天，一艘大船再次出现，甲板上的黑色物体发出震耳欲聋的响声和闪光，但当哥伦布再次登陆时却没有一个西班牙人来迎接。这次他带来了当地没有的马、猪、鸡等动物，以及小麦、甘蔗等作物饲养培育，他显然是打算留下来。当地人则想杀掉这些入侵者。岛上爆发了一番血战，三年间有2/3的土著死去，他们不是白人闪电（火器）的对手。

像哥伦布这样的人也不时出现在其他岛屿，及至1497年，美洲东北部海岸的土著同样对一个白人的出现惊讶不已，这个白人自称卡伯特，受雇于一个叫英国的部落之大酋长。这些陌生人在美洲南部和北部的海岸上凭空出现的频率越来越高。他们尤其致力于征服加勒比海岛屿并开始在大陆上建立定居点。1513年，西班牙人巴博亚在达里恩岛垦荒失败后设法爬上地峡上的一座山，从那里他望见了太平洋；这一景象似乎激起了白人继续掠夺的欲望。六年后，阿隆索·德·皮内达沿着海岸从佛罗里达一直航行到维拉克鲁斯。两年后，庞塞·德莱昂尝试在坦帕湾建立殖民地。其他人试图进入萨凡纳河口，而西班牙人则开始在南卡罗来纳搜寻奴隶并带回他们所在的岛屿。但是，这些探险家们最渴望得到的还是黄金。

1524年，葡萄牙人埃斯特万·戈麦斯搜寻了自北方某地至切萨皮克湾附近的海岸，那里的荒凉与贫瘠令他失望不已。此辈探寻黄金二十余年仍一无所获，在他们眼中黄金"诚为最珍贵之商品，财富之构成，其拥有者于世间可尽取所需，亦可拯救灵魂出离炼狱之苦，复得安享天堂之乐"（哥伦布之语）。但若觅之不得，一切便成镜花水月；1517 年，哥伦布之子迪亚哥承诺进一步探寻美洲大陆。于是，尤卡坦半岛上的土著们（当时他们住在有铺砌街道和石庙的城市里）惊奇地发现，他们中间出现了白人，而此时献祭者的鲜血仍在他们的祭坛上滴落。这些入侵者在一场突然爆发的战斗中被赶跑，他们沿着海岸又进行过数次冒险，之后便再无声息。

然而，未过两年，这些不受欢迎的白人在首领科尔蒂斯的率领下又于 1519 年出现。这次来了 11 条船，运来 550 名西班牙人、200～300 名印第安随从，以及 16 匹马。白人最先找寻的是他们据说八年前因海难而被俘的八名同胞。西班牙人一无所获，船队扬帆而去。但因其中一艘船损坏了，他们又被迫返回，而就在他们停泊期间，他们寻找的被囚禁者之一（此人在被囚禁过程中得到了善待）自己划着独木舟跑了回来，他受到热情迎接。在被囚禁期间他学会了玛雅语，这对拯救他的人们而言实乃一无价礼物。

在塔巴斯科海岸更远处发生了一场战斗，白人取得了胜利，这是因为马匹的突然出现使土著陷入混乱，尽管阿兹特克人在人数上占有绝对优势。为了报答征服者的宽宏大度，阿兹特克人献出 20 名年轻女子，其中一女年轻貌美，有着悲惨而浪漫的经历。此女谙熟阿兹特克语和玛雅语并先后成为科尔蒂斯的奴仆、秘书和情人，科尔蒂斯也因此得到一个无价的盟友。科尔蒂斯的目标是征服阿兹特克帝国，因为对西班牙人而言它的存在已由传闻变为现实。

阿兹特克王国的疆域近年来通过征服快速扩展，当时西起大西洋东至太平洋、北起墨西哥南至中美洲，都城位于墨西哥城，国王蒙特祖玛就居住于此。他征服了广阔的地域，拥有庞大的人口，但他治下很多地区都反对他的主张，这使他处于劣势。此外，他的骄傲和浮夸，以及为了满足他的穷奢极欲而强制推行的重税，也使他的臣民反感不已。

在刚刚过去的十年里，在墨西哥人们也看到和听到一些怪象。不时听闻有白人种族来到遥远的岛屿。1510 年，在没有地震或其他具体原因的情况下，特兹库克的大湖突然涌动，湖水淹没了首都，摧毁了都城大部。第二年，一座寺庙无故失火，所有救火措施都无济于事。三颗彗星滑过天空；就在科尔蒂斯登陆前不久，一束金字塔形的奇光闪耀东方。人们越来越觉得羽蛇神终于要回来了，而后羽蛇年科尔蒂斯便在维拉克鲁斯登陆。

他和他的随从在那里等了一周，在此期间他们受到地方长官的殷勤款待。而在首都，消息传来宫中一片混乱，下面这个问题引起激烈争论：科尔蒂斯是否是羽蛇神？由于意见不一，蒙特祖玛决定折中行事：他派出使者带去大量礼物并禁止（白人）再向都城靠近。当使者到来后，眼前的一切让西班牙人目瞪口呆。科尔蒂斯曾给国王送去一顶西班牙头盔，如今送回的头盔中盛满金沙。还有 31 车细如丝绸的棉布，大量金银铸成的鸟类和动物，镶满珠宝的金冠和银冠，金银做成的圆盘，其中一座神像的价值约合 1931 年的 22.5 万美元。

随同这些礼物而来的还有蒙特祖玛的谕旨：“兹因路途劳顿，多有凶险，尔等会面之请憾不能受；特赐礼物为谊，望尔等携之速归。”科尔蒂斯则直白地回复道，国王的慷慨使他更急于会见国王，他愿意到墨西哥城去。如果阿兹特克人能够尽早知晓“羽蛇神”的真面目，他们本可料到此事实属难免。

这位西班牙人征服墨西哥历史中之奇闻逸事，史学家威廉·普雷斯科特所述备矣。其中阿兹特克女奴也起到一定作用，但无论多么机缘巧合，这件事是如此引人注目，以至于在他那个年代被视为奇迹，让人不能不佩服他所表现出的治国和征战才能——凭借少数彼此不和、桀骜不驯的随从，不到两年时间他就征服了一个幅员辽阔、人口众多、高度组织化的国家。他发现了似乎可以取之不尽用之不竭的财富。白人们仿佛找到了传说中的黄金国。一个帝国自此建立。如果这一切都是在持续数日的海岸之行中发现的，那么在这片广袤的大陆上也许还蕴藏着无尽的宝藏，尽管这一点尚不确定。

1524 年，哈德逊河土著目睹一艘陌生船只到达，船上的指挥官是意大利人维拉扎诺，他受雇于一个叫法兰西的民族；十年后，更多法国人在卡地亚的率领下出现在圣劳伦斯河土著面前，他们花费数年时间试图在此建立殖民地。纽芬兰岛上的野蛮人现在年复一年地看到无数小船驶来，上面挤满了粗野的白人，他们来此捕捞大量鱼虾，然后将其运上岸晒干加工。

与此同时，西班牙人在征服墨西哥后也派出了多支探险队；1533 年，冷血统领皮萨罗南下征服秘鲁，证实此地与墨西哥一样富产黄金、白银和宝石。在此期间，纳尔瓦兹率领的白人出现在坦帕湾附近，使佛罗里达土著感到不安，后者击退白人，迫使他们沿着海湾沿岸穿越森林和沼泽狼狈而逃。最后西班牙人造好船只，但仅有 15 名幸存者到达得克萨斯沿岸并在那里被当地土著俘获。印第安人无法确定自己关押的是何人种，并试着让他们中一个叫德·巴卡的人充当巫医。也许是由于当地土著易受暗示影响，白人巫医疗效神奇，其余白人也成为巫医，之后他们不得不为其土著主人服务了五年。最后，德·巴卡与另外三个人逃入另一部落，在那里他们也进行了"神奇的治疗"。约八个月后，他们获准向西出发，但他们的名声是如此之大，以至于有时会有几千印第安人相伴而行。这支队伍靠掠夺和德·巴卡吹过"仙气"的食物，迤逦穿过得克萨斯到达格兰德河。经过十个月长途跋涉，德·巴卡本人最终到达墨西哥城并在途中走到了太平洋海岸。他已与其先前同伴分开了 9 年，而他讲述的在佛罗里达找到世界上最富有国家的神奇故事，则奠定了一个长期流传的神话的基础。德·索托相信了这一传言，他从秘鲁带回了价值 30 万美元的黄金。

1539 年 5 月，长期遭受白人袭扰并已习惯于击退白人的坦帕湾土著，看到 9 艘帆船靠岸，船上卸下 600 多人和 220 匹马。令土著们感到宽慰的是，没过多久这些白人就在夏末出发上路，消失在荒野中。

接下来两年，萨凡纳河土著和其他横亘佐治亚、阿拉巴马、密西西比绵长地带的土著，惊奇地发现一些白人赶着大群猪和他们从未见过的长尾动物。野蛮人到处攻击入侵者，入侵者人数逐渐减少。1542年，土著在密西西比北部白人的越冬地取得重大胜利。他们火烧营帐，杀死9人，烧死50匹马和数百头猪。

入侵者再次出发远行，1541年5月8日，他们在孟菲斯附近发现一条"大河"（密西西比河）。他们耗时月余造船渡河，在堪萨斯大草原他们再次成群结队出现在土著眼前。野蛮人的侵扰和疾病使入侵者减员250人；挺过严冬，他们又退回密西西比，德·索托病死于此。眼尖的野蛮人潜伏岸边观察陌生人的行动，他们可能看到一具裹着斗篷的尸体，上面沾满沙子，被抛入河中；他们欢欣鼓舞，那个告诉他们白人将会永生的白人首领终于死了。

入侵者中的其余成员从西南方向出发前往墨西哥，但他们给养匮乏，而且沿途还受到野蛮人的威胁。印第安人成功地将这些陌生人再次赶回河边，后者在那里造好7艘小船，放掉他们俘获的500多名印第安奴隶后，便在河的下游从土著视线中消失。土著在此之前已经注意到，白人手中的致命武器不再具有控制雷电的能力。白人出发四年零三个月后，恰好有一半人到达墨西哥。

与此同时，平原上和西南部的印第安人一直忙于击退其他入侵者。关于规模超群的"希波拉七城"和普韦布罗人土地上有巨大财富的传说流传已久，而亚利桑那西南土著彼时正被科罗纳多率领的探险队所侵扰，这支队伍由500名白人和800名墨西哥印第安人组成。他们发现了科罗拉多河和大峡谷，但并未找到传说中的"七城"；由于不断受到土著攻击，他们一直向北抵达堪萨斯，他们一度在不知不觉间离德·索托的队伍只有九天路程。在这支探险队返回墨西哥之前一年多的时间里，土著不得不对付这一新威胁。然而，转年的1543年，加利福尼亚海岸到俄勒冈的土著都看到，一些陌生人在卡布里洛的指挥下乘船航行，当他们登陆后，土著偶尔也不得不与其来上一战。

白人遭遇土著的次数与日俱增，遭遇地点更是不胜枚举。陌生人显示出沿着大西洋海岸建立定居点的更大决心，偶尔与其发生冲突的印第安人则目睹西班牙人在远及北卡罗来纳几个地方定居的努力付之东流，直至1565年他们才在佛罗里达的圣奥古斯丁设立永久定居点，此前法国曾两次试图定居此地。法国第二次尝试建立定居点时发生的事情，必然给了土著某些希望；他们看到那些白人互相残杀，那是西班牙人在圣约翰河河口屠杀法国殖民者。五年后，西班牙人暂时取得北至切萨皮克湾的控制权。1581年，在从西班牙运来的黑奴的帮助下，西班牙人在圣奥古斯丁建起一座堡垒。

1584年，北卡罗来纳海岸的野蛮人正忙着监视英国人试图在他们的土地上建立定居点，并为两年后这些人再次乘船远去而欢欣不已。然而，这些船只仅仅离去数日便又来了更多艘船并留下15个男人。这一次印第安人朝他们扑了过去，杀死一人并将余者赶上小船放逐大海。野蛮人再次肃清了他们的土地，那些白人从此杳无音信。第二年（1587年），更能坚持不懈的英国人登陆150人，其中包括妇女儿童25人（这是北美过去从未有过的）。很快就有一个白人女孩（弗吉尼亚·戴尔）在这里出生了；不久，这些船只启程离去，留下新来者在殖民地自生自灭。野蛮人如何对待这些人我们已无从知晓，但等船只四年后再次到达，除了墙上潦草地刻着"克洛坦"，堡垒中空无一人。

英国人现在第一次出现在西海岸的野蛮人面前：1579年，弗朗西斯·德雷克率领"金鹿"号舰船，满载从西班牙手中抢来的黄金白银，缓缓地沿着加利福尼亚海岸，越过金门与旧金山湾之间的一段距离，驶入旧金山以北几千米处一个小港口，在此整修月余。

经过三代人的岁月，墨西哥以北的印第安人已经受够了这些奇怪的新敌人，那些不速之客随时都有可能袭击他们，但他们的生活并未因其间发生的小规模冲突而有很大改变。相比之下，墨西哥的情况则大不相同。

西班牙人来此只为寻找黄金。他们在找到黄金的同时还发现了一个野蛮而辉煌的高度组织化的社会。如果说白人剥夺了印第安人的独立和财富，那么他们也自觉地赐予后者一份礼物作为报偿，即基督教的救赎。西班牙人非常残暴，但他们可能从未想到其最先"拯救"同时也是被其剥削的人类灵魂竟是印第安人。在科尔蒂斯建立的西班牙新帝国中，印第安人在社会及经济上处于附庸地位，但他们作为社会不可分割的组成部分亦享有些许权利，而且西班牙移植到墨西哥的文明是一种包含印第安人在内的文明，在这种文明下他们与白人通婚并作为混血而得以生存。这一事实对野蛮人和白人来说都至关重要。

自西班牙人初次到来这一百年间，从印第安人的角度来说可谓变化巨大。他们接受了入侵者带来的天主教信仰的教化；即使这两者都没有很好地理解这种信仰，但旧信仰血腥的人祭已成过往。仪式上已不再有大批受害者为了安抚神怒而被杀。一种新的文明以惊人的速度出现，人们期望印第安人也能参与这一文明，尽管在很大程度上印第安人一直处于被剥削和不幸的地位。

到 1574 年，北美约有 200 个西班牙城镇，人口达 16 万，其中大都是男性。印第安人的村落间校舍广布，早在 1522 年墨西哥城就开办了一所学校，1000 多名印第安男孩在那里学习手工艺、美术和其他学科。13 年后，新大陆第一所面向土著的高等教育机构在同一城市成立，其中还包括一所印第安女子学院。墨西哥大学于 1551 年成立，其中所设专业之一便是印第安语，而且墨西哥印刷出版的重要书籍中更有七八本成书于这一世纪，其中包括墨西哥文语法和词典。

这种文明能在如此短的时间内形成的确令人惊异；这种文明也向印第安人开放，他们在许多情况下都能升至地方官员，或者至少可以发挥重要作用。墨西哥在最初一个世纪内有 50 多家书店，到该世纪最后 25 年从西班牙进口的图书已超过 3 万册。其他关于人类学、语言学和历史学的重要著作都出自墨西哥学者之手。另有大量作品（主要为宗教题材）则是用当地语言印刷。1573 年奠基的墨西哥大教堂是全国无数座教堂中最重要的一座，并且至今仍是北美最宏伟的教堂建筑。在这些建筑中，印第安人经常在祭坛上方悬挂的画中看到欧洲画作；由阿隆索·瓦斯奎斯和罗德里戈·德·西丰特斯创办的墨西哥艺术学院已于该世纪焕发生机。人们对艺术抱有浓厚兴趣的另一个标记是：1585 年，300 多位有抱负的作家同时角逐一项文学奖。

西班牙人在增加国家资源方面也做了很多事情。他们运来如此多的牛、马和母驴并繁殖骡子，以至于有相当多的牲畜四处奔逃，结果被猎杀。他们还种植棉花和甘蔗，到 1590 年，制糖厂每年从圣多明戈单是向多明戈就出口 20 万磅，而那里的印第安人亦学会了吃牛肉而非人肉，从事农业劳作而非狩猎和战争。各种各样的花卉也被引种于此；据说，1552 年在一座教堂里人们在圣坛上的玫瑰花种子上做弥撒，很快整个新西班牙都飘散起玫瑰花的芬芳。

但是，黄金和白银仍是难以抵制的诱惑。西班牙舰队每年都会将价值 1500 万美元的金银珠宝运回国。成千上万不幸的印第安人在波多西和其他矿山上艰苦劳作。然而，除了偶尔出现白人被迎合或被屠戮的情况，墨西哥边境北部的生活一如既往。唯一的变化是西班牙人带来的牛马（它们在墨西哥境内自由游荡，此时已有数十万之多）为北美土著所用，由此狂野的苏族及其他平原印第安部族得以纵横马背，驰骋于其祖先曾为之艰辛跋涉无数代的大地之上。

与此同时，土著们并不知晓那些经常被他们驱离海滩的英国人和西班牙人正在 4828 千米外的海面上进行一场殊死搏斗，双方参战舰船多得超乎他们想象。1588 年 7 月 20 日夜，西班牙"无敌舰队"满帆直驶英吉利海峡。不知不觉间，北美土著命数已定。

# 1

# 应运而生之人

这些深刻改变北美野蛮人生活的白人自何而来又为何而来？4828千米外的大洋彼岸便是欧陆，那里满是精力充沛的不安分者。他们经常为了政治和经济利益而你争我斗。他们有着不同的宗教信仰。15—16世纪，这种躁动不安的活力显著增长，人们的生活节奏莫名紧张。贸易、宗教和民族主义成为主导力量，各种矛盾冲突愈演愈烈。

正当上述活力猛增之时，土耳其人控制了通往东方的全部陆路交通线，因而东方贸易固然利润惊人，但其出路已被阻塞。上述情况加以这一活力需要宣泄出口，宣告了海上探险时代的到来，即寻找贸易新出路，尤其是通往被封闭的东方的新通道。加勒比地区的野蛮人邂逅哥伦布之前20年，葡萄牙水手一直在沿非洲海岸航行。若说美洲印第安人对这一切懵懂无知，欧洲对印第安人及美洲大陆的存在同样了无所知。哥伦布曾设想一直西行直达远东之"印度"，但盛行风并未将他带到他一直认为已经找到的东方国度，他所到的不过是美洲边缘地区，那里的居民同样拥有繁荣的文明。西班牙在犹疑之中尽了最小的努力支持哥伦布远航，却获得巨额财富及权势之源，从而彻底打破了欧洲国家之间的力量平衡。

然而，欧洲任何一国上述活力之增长均不如伊丽莎白女王时期的英国显著。而且英国在宗教上变得狂热地信奉新教，对信奉天主教的西班牙人仇恨满满。英国人眼看着西班牙势力空前崛起，其大型船队从西方新大陆运回数百万吨黄金，其天主教信仰盛行于世，此情此景较之国内躁动之力更觉无法忍受。1584年，理查德·哈克吕特致信恳求，若英国在美洲殖民并加强某些据点进而掠夺西班牙运金船队，"西班牙帝国定将落败，西班牙国王将会成为伊索寓言中那只徒劳的乌鸦……"因为"若染指西印度群岛即如触碰其掌上明珠"，西班牙人的军队和自尊将会随其财富减少而每况愈下。

英国海上枭雄如霍金斯、德雷克及其余诸人，在海上对他们痛恨的运载黄金的天主教徒们（西班牙人）穷追不舍。巨量的掠夺物被劫使西班牙人暴跳如雷，他们准备在英吉利海峡以致命一击制服英国。可是谁也没想到一场猛烈的风暴彻底摧毁了西班牙舰队，英国人赢得了胜利。"无敌舰队"的覆灭，以及随后西班牙势力式微，意味着西属美洲帝国实际上仅限于墨西哥边境以北地区，而无法再扩张至其所宣称拥有主权的广阔大陆。一个衰落的帝国无法保有如此广阔的地域和如此绵长的边界线。这为英国人实施最大胆的计划开辟了道路。关于西属美洲帝国及该地曾经存在的灿烂文化，英国人毫无所知亦毫不在意，而且在接下来三个世纪其北美后人亦复如斯。竞争、无知、厌恶与宗教狂热合到一起，使得西班牙及其帝国仅仅是成为英国人眼里的仇敌和猎物。不过，从西班牙手中夺取新西班牙，即使对正在崛起的伊丽莎白治下的英国人来说也是一项极为艰巨的任务，因此他们转而向北开拓殖民地，希望在那里能找到黄金和巨额财富。

吉尔伯特和罗利建立殖民地的尝试均以失败告终，但他们越挫越勇。罗利将北美视为其未竟事业，临终遗言："此地终属大英，纵死无憾。"吉尔伯特在失败后所发言论同样表明其对外扩张思想："凡惧险畏死负国忘义之辈，不配苟活世间。"人们成立了更强大的公司来资助殖民地建设，这项事业继续顽强地向前推进。

1607 年，英国人再次尝试在弗吉尼亚的詹姆斯敦建立殖民地，这里距河流 48 千米以防西班牙人突袭。这次殖民取得成功，尽管存在骇人听闻的"饥饿时期"，据当时报告称竟有夫杀妻而食其部分并腌渍其余。十几年后，定居点人数已达千余。然而，事实表明，定居点的存在有多么不稳定：1619 年至 1622 年有 3000 余名新移民抵达，但至 1622 年年末新旧移民仅存 1200 余人，其中 400 余人此后不久便死于印第安人之手。疾病与苦难相伴，殖民者损失惨重，但该殖民地还是幸存下来。英国传统已被移植到北美大陆。自治政府及于 1619 年春抵达的总督叶尔德利被指示，不但应以平民政府取代军事管制并向所有自由移民授予土地，还应召集议会由民选代表制定其认为"有益且有利"之法律。一个新国家已然成形，尽管饱受疫病滋扰而且肮脏不堪的殖民地看似前景渺茫。的确是前景渺茫，因为西班牙本可将其迅速扑灭，只是在西班牙驻伦敦大使的建议下（"对其不必在意，其必自行消亡"），西班牙才对其听之任之。

在缅因以北，另一家公司试图建立殖民地但却难以为继。但在 1620 年，因宗教信仰问题而在荷兰过着自我放逐生活的一小群英国清教徒，怀着无比坚定的信念乘坐"五月花"号抵达北美，定居于并不宜居的普利茅斯沿岸，为这一大陆种下另一英语民族之种子。此辈皆为朴实温良之人，其勇气丝毫不逊于那些恃强凌弱的英国海上魁渠（"海狗"），而其品性则要较后者更佳。他们的定居点建立几年后，殖民地领导者兼历史学家威廉·布拉德福德在收到英国对殖民地的质询时注意到，其中有条反对意见是"据说定居者饱受蚊虫困扰"。他在回信中答复道："此辈过于脆弱，不适合开辟新种植园，料其无法忍受麝鼠噬咬；望其空守家中，直至不畏麝鼠。"

正如布拉德福德的讥讽之语，想要成为北美拓荒先驱，仅仅"不畏麝鼠"确实远远不够。无论南方抑或北方，最初的拓荒者们都不得不直面和忍受疾病、饥饿、终日劳作，以及印第安人和野兽的袭击。在普利茅斯的第一个冬天，这个百人团体有一半人死于疾病和艰苦环境。有时仅有六七名身体足够强壮者去打猎、烹食和照顾整个团体，但正如布拉德福德所写，尽管如此，他们还是"不遗余力，不分昼夜，任劳忘身，集木取火，推食浣衣，料理起居……心甘情愿而毫无怨言，尽显其朋友之情及兄弟之义"，从而"备受赞许"。

各个地方都有新来者。某些人定居在马萨诸塞湾附近。他们在安妮角建起了一个小渔村。弗吉尼亚人被英王授予自行制定地方法律的权利，但这些北方移民并未获得特许状或书面授权。这些清教徒在"五月花"号到来前甚至面临无法可依之困局，而此杂处人群中亦颇有些桀骜不驯之辈。没有任何人来管理他们，而一定的管理又是必需的。显然，他们必须自我管理；他们担心面临的处境，促使他们拟定了一份由全体人员签字认可的公约，他们将"服从于为大众所认可并设立和选择之政府及执政者"。其原则与文书朴实无华，其决断极具英国特色，而此后则将呈现典型美洲（国）特色。立约者们无意创建"民主"或变革世间任何政府。他们通过同意遵守所达成的共同意愿，避免了无政府状态或可能出现的独裁危险。这样做看似简单，但在当时除了英国人任何人群都不会选择同样的解决方式；而在日后美国的历史上，这种解决方式则反复出现达上千次之多。

至 1628 年已可确认，英国在大西洋沿岸的殖民活动纵然艰辛而危险但却可以取得成功。当时的弗吉尼亚殖民地已历时 21 载。殖民地在其奥援公司被解散后不得不自谋生路，但殖民者已自感足够强大，他们不顾英王警告而坚持重建议会组织并达到目的。清教徒们困难重重且获利无多，但他们始终自力更生。有此范例加之英国国内状况，朝向北美的巨大人口流动，即举世未曾一见的移民大潮即将来临。1630年，北美沿岸有近7000名英国殖民者，百慕大及西印度群岛约有4000人。而在1640年后不久殖民者总数即增至约6.5万人，其中约2/3居于岛屿，1/3居于大陆。

出于各种原因，英国国内经济状况非常糟糕，士绅和贫民都发现自己压力很大，他们不是觉得很难维持日常生活，就是发现日子难以为继。新大陆的机遇被描绘得无比美好，那些在英国社会和经济地位滑落之人开始将其视为一处庇佑之所和希望之地。然而，英国不仅经济状况不佳，而且对很多人来说其政治和宗教状况亦是如此。在政治方面，斯图亚特王朝的暴政已经开始；在宗教方面，对清教徒变本加厉的迫害也是山雨欲来，因为英国有相当一部分人是清教徒。基于所有这些原因（贫困、对宗教迫害的恐惧、政治风险，以及改善自身生活的普遍愿望），英格兰人真正外流到了爱尔兰、北美大西洋沿岸和西印度群岛。我们习惯上只关注"北美"大陆的历史，常会忽略这样一个事实，即在离开旧大陆的7.5万人中，只有1/3来到今天的美国。事实上，这次大规模移民中仅有一小部分人来到美国海岸。

"美国梦"（American dream）开始在人们心中形成。在加入大迁徙的人们心中，经济动机无疑是最重要的且往往占主导地位，但其中亦掺杂着对更美好、更自由生活的向往，即一种人们可以思其所思并依其意愿发展的生活。这次迁移不像历史上许多早期迁移那样由受迫随者拥戴的军事首领所领导，而是普通人及领导者们都希望自己及其子女能够享有更大的自由和幸福。这些英国人是为了其特殊自由而非模糊的"自由"本身而漂洋过海。这一梦想在很大程度上还不够成熟，尚未明确表达出来，但它正在形成。

1628年，马萨诸塞湾公司从皇室获得专属权并在第二年获得特许状。约翰·恩迪科特率领一批先行者在马萨诸塞湾定居后，1630年又有千人左右在约翰·温思罗普的率领下，携带大规模定居所需的牲畜、工具和物资抵达这里。与此前所有的冒险一样，第一个冬天的日子最难过，但是随着人们现在对殖民的理解变得更为充分，失败的日子已经成为过去。十年之内，约有 1500 名定居者扎根缅因和新罕布什尔，马萨诸塞有 1.4 万人，罗德岛有 300 人，康涅狄格有 2000 人，马里兰有 1500 人，弗吉尼亚有 8000 人。阿巴拉契亚山脉以东从缅因到卡罗来纳的整个海岸当时已为英国人牢牢掌握，除了一小部分荷兰人建立的纽约，以及一些瑞典人自立的特拉华。在 18 世纪初之前，上述殖民地历经征服或英国人口不可抗拒之增长大潮而被吞并；在宾夕法尼亚、泽西岛和卡罗来纳殖民地，人们也稳固定居下来。许多宗教派别都有了自己的代表，不仅有新英格兰的清教，弗吉尼亚及南方的英国国教，还有将马里兰倚为庇护地的罗马天主教，将宾夕法尼亚倚为庇护地的教友会。

国际上的帝国之争远未止息。强大而雄心勃勃的法国为传教热忱所驱使，在土著中传布基督教以换取毛皮。1608 年，法国在魁北克建起坚固的据点，此后几十年传教士、皮草商和探险家们纷纷向西部和西南部的荒野推进。随着五大湖依次被发现、拉·萨利于 1682 年探查密西西比河全域，法国宣称对这一大陆的两条大水道和整个大中央山谷拥有主权。17 世纪末，法国在尼亚加拉有一座要塞，并在苏圣玛丽（法国人在此定居的时间要比英国殖民者在费城定居早 14 年）、底特律、卡斯卡斯基亚、文森斯、德卢斯及中西部其他地方定居下来。

到处都有不知疲倦的耶稣会士在传教，野蛮人的哨探常能听到人们做弥撒之声遍布水道和印第安小径，那是若干世纪前由土著人开辟的道路，而法国人则蹑踪而至。法国人和印第安人友好相处，相互理解。1826 年，齐佩瓦族酋长哀叹北美状况已然改变："当年法国人来到这些瀑布下时，他们过来亲吻我们。他们称我们为孩子，我们觉得他们是父亲。我们亦如兄弟般同住一屋，而且我们总是有足够的钱让自己穿上衣服。他们从不嘲笑我们的仪式，也从不侵扰我们的亡灵之所。（如今）已经过去了七代人的时间，我们并未忘记（这一切）。公平，他们对待我们非常公平。"纽约西部和俄亥俄的易洛魁人是例外，他们向来喜欢英国人；他们对法国人抱有的敌意，使他们将法国人的勘探和贸易活动驱离至他们的领土北部。

与此同时，西班牙人也并非无所事事。1608 年他们在新墨西哥建立圣菲，这比英国殖民者抵达普利茅斯要早 12 年；在温思罗普登陆那年，他们在新领地已有 25 个教区，布道于 90 个普韦布罗部族，他们声称每个教区有近千名印第安基督徒。新墨西哥若干世代的历史，充满公民总督（其行事通常极不文明）与天主教会修士之间色彩鲜明的冲突：前者作为奴隶劫掠者忙于俘获野蛮人的肉体，后者作为奴隶救赎者则忙于拯救野蛮人的灵魂。

为了抵御法国入侵，西班牙人在得克萨斯也建起教区：圣安东尼奥于 1718 年建立。由于英国海盗在加利福尼亚海岸以外捕掠西班牙船只，加利福尼亚亦亟待建立定居点，1697 年西班牙耶稣会独自包揽了承建加利福尼亚定居点的工作，他们在南方建起了几个布道区。

这三个国家对美洲大陆巨大领土的无厌索求颇为引人注目。法国人因目睹其帝国领土囊括由热心商人与黑袍教士探明的圣劳伦斯河谷及密西西比河谷之宽广地域而豪情万丈。农业和边远地区定居者那种单调乏味的生活方式对这些人没有吸引力，他们认为天国与尘世帝国相差不大。新法兰西人口仅数千人，其粮食始终有赖进口，而南方的西班牙人则依靠当地农业维系超过 500 万人口。考虑到他们所宣称拥有的帝国，法国殖民者在很大程度上仍很贫穷，而且人丁稀落，除去创建了蛮荒中的文明前哨，余者几乎都无足称道。西班牙人为数众多，其中不乏非常富有之辈，其所创建文明之广亦超出整个南部大陆。法国人为其对冒险的热衷和皮草贸易的特点所诱惑，愈发深入森林，而西班牙人则忙于巩固一个拥有良好畜牧区且人口稠密的矿业和农业国度。法国人和西班牙人对印第安人均无种族偏见，但法国人由于人数不多对印第安文化并未产生多大影响，而西班牙人则建立了一个混血的新国家，并将庞大的印第安人口中的极大部分从野蛮状态带入文明状态。法国人梦想着一个帝国，西班牙人则建立了一个帝国。

当我们自法国的耶稣会士、快乐旅行者、在白人未曾行经的森林溪流间荡桨独行的探险者，以及西班牙的大型农场、矿山及畜牧场，转向单调乏味、簇拥成群的英国定居点，我们就像出离浪漫，重返现实。诚然，英国人在很大程度上是被财富和权力的梦想所吸引，因为七城传说或大陆中部某处藏有巨量黄金的传说长期存在。但在一些毫无收获的探索之后，盎格鲁－撒克逊的冒险家们转向渔业和烟草，坚持依赖海洋或土地谋生。他们在北方建起稠密的村庄，在南方则散居在更开阔的独建种植园，但他们的住处均与海岸及溪流相去不远。在最西边，他们的住处离阿巴拉契亚山脉这一巨大的自然屏障不到480千米并错落其间，仅有一条哈德逊－莫霍克河奔流而过并为其提供便利的交通。他们是帝国的创建者，但却似乎是以极其缓慢的速度在思考和前行；他们往前推进时，会密集地耕种他们的农场或种植园。令人失望而又幸运的是，波托西的矿产并未令他们见异思迁从一成不变的日常劳作中解脱出来，亦不必离开其需要照料的商铺和耕作的田地而沿着河流进行千里之遥的野外探险。

他们亦免于为传教热情所煽动，尽管其中尤其是新英格兰为数众多之人都将进入荒野作为礼拜上帝的唯一方式。他们偶或也会谈及转变异教徒的荣耀，但却很少或根本就没有为此做任何事情。在马萨诸塞州，约翰·艾略特牧师确实做了这方面的尝试，他将《圣经》译成阿尔冈昆语，但他几乎是唯一一个敢于把印第安人视为需要救赎灵魂之人，而不是将其视为需要与之斗争的魔鬼之子。

定居者具有强烈的种族意识和优越感，在他们看来，是上帝之手为他们杀死了印第安人。一名清教徒在谈及清教徒到来前杀死普利茅斯周围大部分印第安人的疾病时特意指出："基督以此拓地养民。"与法国人和西班牙人不同，英国人经过与印第安人及后来的黑奴接触，其种族意识变得更加强烈；虽说也有一些非法跨族通婚，但种族混合并未得到社会支持。与拉丁殖民地形成鲜明对比的是，英国人的妻子儿女分担了他们的丈夫和父亲们的冒险经历。

然而，许多战争都是与印第安人进行的，其中最有名的是新英格兰的佩克特战争（1637 年）和菲利普王战争（1675—1676 年）。除了宾夕法尼亚的教友派教徒在一段时间内与原住民保持友好关系和公平交易之外，定居者经常处于遭受攻击的危险中，随时都有可能响起可怕的厮杀声，随之而来的便是纵火和蹂躏。最初看到白人零星到来的原住民，现在开始发现他们自身已经不占优势，被迫逐步迁离其惯常的狩猎及野营场地、泉水及捕鱼场所、溪流及原先的棚屋住地。就在他们惴惴不安之际，殊不知，来自大洋彼岸那片未知大陆上的人们对他们的压迫，将会变得无休无止与残酷无情。

虽然移民者中也有一些冒险家和闲汉，但大部分英国人都是怀着建立家园的目的而来，为的是在宗教信仰方面或者更多的只是在社会和经济层面改善其自身状况。即使在新英格兰移民中（他们比其他任何欧陆移民都怀有更炽烈的宗教动机），其首脑人物兼富有者如温思罗普亦列举了其移民动机，即其产业大幅削减而不能以惯常方式在本国生活；失去了经营场所；在英国的前景，预示着施展其才华与抱负之空间已不可得。所有殖民地的思想、道德及宗教教条都弥散着强烈的清教徒气息。广义上的清教主义作为一种道德改革和净化运动流传甚广，在来到美洲并成为领导人物的阶层中被广为接受。新英格兰的许多"蓝色法律"[1] 在信奉英国国教的弗吉尼亚及其他殖民地均有相应体现。

---

[1]　蓝色法律，又译周日法律（Sunday Law），系为避免与宗教戒律及活动相冲突而强制限制饮酒、赌博、纵情之类的严格法律，因用蓝色纸张印刷而得名。——译者注

如果说早期帝国主义者的梦想是建立一个帝国，给西班牙国王以沉重打击并对教皇进行猛烈抨击，那么如今深入各阶层个体移民心中的希望则是逃离彼岸的不利条件，在新土地上兴旺发达。他们来自监狱、茅屋、小农舍、城镇商店、乡村庄园宅邸和修道院，但却从未有来自高门华族者。贵族仍留在英国，而数千移民几乎均来自逃离宗教迫害或恶劣社会及经济环境的中下阶层。最初几代人均非拓荒者，他们与那些后来成为美国生活中如此重要之人并无共同品质。这些最早的美国人是劳工、商人、工匠等，间或也有一些中等富裕和受过教育的士绅。他们为拥有土地的前景所吸引，而他们所觊觎的土地都是近在咫尺而非远在旷野。于是他们就开始建造房屋。

　　起初举目无非蛮荒，亟待征服。在此过程中，有钱人发现自己远比其在英国时设想的要更接近劳动者阶层。在大多数定居点初创之时，对所有人来说这就是他们的"根、食物或死地"。这是一个在美洲生活中有着深远影响的预兆，当温思罗普这批人到来时，食物如此稀少，以至于有180名契约奴必须获得自由，条件是支付近400美元，因为他们的主人实在无法养活他们。即使日耳曼敦已建立，但德国人到达定居点后，所有人都"必须投入工作和用尽全力挥动斧子，因为无论你转向何处，处处古木参天，放眼四周，唯有无尽森林"。

　　在各个殖民地均可听闻此类不懈劳作贯穿整个时期。弗吉尼亚州第一批法律中规定，一旦发现游手好闲之徒，即使是自由民亦当由地方法官指派工作赚取薪资"直至其有明显悔改表现"。1666年，马里兰州一位讲述者言及："儿子干活和仆人一样好，所以在他们吃面包之前通常会被教导如何去挣面包。"就连12岁以下儿童都要下地，就像我们在近来的"波兰人"及其他移民中看到的那样。定居者来自一个社会阶层严重分化的大陆。他们并非致力于建造乌托邦。他们希望尽快建起他们业已熟悉的文明，但在这一文明中每个个体都能变得更加自由、富裕和独立。随着定居点相继建起，阶层差异依然存在，但对工作无休止的需求也在不知不觉间改变了人们对劳动获利的态度。

此外，几十年过去了，雇佣劳工的稀缺性也趋向于提高劳工的相对地位。随着免费土地可以轻易获取，一个有抱负的勤劳者很难或没有理由再去为他人而非为自己劳动。他可以申请自己的一块土地（要么是永久产权的北方土地，要么是只需一小笔免役税的南方土地），清理掉树木，在邻居的帮助下建造一座房屋，成为自己生活的主人。沿岸和溪流附近到处都是大片的土地。另一方面，农场、商铺、渔业及其他各行各业对雇佣劳工需求巨大，早期资本家急于扩大自身经营规模，而这仅靠其个人努力已无法满足；温思罗普 1633 年笔记中所言"劳工之稀缺已令此辈将其工资提至无以复加之地步"只是日后一种基本趋势的征兆，这种基本趋势很快就将在美国生活中变得极其重要。偶尔也会有不满的劳工阶层定居者抱怨这里工资低，但我们有不少这一时期的信件足以表明，他们在新大陆发达的可能性与英国相比有多大。一位劳工写道："这里的工资是那里（英国）的三倍。"另一位劳工写道，对老百姓而言这里的生活要比老家好得多，跟着他又补充道："我在这儿的生活很简单，开了一家商铺，纺织亚麻布，但我已经在树林中买下了 182 公顷土地。"

对几乎每个北美居民来说，正是这种"林中土地"被证明是最强大的力量之一，它致力于推动民众对民主的情感和理念，致力于塑造我们的"美国梦"。英国人的思想从本质上来说是一种实用主义思想。一方面，英国统治者从未像法国人和西班牙人那样为殖民地政府制订出庞大而合理（却不可行）的计划。另一方面，（英国）公民也不会像法国人在大革命中那样试图改天换地，一蹴而就。没有一位前来定居的英国殖民者中的领导人物期望社会或政治生活民主化。他们中的大多数人，像约翰·科顿和温思罗普等都惧怕和憎恶民主。温思罗普更是诅咒民主是"所有政府形式中最卑劣、最糟糕的一种"。

但事实上，在这些距离英国数周或数月行程的小的新型社会中，地方政府只有在得到被治理者同意的情况下才能正常运转，不会陷入无政府状态，因为《五月花号公约》的签署者们已经认识到这并非一种理论，而是一种现实的迫切需要。在这些滨海小村或种植园内，士绅和富人可能仍然享有各种社会特权，但在这里有钱也买不到多少奢侈品，佣工也很难雇到；在这里，几乎每个人都拥有房产及土地；在这里，贫富之家几无区别；在这里，劳动成为有力的平衡器；在这里，几乎所有人都与社区利害攸关；在这里，普通人不可能不坚持自身立场，维护自身利益，并形成一种力量。

"政府"在很大程度上都是地方性的（教区），那些必须决定的问题都是直接提交每个户主，他觉得自己和"士绅们"一样有能力讨论那些问题。政府主要关心诸如为定居者分配土地，规划道路并组织施工，筹资维持城镇或教区教堂正常运行，安排哨兵执勤，或者是组织一支小型武装抵御印第安人等问题。法国和西班牙定居者并不独断专行。他们接受了旧大陆上贵族或君主政府的变化多端，就像接受飓风或干旱一样，但英国人在故国则对生活有着不同的反应。当一个英国人冒险漂洋过海来到殖民地并经历了最初数年清理土地和修建房舍的劳作后，他定然不会坐视不管而将其日常生活交由若干邻人管理（此辈邻人已于蛮荒中大大失却了在英国泾渭分明的仅凭金钱及社会地位获得的权威与优势并努力为维持平民百姓地位而卖力地清理树林）。因此，当我们发现在各个殖民地的地方政府事务中普通人的呼声都在稳步增长，而且公民权范围的扩大也允许他这样去做，我们也仅仅是目睹了英国人特性对这一环境的必然反应，而非任何人们有意识地信奉的政治理论的发展。

在清教徒定居马萨诸塞的第一个十年中，可以清楚地看到人们对自由和自治的需求日益增长。清教徒领袖们带领数千信徒投身荒野，旨在追求信仰自由，逃离英国的政治和经济环境。领导人们把最初的特许状带到马萨诸塞原本只为建立一家贸易公司，后来通过对其条款加以巧妙解释将其变成类似自治国家的宪法。这一行为本身在半个多世纪里为他们提供了不同寻常的自治历练，但他们并无意承认政府民主和信仰自由。"美国梦"更多归功于荒野而非此辈。

这片空旷新土地上的环境所产生的影响几乎立马就显现出来。1634 年水城人的诉求和抗争清楚地表明，用自身劳动开辟农场的平民坚决要求制定自我管理的法律。一年后，罗杰·威廉斯被放逐而逃到罗德岛，他致力于在此地适时建立一个信仰自由、不为宗教事务所左右的殖民地。1638 年，当时来自英国的新移民和不满的马萨诸塞居民已在康涅狄格定居数年，托马斯·胡克牧师宣讲了他著名的布道，其中新定居地政府的基本原则是，"权力之设立应首要基于人民之自由意志……人民有权任命官员及地方法官，亦有权设定权力之范围及界限，并于其认为必要时得以行使之"。到 17 世纪末，我们发现马萨诸塞一名契约佣工之子约翰·怀斯牧师领先于他的时代写道：政府应该建立在"人类自由契约"的基础之上，而非依靠上帝之权威，其唯一目的为"有益于各人之一切权利、生命、自由、财产及荣誉""一切主权在民"。

普通人向前迈出了一大步。自其盎格鲁–撒克逊祖先定居日耳曼森林千载以来，北美森林中的先民们可能比此前千年中的任何时候均为享有更大自由之个体。由于英国政府系当时世界上最自由之政府，它通过授予殖民地地方政府下院或议会由人民选举产生的自治权，从而推进了北美民主潮流的发展。封建制度下的新法兰西居民便无此福分，新西班牙亦是如此。

但若普通人在英国殖民地较在法国和西班牙殖民地更快地走向自由和自治，那么从另一方面来比较该时期这三者就会具有一定启发意义。这三者均试图将其欧洲文化移植到它们在新大陆上之地盘。法国人主要强调宗教因素并努力教化印第安人。在这方面，尽管耶稣会士们拥有几近超人的勇气和奉献精神但并未成功，部分原因是少数人分散工作于相隔数千英里远的范围中。此外，在圣劳伦斯的法国小定居点，贫穷和人丁寥落也阻止了任何真正文明社会的建立。另一方面，正如吾等所见，在新西班牙已经建立了一种相当辉煌的文明，尽管带有几分野蛮色彩，这种文明组织严密，而且极其富有。西班牙人将当地文化与本国文化相融合，他们自己成为统治阶级而印第安人则承担了大部分劳动。因此，这里几乎立刻就形成了一个拥有财富、闲暇和权势的阶级，艺术就是通过他们而被引入。对成熟文化的惊人移植同样应归功于他们。

当我们专注于英国殖民地时，我们发现了一系列全新状况，这些状况使英国人在法国人的失败文化和西班牙人的成功文化之间占据一席之地。发展更高级的文化生活需要财富和闲暇，即资源积累，这些资源允许人们有一些时间，可以摆脱只为温饱和栖居而劳作之苦。印第安人因为生活水平低下而往往较白人拥有更多"财富与闲暇"。由于需求甚少，所以他们有足够多的时间专注于其原始艺术。

英国人试图尽快在蛮荒中立足，甚至试图通过若干世纪的资源积累提高其在英国业已习惯的生活水准。正如我们所说，由于资源贫乏和人口稀少，这种意图在新法兰西注定会失败。而由于我们注意到的条件，它在新西班牙则取得成功。但对最初一个世纪的英国人而言，相关条件并不具备。他们所遭逢的并非西班牙人所遇到的那种富裕而有组织的本土文明，而且在任何情况下他们的种族优越感均会阻碍其本土文明与当地文明相融合。正如吾等所见，他们对印第安人不感兴趣，并不将其视为人类一员。实际上英国人认为印第安人的等级仅比狼类略高一些，故应通过战争或条约将其清除。如果说英国人无意拯救印第安人的灵魂，那么他们大多也不会为了得到劳动力而束缚其人身，尽管他们也这样尝试过。对于劳动，他们完全依靠自身，以及能够获得的为偿付旅费而卖身数年之契约奴。在这一时期，少数黑奴的存在并不重要。

在许多情况下英国人都付出了巨大的努力来传播英国的生活和思想标准，但随着与印第安人和荒野的斗争继续进行，其精力为不断开辟蛮荒的劳作所分散与消耗，上述标准显然难以维持。事实证明，审美和知识等人类生活中常被认为不那么直接"有用"的部分不得不被舍弃。尤其是在新英格兰，我们可以看到有两种趋势在起作用：一种是普通人分享生活中美好事物的需求增加，另一种则是荒野对人们的阻力增加。

每个人至少可以接受基础教育的理想这时也出现了，与此同时高等教育则在慢慢下降。1636年成立的哈佛大学在我们的历史上创造了诸多成就，但在近60年时间里它仍为殖民地唯一一所高于普通学校的教育机构，相较于新西班牙的大学，它所提供的教育和取得的学术成就无足轻重。事实上，时间已经过去了近200年，美国还没有一所英语教育机构达到哪怕是英国人定居之前西班牙人所达到的水平。正如我们将要看到的，其他种族（有白人也有黑人）将会分担英国人的部分体力劳动，但在早期他们凡事亲力亲为而逐渐羁縻于俗务，所以1700年至1710年这十年也就沦为英国人到达美洲前后英国文化的最低潮时期。

某种程度上，就像每一个重复出现的边疆时期一样，这一时期也留下一道持久的创伤。不仅仅是民间艺术，如木雕、家具漆艺、工艺编织等在争取一切的艰苦斗争中或多或少被弃置，尽管它们自身并不美丽。这本身确实也是一种永久的精神损失，但那种持久的创伤则是普通人中产生的感觉，即艺术带来的精神满足不过是生活的装饰品。1719年，一种早期真正的美洲之声确切地表达了上述思想，即"提供粮食的农夫要比取悦眼睛的画家更有用"，但在其他生活条件下，当盈余被积累起来后，这种说法就可谓是非难辨。与边疆进行的长期斗争，使得这一说法对我们大多数人来说似乎都是真实的。

受过教育和有教养之人散布所有殖民地，但总体而言所有沿海定居点的生活变得极为狭小而琐碎。实际上，所有定居者起初都属于中产或劳工阶层，总的来说他们的观点有些狭隘。这种狭隘性，由于缺乏兴趣爱好以及各地乡村生活中常有的闲言碎语和窥探癖而得到极大强化。清教徒思想倾向于让每个人都成为其教内兄弟的监护者以免被亵渎，反过来也强化了后一种品质。定居者的想法具有内生性倾向。由于缺乏娱乐活动，即使许多旧娱乐形式未被反对或禁止，定居者也会过度干涉邻居的道德和习惯。普通人现在发现自己在扮演立法者的角色，充分享受他的新的重要性。众所周知，白手起家的人很自满，而从某种意义上说这个时期的所有美国人都是白手起家。他们完成了一项伟大的事业，展现了自身的勇气和耐力，而他们也意识到了这一点。在更为严格的清教徒殖民地中清教主义宣称其成员是被选中的种族，更是为这种对自身优越性的强烈信念添了一把火，从而给我们留下了其信徒们让人不悦的遗产。斯托顿写道："上帝筛选了整个国家，以便精选之种播于荒野。"巴尔克利写道："吾等即如山巅之城，立于普天之下世人眼目仰望之中，因吾等自称为与神立约之臣民。"幸运的是，嬗变中的北美中部与南部殖民地并未恪守此义。

沿海边缘最初的美国边疆从来都不是真正美国意义上的边疆，但在旧殖民地生活的形成阶段它确实也具有一切边疆的某些特色。人类会将强加给他的生活予以合理化和理想化。在没有任何充足的黄金或宝石储备，以及充足的劳动力供应的情况下，英国人唯一的出路就是努力工作。农场、房屋及各种资本等为生活所必需——总之，创造金钱及安稳乃头等大事。艰苦工作变形为美德，闲暇被视为邪恶。安逸与财富因为得之不易而且很难仅凭劳动美德得到所以显得极为重要，从而成为上帝的祝福。最初的边疆开始给美国打上标记。其中某些印记在之后一个又一个相继出现的边疆中将会变得愈加清晰。

与此同时，大西洋沿岸已经变得完全英国化。1700 年，殖民地上的英国人口约 26 万，比新西班牙的西班牙人要多出十万人左右，而整个大陆的法国人仅约 1.3 万人。此外，英国人稠密地定居下来，皆分布于距离岸边不超过 160 千米之地，而与其西边的阿巴拉契亚山脉比邻而居。他们 90% 都生活和劳作于农场或种植园。余者为渔民、水手、神职人员、商人、伐木工等。在环境的压力下，他们中的大多数人都成为各行各业的佼佼者，可以从事几乎任何工作。在墨西哥北部的大陆上，可能没有一位悠闲的士绅，除非是囚犯或印第安人。

一些地方的城镇人口已经有所增长。查尔斯顿是南方唯一重要的城市，可能有 1500 人。费城仅在 1683 年才建成，但其人口增速惊人，其人口数量与纽约相仿约为 4000 人，而波士顿作为殖民地的大都会才有 7000 人。虽然印第安人到处都被从海岸边推向内陆，但他们在殖民者定居点后面形成了一条长长的环线，他们与殖民者或敌对或友好，或争斗不已或和平共处。在村落或定居点外围的偏僻小屋里，由于常可听闻战斗的呐喊声，人们开始习惯拥枪而眠。渐渐地，这些英国人顽强地铲除了森林和敌人。此辈具有强烈的种族自豪感，他们憎恨阻挡其前进步伐的印第安人及其他"害虫"，自诩为"上帝的选民"，决心赢得土地和家园——他们实乃应运而生之人。

# 2

## 文明初兴

历史非常关注政府的形式，以及有关政治家和政党的记载。这些都有它们的位置和重要性，但更重要的是一个民族的性格。同样是共和制议会政体，如果分别由英国（人）、法国（人）或东印度（人）创设，则在几代人之内就会变得完全不同。在所有体制之创设与演进中，人类的多样性呈现曲折变化并最终会在其体制上留存印记，尽管在这一过程中他们自身可能也会受到一些实质性影响。殖民地的情况就是这样。

英国人的思想早就习惯了国王、贵族（上院）和平民（下院）这种三元体制；北美殖民地大体上复制了这一制度，但也带有些许地方差异。殖民地初创阶段，各类政府都得以施政或发展，但尤其是在流亡的斯图亚特王朝于 1660 年复辟之后，有一种强烈的趋势倾向于加强王权统治并使政府权力更为集中，这种趋势在 1684 年废止旧的马萨诸塞州特许状时表现得最为显著。总之，尽管罗德岛和康涅狄格近乎保持独立，但每个殖民地都设有一个由皇室任命的代表国王的皇家总督、一个其成员并非民主选举产生的议会或上院立法机构，以及一个由民选产生的殖民地议会或下院，当时普选已为大众认可并成为平民角逐的主要战场。殖民地议会是展示大众政治和宣泄民众情感的绝佳舞台，旧大陆英国的议会斗争（如财政控制）在几乎每一个殖民地政府中都在不断上演。

然而，即便这些政府在形式上与英国的国王、贵族和平民这一三元结构非常相似，也存在一些对比鲜明的新要素。首先，皇家总督通常都是一个来自母国穷困潦倒的政客，其本人并未被赋予足以匹敌王权的任何尊严和尊崇。英国本土人对查尔斯、威廉或乔治国王的感受，与殖民地人对康伯里、伯内特或安德罗斯总督的感受完全不同。后者不过是一介凡夫俗子，并且是粗暴而跌宕的政治斗争中饱受抨击的对象。此外，虽然地方法律由当地政府颁布，但大洋彼岸的英国议会同样在颁布法律，因而在这一体制下殖民地居民的意志并未得到直接体现。在老牌商业宗主国与主要生产毛皮、木材、烟草等原材料的新大陆之间，隔着 4828 千米危机四伏的大洋。

这些条件产生了几个重要结果。首先，北美殖民地议会中的普通人较之英国要更具独立感和自尊感，因此他们在与总督的议会斗争中，相对于其英国同侪与国王的议会斗争，享有更高的自由度。加之英王陛下远在大洋彼岸，故对国王及其王权要耍手段亦可保无虞。殖民地人是当时世界上玩弄议会政治游戏最自由之人，其所有情绪皆可任意抒发。殖民地人并不缺乏对君主和母国的忠诚，但在某种意义上国王和议会均告缺席，所以他们自然也就相信在什么对他们有好处这一点上这两者都比不上他们自身清楚。总督作为缺席政府的代表在人们心中基本上代表一种外国势力，这一势力经常会阻扰他们的意志；因而北美殖民地产生出了那种深刻的信念，即行政权必须总是让人敬畏，立法权则必须完全让人信任。

在这种情况下，北美殖民地者的性格中又萌生出另一种更为危险的个性。法律意识和对法律的尊重是英国人根深蒂固的个性之一。这充分体现在《五月花号公约》和其他先行者们所制定的约法中。即使最初一个世纪的移民中有不少人来自英国监狱，但这并不意味着他们就是罪犯。当时他们主要是因债务、流浪或小偷小摸而受到严惩，被关入大牢。在经济状况较好的情况下，侵犯人身或财产的犯罪在殖民地可以说极为罕见，罕见到即使连接所有定居点的林间道路大多人迹罕至，但在整个殖民时期也只有一起拦路抢劫案发生。

如果殖民地不是帝国的一部分而是完全自由地制定自身法律，它们很可能会继续尊崇这些法律，尽管新的立法者过度的清教徒热情很可能会不时对它产生不利影响。例如，像下面康涅狄格这样未曾执行的法律，它要求将16岁以上任何不孝顺母亲的男子处死，就像我们后来的许多法律一样并无法维护法律自身的尊严。但事实上殖民地是帝国的一部分，而且大洋彼岸制定的诸如保护森林、为皇家海军保留适合制作桅杆的树木、管理贸易及生产等法律，无论明智与否，殖民地人都认为是在干涉其合法利益，夺取其合法利润，所以他们宁愿选择违法行事。尽管议会制定法律的权利彼时尚未被否认，但更重要的是殖民地人已经养成了独立决策的习惯：哪些法律可以遵守，哪些法律可以忽略不计，甚至是哪些法律必须强行抵制，全由他们自己来定。

如果案件是由王室官员提交法院，陪审团就会做出有利于本地人而非国王的裁决。某些种类的违法行为并不严重。法庭记录中充斥着针对诅咒、诽谤、通奸等违法行为的罚款案件。严重问题是，社会富裕阶层和领导人物及普通人的思想往往倾向于相信：如果某项法律妨碍其生意和盈利便不必遵守，废除有违个人意愿的法律在道义上是合理的。在某些情况下，像1733年《糖税法》这样的法律对某些殖民地来说意味着彻底破产；由于显然不可能废止此法，所以这似乎也助长了，将上述选择执行与拒绝执行（法律）的原则延伸到涵盖任何可能意味着麻烦增加或利润减少的法律上，甚或是那些只要能给予违反（法律）者优于服从（法律）者以优势的法律上。这可能是那个时期给我们留下的最具破坏性的遗产，并在此后一个时期的边疆生活中得到充分体现。

不过，总的来说，1763年"七年战争"结束之后，英国实施的殖民地政府体制也并非一无是处。它对殖民地政治生活的教化作用无与伦比。殖民地在这一体制下繁荣昌盛，并在那光辉时日到来之时已经建立起一种强大而充满活力的文明。世界边缘的冒险生活孕育了一种坚毅勇敢之人，但对我们所知的文明而言，财富和安定生活亦必不可少，而殖民地在1700年至1763年则得以享有这两者。事实上，随着定居点往内陆推进，愈发远离大海，在定居地边缘印第安人成为一种持续存在的威胁。针对迪尔菲尔德居民的可怕屠杀，只不过是从缅因到佐治亚整个边疆地区白人与印第安人不断发生的冲突事件之一。沿海还潜伏着海盗，其巢穴位于卡罗来纳湾或加勒比海岛。海盗们有时还会与英国当局以及不够谨慎的北美商人联合起来，甚至在纽约的街道上招摇过市，而且不少纽约上等人的钱箱里都装满了"阿拉伯黄金"（Arabian gold）。蒂奇、黑胡子大盗、臭名昭著的基德船长之辈更是给这幕场景平添许多奇异色彩，并帮助我们构建了殖民地的过往传奇，在这些传奇中，探险者、海盗、野蛮人、西部徒步拓荒者、淘金者、歹徒和牛仔，在电影屏幕上交替不断地出场。

然而，暴力事件的出现是偶然的；一种延续自英国的北美本土文化迅速兴起，随之而来的不单是更为丰富的生活，还有迅速增长的不同殖民地群落之间的差异性。17世纪大部分时间，尽管新英格兰人更偏好海外贸易且比南方殖民地更坚持现金流和上帝选民观念的效用，但其全部人口90%均为农业人口，并且该区域彼此间无甚差异。弗吉尼亚的种植园规模与马萨诸塞大致相等，即使在该世纪末黑奴制开始时仍有超过60%的南方种植园小到由种植园主自行耕种，他既无黑奴亦无白人包身工（契约奴）。最重要的因素是主要作物差异，从马里兰往南利润明显来自单一种植作物，而在北方，由于土壤和气候不同，其作物种植具有多元化特色。然而，从1700年开始北美殖民地出现了三个区域，它们的社会和经济特征随着时间推移明显有别。

殖民地出现文明的基本需求之一是资本积累，即资源的积累大于日常生活中的消耗。正如吾等所见，得益于早期文明的积累，以及为了获取更多积累而无限供给的劳动力，西班牙人在新西班牙发掘出大量唾手可得的资本。英国人则不具备这两项优势。第一批定居者通过最艰苦的努力，自行清理土地以提供食物和住处，但若每个人都只耕种自家田地且辛劳结果仅够维持家庭生计，资本积累必然异常缓慢。这种社会状态可能会孕育出它自己的某些美德，而且肯定会是平等和统一的，但它却不会发展出多样化和思想丰富的文明。在没有机器帮助的情况下，一个雄心勃勃的能干之人增加财富的唯一途径就是利用雇工或其他劳力，其中一部分劳动产品归劳动者所有，剩余部分归他自己所有。他有可能通过送礼或贿赂从总督／立法机构那里获得大量土地。但若他能利用的仅为其自行耕种或清理的部分，那么其他大量土地对他来说也就毫无用处，除非他能找到其他劳力或是将多余土地贱卖给新来定居者。

由于上述原因，所有殖民地的自由劳动力都极为稀缺。任何能够自由选择之人，无论贵贱，如果无须为他人劳动就能拥有自己的房舍和农场，进而在社会上和经济上便可与其绝大多数同胞地位同等，那他自然不会去当雇工。在最初几代人中，所有殖民地人都试图使用包身工（契约奴），包身工劳动期限为数年，用以抵偿其移民北美的费用。一段时间后，奴工贸易就成为一门生意，殖民地人会从英国船长手里购买包身工；那些船长从英国获得这些包身工，到达北美后将其劳动年限售出。印第安奴隶也曾在包括新英格兰和南方在内的所有殖民地小范围试用，但被证明无利可图，因为印第安人不像其墨西哥同类，不习惯定居生活，而且在监禁环境下难以管理。

此后，所有殖民地都试图通过黑奴来解决他们的劳工问题；事实证明，这在种植单一主要作物的南方较为有效。白人契约奴要（比黑奴）更聪明，但他在劳役期内每年要花费 2～4 英镑，而且劳役期满，为政府免费赠送的 20 公顷土地所吸引，通常都会离开他的主人。另一方面，购买一个黑奴可能要花费 18～30 英镑。如果其生存年限与劳役年限相同，那么在其劳役期间年成本只有 1 英镑，而且其所有子女均归主人所有，还能为主人的资本带来自然增值。虽然较温顺部落的黑人，特别是妇女可以充当优秀家仆，但那些男子则不会那么有用，除非是让他们去从事那种比较简单的工作。不过，烟草种植就属于这种情况，技能简单易学且长期不变。1698 年，弗吉尼亚白人契约奴的人数比黑人都多，而且他们输入的人数也要多于黑人。然后潮流开始转向。随着 1713 年西班牙授予英国对西班牙奴隶贸易的垄断权，大批奴隶开始被运往殖民地，新英格兰人（基于后面将会提到的原因）急切地抓住了从奴隶贸易中获得的利润。

南方演化出的这种生活方式在许多方面都为殖民地人所喜闻乐见，而且那一区域已经成为我们回忆中的浪漫之土。那是建造"豪宅"（大房子）的时期，实际上它们并非那么"豪华"，但仍十分迷人。伯德家族在 1690 年建造了他们的第一座宅邸，30 年后又建成了现今美丽的威斯多佛。当我们想到"老南方"时，它指的就是这些地方生活的写照，令人乐不思蜀；我们完全忘记了"老南方"的阴暗面。

大型私有地产，无论是在英国、西印度群岛、我们的"老南方"还是其他地方，都会发展出其所有者的某些品质。其庄园或种植园拥有 1000 名佃户或奴隶之人，易于形成责任感、控制欲和领导欲。这是一种父权制生活，它与更大规模的雇佣劳动完全不同，因为雇佣劳动只是由一群不断变动的领日薪劳动力组成。在庄园里，庄园主必须自始至终照管"自己的人"，从他们的出生到死亡，世世代代，无论他们是在辛勤劳作还是生病休息。在南方，在奴隶暴动的情况下也经常需要庄园主突然下令进行指挥。

此外，生活在宽敞而私密的豪宅中这一事实，某种程度上也能培养出贵族的美德和价值观。这里的社交生活必然会呈现出与熙熙攘攘的城镇完全不同的类型，在城镇中一个人所有的朋友都住在彼此相距不到五分钟的地方。大庄园的平和安宁，大庄园彼此之间的距离（使得一次"拜访"即使不停留数日也必须在对方家里过夜），造就出一种悠闲自得而从容不迫的社会形态，进而对所有生活在半隔离状态中的人们而言，对社会交往的需求愈显重要。生活呈现出一种美丽、优雅和魅力，这是那种混乱而匆忙的生活中永远都不会有的。而且，尽管到处都有大种植园主负债累累，但他们依然相信自己远比其实际上要富有得多，仅仅是他们的经营规模之大，每年一次的高额大宗作物出货，都能给他们的生活增添一种强烈的满足感和规模感。他们变得热情好客，慷慨大方。如果这些庄园主都是有教养和品位之人，他们的思想便会富有哲理，他们的文化也会趋于博大精深。值得注意的是，就上述品质而言，当需要一位能够领导和激励军队的人选时，必须在弗农山的大奴隶主中寻找，而独立革命的先哲就是蒙蒂塞洛的大奴隶主（乔治·华盛顿）。

尽管各地殖民者的思想带有浓厚的清教徒色彩，但南方并没有那种严酷而坚定的清教主义，后者在新英格兰已经变得日益狭隘，带给人们许多苦涩的回味。在南方的第一批定居者中，我们并未发现"新英格兰良知"。而且，即使它出现在南方，在当时那种社会氛围下它很可能也无法幸存下来。

此外，南方人与英国的联系比其他任何殖民者都要紧密。他们居住在庄园里，猎狐，跳舞，社交拜访，打板球；他们与英国乡村保守派（托利党）上流社会家庭的士绅们趣味相投，关系密切。他们还长期与伦敦那些大型商业公司保持关系，不只是作为买家和卖家，还作为永久客户，他们的现金流水或者更常见的是账务记录会保留一代或更多代时间。由于种植园较为分散，为上流社会家庭子女设置任何学校都较为困难，所以这些孩子通常都是在自己家中由从英国请来的家庭教师进行教育。等到这些男孩们长大，他们很少去牛津或剑桥完成学业，而是去律师学院（中殿或内殿）学习法律，而后便直接从事法律工作。这些殖民地种植园主之子并不是伦敦社会的匆匆过客，等到他们回归故里，一并带回的还有英国的社会风气与品位。

一旦回到南卡罗来纳、弗吉尼亚或马里兰，这位年轻人就会发现自己铁定会成为统治阶层中的一员；这个阶层的权力最初是由一个小团体派生而来，这一团体可以左右议会并与总督关系密切，但它渐渐地将其活动转移到下院，因为阶层差别是以更为广泛的蓄奴者/非蓄奴者为基础。他还会看到一座佐治亚式的庄严华屋，其建筑风格根据当地气候条件加以改良，长长的林荫大道贯通左右，英式花园环绕其间。那里有许多服侍他的奴隶，有一些书籍，或者在某些情况下会有一座藏书丰富的图书馆，有从英国进口的华美家具、银盘和家族肖像，以及马厩中他喜欢的精选良马。这些地方尚未经过时间打磨而成熟，依然显得新生而稚嫩，但与其祖辈和父辈所知道的相比，这位年轻乡绅的生活可谓充实、富足而优雅。

当我们向北到达中部殖民地宾夕法尼亚、泽西和纽约，我们发现了一种完全不同的文化。烟草田消失了，奴隶除了作为家仆很少出现，原因很简单，他们在这些殖民地的经济生活中不像在南方那么有利可图。正如我们将要看到的那样，纽约确实也有政府授予的大片土地，但因缺乏充足的劳动力供应又无大量移民，这些土地并不怎么有利可图。相反，在这里我们可以看到德国人、威尔士人和英格兰人舒适的农场，制造业也已开始萌芽，尤其是冶铁业已经成为财富的来源。

作为港口的费城和纽约也迅速超过波士顿，许多新兴的殖民地商业都开始通过它们进行。纽约已经成为一座拥有18种语言的大都会，假如范科特兰特家族、范伦塞勒家族和其他在哈德逊山谷获得大量土地的人愿意鼓励人们定居的话，纽约的人口将会增长更快；而在这种情况下，哈德逊和莫霍克偏远地区也会因此而变得人口众多而富有。然而，他们的政策既自私又短视，纽约这个殖民地在很大程度上仍仅依赖它的毛皮贸易。如果此项工作引导得当，印第安人的巨大势力范围可能已经发展到了西部；但在与印第安人的直接接触中，法国人是比纽约人更好的交易者，纽约人认为在蒙特利尔向法国人出售他们的货物，要比直接与印第安人交换毛皮更有利可图。

英国总督伯内特觉察到了法国人具有使印第安人产生依赖性的优势，以及这一优势（给英国）带来的危险，但是比起政治家有远见的政策，商人们更看重眼前利益，他们违反禁止与法国人贸易的法令，最终迫使总督被召回。这个时期的纽约给人的印象是一个熙熙攘攘、唯利是图、腐化堕落的社会，其领导者们急于通过任何方式迅速致富而不论其手段正当与否，有时甚至不惜危害社会与海盗联手，或者是壮大敌对的印第安人。正是在这些情况下，一个粗暴、强横、公然行贿、肆无忌惮的商人阶层开始出现。尽管这座城市有剧院，甚至有艺术展，但这里既无南方最良好的家庭文化，也无波士顿圈子里那种对学术问题的强烈关注。

在新英格兰，贫瘠的土地、恶劣的气候，以及作物多样化的必要性，彻底阻碍了户外奴隶制劳动的发展，否则，新英格兰人定会对此感激不尽。在这一时期，他们丝毫不反对将奴隶制作为一项制度；只要能负担得起并且发现使用奴隶有利可图，比如在家务劳动中，他们就会使用奴隶。显然，由于土壤原因、白人劳动力短缺和黑奴不堪使用，新英格兰的农业始终是一种无利可图的小规模营生，所以那些渴望致富者大都转向海外贸易，其中可以获利的一种生意就是从非洲进口奴隶，供西印度群岛和南方奴役。他们获得奴隶的主要通货是朗姆酒，这种酒由主要购自西印度群岛的糖蜜蒸馏而成。作为交换，他们向岛上出口大量木材、桶板、马匹和各种农产品。为了支付他们从英国大量进口制成品的费用，以及从葡萄酒产地岛屿大量进口葡萄酒的费用，他们出口他们的干鱼，以及可以筹集或采购的所有商品，这些商品原本可以行销其他地方。

贸易差额总是使他们面临迫在眉睫的风险，又无任何主要作物产出能使他们过上像其富有的南方同胞那样悠闲的庄园生活，因此即使负债累累他们也不得不绞尽脑汁进行各种可能的交易。虽然他们的贸易总量很大，但都是小批次小吨位，带有零星贩卖性质。小船能够到达的几乎每一座村庄，甚至是远届康涅狄格河的那些村庄，都在从事此项贸易，但却是以纽波特，尤其是波士顿为中心，特别是后者，它始终是整个新英格兰殖民地的大城市。

所有新英格兰地区环境下形成的思维和性格特征与南方形成鲜明对比。受环境影响，"工作"早已成为北美殖民地的主要美德之一。如果说生活不只是为了生存，那么在新英格兰及其他任何地方，资本都是必不可少。该区域既没有丰富的自然资源（海里的鱼除外），也没有制造业所需的铁矿石，更没有可供剥削的自由或奴隶劳动力。出路只有一条：多方支拙。每一分钱都精打细算，每一笔可能的利润都必须与同胞或外国人锱铢必较方可获得。一如既往，必要性经过理性化而更具吸引力；节俭和精明成为基本美德。挥霍无度成为罪孽，就像在安息日以外的日子里不好好劳作同样是罪孽；当抓到鱼或奴隶是件好事时，上帝也会对其圣徒微笑。这一切都非常自然，也非常人性化。

新英格兰人确实很有人情味。许多作家都试图通过引证下述事实来证明这一陈腐主题：他们喜欢艳丽服装；他们偶尔也会读些香艳体诗歌；他们的年轻人和其他地方的年轻人一样多情，或者是会以其他类似方式表现出来。观察这一明显真相一个更简单的方法就是，留意新英格兰人接受时代和环境影响的方式。当大规模移民发生时，清教主义是英国人生活中引人入胜的运动之一。新英格兰移民多来自极左翼，并且就其领袖人物而言都是极为严苛的清教徒。普通民众大都不是清教徒，但从殖民地草创之初，虽然中间也曾有过反抗，最终也只能被迫屈从神职人员及左翼领袖人物。殖民者在马萨诸塞建立定居点的同时还组织过一次类似的去往加勒比地区的移民，但事实证明那里的社会氛围比加尔文还要严苛。新英格兰的土壤和气候，坚定地支持占主导地位群体的神学理论。

随着时间的推移，勤劳、节俭、精明和责任成为良知的主干部分。这些品质不受任何影响。它们是不错，这也是今天非常缺乏的，但却缺少实质性东西。这里的气候没有软化效应（社会氛围比较呆板）。事实上，新英格兰人对地狱之火的执念，可能就是由于此间冬日酷寒及积雪深厚所致。此地与外界缺乏广泛联系。1640 年之后近一个世纪，不再有任何移民到来。有一次，一些苏格兰－爱尔兰人因为迷路误闯其间，他们很快就感觉到自己不受当地人欢迎。

不拘任何社会，上层人士的生活和观念都有难以估量的影响。在定居那里后的第一个世纪或更长的时间里，新英格兰的领袖人物在人文文化方面的影响日渐式微。在首批移民中，我们可能会认为他们多为狭隘之辈，但其中亦不乏举足轻重之人物，他们与 17 世纪英国富裕阶层联系广泛。例如，1643 年，新英格兰 80 位阁员中有一半以上是牛津或剑桥毕业生。50 年后，马萨诸塞和康涅狄格 123 位阁员中有107 位是哈佛毕业生。清新之气已荡然无存，与旧世界文化也不再有像南方那样的频繁接触。新英格兰人与外界缺乏交流，偏执于其根深蒂固的信仰，即其作为“上帝选民”和“山巅之城”的举世优越性，从而增强了他的孤僻和狭隘。他剩下的思想生活变得迂腐和狭隘，而非人道和宽广；他崇尚道德和节俭，而排斥社会生活和文化艺术中众多有价值的事物。

因而，各个地区在强力作用下呈现出差异化特色。还有一些特色则为所有地区所共有，它们导致在这一时期形成了最初真正的北美殖民地边疆地区，它如同镶边一般延展于各色殖民地的后面。

如果说资本对文明至关重要，那么同样明显的是，无论将来的机器时代为何种形态，只要缺乏劳动力或人们甘愿尝试的某些极其不同的社会组织形式，就不可能进行任何资本的集中和大规模积累。迄今为止，在人类历史上，文明都有赖资本积累，资本积累则有赖被剥削的劳动力；由于是劳动力造就了美国的边疆，而边疆又在很大程度上塑造了美国的特质，所以我们必须追溯最初的开端。

当然，从一开始起殖民地的财富就有所不同；但只要在定居点边缘几英里外总有免费土地，并且很少或根本没有劳动力可用，这些差异也就不再重要。在本章所述时代的开始阶段，我们遇到了略微不同的情况。在 1713 年《乌得勒支和约》订立前不到 1/4 世纪，殖民地人口从约 21.3 万增至 35.7 万。这一时期殖民地一直受到法国和印第安人的威胁，没有动力移居到强大的定居点之外。事实上，定居点的范围还有所缩减。结果就是，人口密度几乎翻了一番。若不是战争结束那年出现了一些深刻影响我们的新力量，这本身就会产生新问题。虽然资本家的崛起和穷人的不满在所有殖民地都司空见惯，但我们必须考虑当地在各个方面的不同情况。在前一时期，资本已经以各种方式积累起来，如种植、捕鱼、皮毛贸易、开办工厂、销售等，但都是小规模的。各个殖民地有远见之人都为自己获得了大量的土地，但却一直未能有利可图地开发这些土地。现在，一切都将发生改变。

就让我们从南部开始，以弗吉尼亚为例，1684 年，威廉·菲茨休拥有 9712 公顷土地，却只耕种了 121 公顷。他有一家工厂和两家商店，养了不少牛和猪。他是当时非常富有的人之一，但他的产业只有 29 个奴隶，他的土地因缺乏劳动力而无法创收。控制劳动力如同控制水力、蒸汽或电力等能源，并且通常捷足先登者皆可受益。直到 18 世纪初，南方还有务农的贫穷白人，但却没有"可怜的白人"。然而，拥有数百名奴隶及设备的巨大种植园与单人农场的关系，很快就会跟现代纺织厂与手工纺织小作坊类似。这么大的种植园需要两样东西：土地和奴隶。

大部分土地占有都由不正当方式获得，如以官谋私、对上院施加影响，或者是与皇家总督的"友谊"。但所有这些都需要社会地位、关系和技巧，而这均非普通定居者能力所及。此外，一旦获得土地，就需购买相当规模的奴隶，而只有那些通过婚姻或以上述各种方式获得资本之人才会拥有足够的资金。白人农民在其数英亩土地上种植的烟草质量要远好于使用奴隶的大种植园，但当这个小农户销售其产品时，面对大种植园的竞争却是毫无希望可言。与所有大型行业一样，诸如影响经济状况、建立业务关系、磋商业务条件等，小规模个体经济均难完成。随着土地被幸运者获取并使用新的黑奴劳力，地价上涨，穷人为自己或其子女取得上好土地也变得更加困难。

与此同时，富人则是变得越来越富；他们相互通婚，掌控议会，更与总督形成统治集团，所有的一切对于他们都是欢欣鼓舞，就像婚礼上的钟声般美好。一道前所未有的鸿沟开始将这些"第一家庭"与在骡子后面耕种自己土地的农民分开。大种植园成为自给自足的单位，自产奴隶所用的马具、衣服，自己培养木匠、车匠和各类手工业者。除去残酷竞争，种族优越感亦甚嚣尘上，贫苦白人农民或手艺人与富人相比处于与黑人相似的绝望境地，除非他拥有黑奴。越来越多的新生贫苦白人逐渐放弃抗争，离弃原有农场，跋涉到殖民地西部的高地，再次开始拓荒历程。

在马里兰，同样的趋势正以不同形式上演。奴隶被引入进来，但像卡罗尔和杜拉尼那样获得大片土地的人则倾向将部分土地使用佃农，直到土地上人口的增长促使土地增值。拥有轻徭薄赋土地的可能性一直是人们甘冒巨大风险艰辛移民新世界的主要诱因之一。就连名义上的免役税也很不受欢迎，而这可能也是第一次大量移民新英格兰的部分原因。与旧大陆相似，在这里很难找到愿当佃农的男人，只是一系列对贫民不利的特殊情况，才使得1730年至1745年马里兰的大庄园主能够使用异国佃农建立其庄园。

长期以来，德国和爱尔兰都出现了最可怕的灾难。首先，1648年结束的"三十年战争"的后果，其恐怖程度更甚于距今不远的（第一次）世界大战。仅一个县就损失了85%的马、80%以上的牲畜和65%的房屋，75%的人被杀。在这个世纪后半叶，这个国家的一些地区受到法国人的蹂躏，那些试图重建生活的不幸的农民，他们种下庄稼，结果全被敌人毁掉。除此之外，还有政治迫害和宗教迫害。1683年至1727年，约有两万名不幸的德国人移民到宾夕法尼亚。先行者们发现费城附近有足够的土地可供定居，但随着这些土地被占用或价格提高，后来者被迫远徙荒野，他们穿过它的北端，开始在谢南多厄河谷定居下来。

爱尔兰的情况几乎同样糟糕。阿尔斯特大部分由苏格兰人定居，但英国爆发的"1689年革命"令其饱受摧残。十年后，限制羊毛生产的法律更使他们遭受沉重打击。在18世纪第二个十年，在让人绝望的经济萧条中，大量土地被长期租赁，地主们执意将旧租金上涨两倍甚至三倍。大规模驱离、干旱、羊腐蹄病和天花加剧了新教徒不可名状的苦难，而他们的生活水平原本还要高于天主教爱尔兰人。至1729年，约有七八千人移居北美，其中大都定居宾夕法尼亚，不过那一年亦有6000人在费城登陆；两年后，洛根写道："看起来，爱尔兰欲将其全部人口都移至此殖民地。"部分是因为贫困潦倒，这些移民立即在迄今人们定居地萨斯奎哈纳和坎伯兰山谷的最前沿，北至朱尼亚塔，南至谢南多厄，寻找成本极低或免费的土地。

正是由于德国的苦难，马里兰的地主们决定采取行动建立他们的佃农体系。被派往国外的代理人穿行普法尔茨，以及其他痛苦和不满最深重的地区，宣扬新世界的美好机会。这些行动规模庞大，费用高昂。然而，事实证明，这样做极为有利可图。杜拉尼在弗雷德里克县的大片土地直至 1730 年仍是一片荒野，但他在 15 年内就建起弗雷德里克城，它成为该殖民地人口第二多的城市。这些租约使地主能够经营其土地，并随着乡村人口的扩增而收获巨大，1730 年至 1760 年，土地价格翻了三倍。1774 年，当约翰·亚当斯在大陆会议上与卡罗尔的儿子会面时，他注意到该子系"北美第一富豪。据说其年收入为 1 万英镑，两三年后将达 1.4 万英镑；此外，他父亲还有一大笔财产也将归他所有"。

在纽约，18 世纪初，斯凯勒家族、贝克曼家族和利文斯顿家族这样的商界领袖和政治家，在弗莱彻和康伯里等声名狼藉的总督的默许下，获得了大量的政府授予土地；据说，当弗莱彻卸任时，殖民地全部可用土地的 3/4 已被授予 30 人；而康伯里授予的一宗土地就有 81 万公顷。斯凯勒和他的合伙人在莫霍克河谷获得了一块长 80 千米的土地。罗伯特·利文斯顿则通过各种方式获得了 26 千米宽、39 千米长的庄园。然而，纽约人对待定居者过于贪婪与苛刻，德裔移民经过若干尝试便对这一殖民地敬而远之，而苏格兰 – 爱尔兰裔移民则显然无此条件。某些定居点即使位于边境之上也会受到地主的侵扰。

在新英格兰，虽然从立法机构那里获得政府授予土地的机会微乎其微，可耕地数量也较少，但随着时代进步和人口增长，人们发现在边疆地区已很难找到可供成家立业的投机性市镇，就算有幸找到也会遭到新英格兰体制内土地所有者的压榨。就连埃兹拉·斯蒂尔斯这样的杰出人士在帮助推动人民安居乐业时也注意到了这一点：地产所有者牢牢抓住得以掌控税收权的所有份额不放，哪怕此辈对该宗土地见都未曾一见。

由于上述原因，沿着殖民地旧定居点边界形成的殖民地新边疆的精神面貌，与最初定居的沿海地带极其不同。起初，大家或多或少均有机会，而且颇有齐心协力投身艰险事业之感。及至 18 世纪中叶，机会似乎在很大程度上已被有钱有势者所垄断，许多贫民都觉得，即使在新大陆，他们不仅没有机会崛起，就连维持生计都不可得。整个社会不断增长的财富对穷人产生了重大不利影响。他们的农场不大，他们的房舍欠佳。他们的劳动强度亦未减轻。任何发明或机器对他们的日常生计均无所增益。而在另一方面，任何旁观者均可明显察觉，有幸致富人士的财富及骄奢淫逸有极大增长。然而，无论是在乡村还是在他们的农场，所有阶层都希望自己的家庭生活能够舒适、稳定和安全。

到目前为止尚不存在真正的边疆精神，就是在那些因为经济动荡或厄运所迫而重新投身艰险荒野和印第安人所在地区的人中亦是如此。如果说他们携带少量家什举家西迁时满怀勇气和希望，那么他们对富裕阶层的怨恨同样郁结于心，因为在他们看来，后者对他们身陷困境负有很大责任。而且起初在定居点边缘并未形成美国的"边疆"，无论贫富智愚，众人皆于同一社群劳作栖息。而新边疆则仅庇佑贫民及较愚昧者。最初的定居者并未遭遇歧视，但现在旧定居点的居民确实瞧不起被称为"穿鹿皮服者"的边疆居民，从而令后者自视亦颇低。

新形势下另一重要因素亦不可不察。必须指出的是，迅速、必要而充裕的资本增长，正在引起旧定居点的贫富分化；而若说一个对沿海居民及其文化感到不满的边疆正在形成，那么一个相当重要的因素就是新移民的性格及其所处的环境。至18世纪中叶，殖民地约有8万瑞士裔和德裔，以及5万苏格兰－爱尔兰裔，这些群体占总人口的10%以上。在这种大环境下，日耳曼语族部分人口对英国既无归属感，亦毫无兴致。他们对英国－殖民地关系的理解非但未将英国视为情感和血统所系之母国，反而视其为异国和未知势力。另一方面，苏格兰－爱尔兰裔则是带着对英国及其行径深深的仇恨离开家园。他们所有的困苦及背井离乡皆拜英国所赐。

这些人对旧大陆高居其上的政治和经济势力深恶痛绝，对他们前往美洲途中的经历也是十分不满，即便登陆后亦无法平息。我们听到了很多关于"中途航道"中发生的恐怖事情：众多黑奴在非洲被捕获，然后被驱赶上船，横渡大洋。但相对而言，苏格兰裔和德裔也仅仅是旅费略低而已。航行期间的食物经常腐烂变质，蛆虫恣肆，无法食用。无风而延迟行程，带来了死于饥饿或口渴的直接恐惧。在许多情况下他们都会为一只老鼠的尸体而争斗不已，而且至少有一例官方报告谈及他们吃掉六具同伴尸体，而且在另一艘船发现他们并给其供应少量食物时，他们正在分食第七具同伴尸体。（船上）卫生状况极差，污秽程度和寄生虫之多令人难以置信。一艘移民船上 400 人中有 350 人丧生，而这样的数字在许多其他情形下也是屡见不鲜。死亡率高得可怕。费用则不出所料都摊到移民身上，由于生者要负担死者的旅费，而费用又是如此之高，所以他们上岸时经常不得不卖身为奴，他们的家人也会被卖给不同的临时主人，就像他们与黑奴没有什么两样。

毫不奇怪，当这些饥饿的生灵最终摆脱各类欺诈者而逃奔旷野，如果他们能够有幸熬到这一步的话，他们几乎都不会考虑土地权属，并且很快就会开始生发出一种"边疆"精神并宣称："如此多的土地无谓闲置而令众多基督徒无地可耕无食可养，此实有违上帝旨意与自然律法。"如果说资本对文明至关重要，那么敬请勿忘卑微之人为此所付出的代价。

与此同时，一种文明已经发展起来；正如富兰克林 1756 年所言，"英国殖民地因目前受到限制已完全陷入僵局，它们骑虎难下"。殖民地南部的佛罗里达和墨西哥湾是西班牙领土。阿巴拉契亚以西和新英格兰以北地区为法国势力范围。威廉·比恩上尉和丹尼尔·布恩等诸位勇者已经渗入肯塔基，但只有海滨地区属于英国，那里的殖民地现在已是人口稠密，变得富有、安全而有教养。

当一个英国人来到波士顿，他会发现这里与本土毫无分别：置身其中，恍如置身一座英国地方市镇。康涅狄格河谷间的田园、桑榆及风景与宁静的英国乡村全无二致。在南方，除了黑奴的存在，一位年轻英国绅士在乡村家庭生活中会完全宾至如归。北美报纸，如马里兰和弗吉尼亚的《公报》毫不逊色于英国同时期发行的报纸。该世纪中叶以后，纽约和南卡罗来纳南部城镇经常举行管弦乐音乐会，南卡罗来纳的查尔斯顿更是成为音乐和其他艺术的中心。自 1750 年至 1770 年，伦敦著名演员哈勒姆夫妇及其剧团，在远至纽约北部的全部殖民地演出了包括莎士比亚、艾迪生、康格雷夫、斯蒂尔、法夸尔等人的最好剧目。在绘画方面，科普利开始了他的职业生涯；新大陆的本杰明·韦斯特成为（伦敦）英国皇家艺术学院（第二任）校长。1757 年，纽约举办了一次画展，所展画作全部出自北美画家之手。雕塑亦滥觞于此。许多人都忙于科学发现，其中富兰克林关于电力方面的实验最为引人注目。哈佛大学、威廉玛丽大学、耶鲁大学、普林斯顿大学、达特茅斯大学、罗格斯大学和布朗大学均已建成。美国一直领先世界的公共图书馆运动也已发端，到 1763 年自缅因至佐治亚便有 23 家之多。

如果说贫富之间存在差异，那么就连贫民也要比他们过去在欧洲生活得更好，变得更加自由和独立。最重要的是他们已经瞥见了"美国梦"。英格兰裔、爱尔兰裔、苏格兰裔、德裔等所有来到新大陆之人，皆为寻找安全和自我实现。他们带来了一个充满活力的新希望，那就是崛起与成长；为自己开辟一种生活，在这种生活里不仅可以取得成功（成功地做人），还能得到尊重（被视为平等的人）；这种生活不只是经济繁荣的生活，而且是社会和谐和自尊的生活。这一梦想并未得到北美领袖人物的帮助。它源起于普通大众的内心深处，并像传染病一样在旧大陆充满沮丧感的人群中蔓延。在新大陆，它已经开始遭到新的"上流阶层"的抵触，但它依然稳步而不可抗拒地占据了普通北美人的心灵和思想。这一梦想是人们的指路明星，引导人们越过狂暴的大海，穿越黑暗的森林，寻找属于自己的家园，在那里，辛劳将会获得回报，而且再无陈规陋习和苛捐杂税将其拖入万劫不复之境地。

如果说美国文化此时还显得有点单薄，那么它却是真实的，尽管是来源于欧洲文化。在许多方面，富兰克林可能都是它最好的代表。

尽管出生于波士顿，但他却以费城为家，他在殖民地生活中的很多方面都占据着不仅仅是地理意义上的中间位置。他为人精明而实际，善于捕捉机遇，渴望致富和出人头地，但又强烈向往出离守财奴的生活。一方面，他从没有新英格兰知识分子真正的深度或宗教热忱；另一方面，他也没有南方士绅的人文气质或优雅姿态。他是一位真正有能力的行动者，一个在各方面都是白手起家者，他总是准备好充分利用（两个世界里的）每一种情况。就其本性而言，他对纯粹的智识活动不感兴趣，就像对宗教热忱不感兴趣一样。他可以为殖民地草拟统一大计，或者发明炉子或避雷针，然而在他身上也有那种让法国人尊其为哲人的东西。如果我们能够说出何为美国人，我们可能会把他命名为第一人。

无论如何，正如他所说，除了利用和开拓荒野，北美是时候也该考虑一下其他事情了。殖民地文明和文化的进程似乎没有理由不沿着这一良好开端长期发展下去。如果阿巴拉契亚西部仅仅是太平洋的波涛而非法国的短暂统治，那么情况可能就是这样。但在北美的英国人中，包括富人和贫民在内，其潜在的权力和野心都有所上升；山脉屏障彼端并非荒芜水域，而是近 4828 千米未开垦之大陆；并且由于 1763 年战败，法国大笔一挥放弃了其在新大陆所有的主权。接下来半个世纪，北美西部大众将会偏离北美文化的既定路线，最终将整个世界拖入新奇理想的旋涡中。

当时的一切都还没有"标准化"，不同地区有着不同的情景。在新英格兰，商人们安坐账房，计算从朗姆酒、奴隶和英国商品中获得的收益；小农场主耕种他们少而多石的土地；到了星期天，他们会齐聚教堂，齐唱古老的《海湾圣诗》[1] 中的诗句：

---

[1] 《海湾圣诗》（*Bay Psalm Book*），由希伯来语翻译过来的民歌体圣诗集，1640 年在美国马萨诸塞州剑桥市出版发行，是美国历史上第一本印刷书籍。——译者注

> 我主庇众生，
> 全知亦全能。
> 赐福吾所居，
> 天地共康宁……

在南方，弗吉尼亚士绅优享其英（国）式乡村生活，种烟，猎狐，或慵懒椅间，佳人立侧，浅吟低唱，旧日情歌，随风而扬：

> 劳里·高登可还乡？
> 含羞莫名空怅望。
> 倚马低徊君不至，
> 连天芳草秋陌长。

黄昏时分，奴舍外传来黑奴们伴着沙哑的乡音用新方言吟唱的歌曲，歌声越过了监工凌厉的鞭啸声和记忆中难忘的远方丛林中的殴打声。这可能是一首欢快的韵律歌，也可能是奴隶们谱写的悲伤旋律之一：

> 长夜漫漫何时旦，
> 辗转孤绝乡已远。
> 同胞泣血长恨天！

在密西西比河及北方的河流上，法国船夫划着小船，为蒙特利尔的货仓收集毛皮，一边梦想着古老的诺曼农场，一边轻声哼唱：

> 跳吧，跳吧，在湖面上跳舞吧，
> 跳吧，跳吧，在船桨上跳舞吧。

远在西南方，越过加州的落基山脉，玫瑰花丛中传来西班牙教士们召唤虔诚信徒做弥撒的钟声，或是年轻小伙倚窗而歌，一双黑色的眼睛凝望着窗外：

> 今天我说的话，
> 我会永生难忘，
> 我不是来看看我是否能来，
> 我不是来看看我是否能来，
> 我不是来看看我是否能来，
> 而是因为我能，所以我就来了！

在非常分散的地区，生活各不相同，多姿多彩。但是，未来的美国并不是源于它们。它们中各有一部分将会融入20世纪的旋律中，但在所有方面都占据绝对主导地位的是，我们听到斧头伐木丁丁之声，巨木轰然倒下之声——伐木工人清理的空地不断向前延伸，随同一起往前延伸的还有民主和"商业"。

# 3

# 北美脱离大英帝国

在殖民地时期及此后较长时期，欧洲国家之间的战争总是让它们身处殖民地（美国）的侨民卷入冲突。1763 年结束的法国 – 印第安（英）战争只不过是海外"七年战争"的北美阶段罢了。当《巴黎和约》达成和平时，法国将除新奥尔良之外的密西西比河以东所有北美领土悉数割让给英国，并在同一天将新奥尔良和它在密西西比河以西的一切权利都转让给西班牙。因此，除了西班牙拥有主权的墨西哥湾沿岸和西部领土，英国据有整个北美 [1] 大陆，其疆域一直延伸到北极和密西西比河以东。然而，西班牙人并未就此止步，他们趁着英国人与殖民地人在邦克山上浴血拼杀之际，迅速在太平洋沿岸建立了旧金山城。

---

[1]　America，《独立宣言》之前译作北美或北美殖民地，之后译作美国。——译者注

各国之间的矛盾在不改变各国自身立场的情况下很难调和，而紧随奥地利王位继承战之后的"七年战争"几乎波及欧洲每个大国：英国、法国、西班牙、奥地利、俄罗斯、瑞典，以及现属德国的多个国家。它几乎就是一场涉及所有欧洲和北美文明社会的"世界大战"。它就像上次大战（第一次世界大战）一样，给欧洲带来了变化的思想、新生的恐惧和不稳定的平衡。

思想上的变化之一是帝国理论的变化，虽然并非所有人都能清楚地觉察到。迄今为止，所有国家都将殖民地视为黄金、毛皮、糖、烟草等原材料的来源地，并视其为宗主国制成品的消费地。这一理论几乎就是一种大型现代信托公司理论，试图将从原材料到最终销售的所有业务分支全都整合到自己的组织中。然而，一段时间以来，欧洲国家逐渐扮演起世界强国的角色。事实上，一种新的帝国主义情绪正在潜滋暗长。长期以来，英国内阁和公共媒体都在争论，英国是否应向法国索要其富饶的西印度群岛或加拿大，作为战利品的一部分。糖岛符合帝国应该做什么的旧商业理论。占有加拿大则属于新帝国主义。后者的命运就此注定。[2] 英美关系发生了鲜为人知的深刻变化。

在旧制度下，殖民地政府的整个架构就是为此目的组建而成：确保殖民地在帝国架构中扮演其指定角色，即作为原材料的生产者和制成品的消费者。英国通过的大多数法律都是以此为目的。这些法律有时也会遭到反对，但它们还是被殖民地人所接受，殖民地人对法律本身并不反感，除非严重侵害他们自身利益。英国没有机会在她的殖民地上花很多钱，或者也可以说是，除了正常的殖民地贸易往来，她没有机会从殖民地身上获取任何东西。起初，他们主要是来这里进行商业冒险。英裔殖民地人大多自己经营种植园。他们在边境上与印第安

---

[2] "The die was cast"源于拉丁语 *Alea iacta est*，原意为骰子已掷出，谓事情已无可挽回，现在一般译为"木已成舟"。——译者注

人进行局部战斗。他们一点一点逐步定居下来，这样他们的人数就可以抵御当地的敌人：野蛮人、法国人或西班牙人。

然而，现在一切都变了。自从英国海盗轻松赢得加的斯湾海战[3]以来，国际关系已经朝着现代的方向发展了很长一段时间，而英王则仍沉醉于旧有做法：形势有利时分享掠夺物，事情棘手时把罪犯关进监狱或斩首，出现纰漏时便或囚或杀几个肇事者了事。现代国家和现代国际关系正在迅速出现。英国通过战争获得了围绕早期殖民地的大片领土，其范围是阿巴拉契亚山脉以东的两倍多。这片广袤的加拿大和密西西比河流域地区需要治理，那里有20万对新政权怀有敌意的印第安人。那里还有8.5万被征服的法国人，其中约有2.2万名男子可堪一战。众所周知，法国虽败犹存，渴望复仇时机的到来。而殖民地间则一贯互相猜忌，在任何对抗共同敌人的战争中或常规的印第安政策上均不能团结一致。在刚刚结束的战争中，英国不得不向北美派遣近2万名士兵帮助殖民地对抗法国。除了从中央统治帝国的愿望之外，没有哪个理智的政府会将这一新领土的防务及印第安政策问题，交由13个彼此疏离、缺乏中央集权统治观念的殖民地以其一己之力去加以应对。殖民地人从未有效地管理过印第安人，反而经常招致对方仇怨，易洛魁人除外。如果根据旧的帝国理论为了出产原料而必须进行皮毛贸易，那么根据新的帝国理论就必须对大陆半数的（皮毛）收购进行控制与管理。法裔殖民地者虽然现在是臣民，却不够忠诚，而且几乎所有野蛮人都受到他们的影响。

据估计，一万名士兵警戒这一新领土将将够用。显然，如果事情真是这样，殖民地定然不会供养如此数量之军队，亦不会为其提供军饷。新帝国主义开支不菲。同样明显的是，英国在新获得的领土上取

---

[3]　"singe the beard of the King of Spain"，此乃德雷克之语，指他于1587年率领英国舰队重创西班牙舰队之役。——译者注

代法国的统治，将对毗邻殖民地带来莫大好处。更为明显的是，既然长期斗争的结果是英国背负巨大债务，维持帝国的代价又超出英国独自承受的能力，分享利益的殖民地也就理当分担部分费用。接下来数年的英国政府成员均乏善可陈，但这些思想却是逐渐在其头脑中扎下根，并夹杂着旧有的思想，即殖民地的存在主要是为了母国的利益，它应听命于母国。

当 1763 年《巴黎和约》签署之际，法国的外交官们预测，就像瑞典人卡尔莫这样的临时外国观察员此前预测的那样，一旦殖民地消除了法国的威胁，便不必再仰仗英国，并会在适宜时机与英国爆发争端。虽然这种观点被许多美国历史学者所接受，但笔者并不认为这对英美关系有多大影响。事实上，尽管这一理论比较容易被接受，但在当时的殖民地公众舆论中我却找不到任何言论来证明这一点：法国被逐出与随后殖民地和英国之间的战争有关。

出于其他原因，北美殖民地变得更加自觉和自信。早在 1701 年，弗吉尼亚的尼科尔森总督便指出，当时这个国家大部分人都是在殖民地出生，人们开始"厌恶那些不是在殖民地出生的人，称他们为外来人"。此后十年，英国人和殖民地人合力征服了加拿大，然而英国人的表现非常糟糕，相形之下殖民地人则对自我评价颇高；类似情况时有发生，如 1741 年 3500 多名殖民地士兵参加了对卡塔赫纳的失败远征，再如 1745 年新英格兰人攻占路易斯堡。"七年战争"不宣而战，起初北美参战的 5000 名士兵中有 4000 名殖民地人，但到后期绝大多数士兵都来自英国，沃尔夫的 8500 名魁北克正规军中只有 700 名殖民地人，阿默斯特的 700 名士兵中只有 100 名殖民地士兵。然而，灾难性的布拉多克战役 [4] 给人们留下了难以忘却的记忆。

---

[4]　爱德华·布拉多克（Edward Braddock, 1695—1755），英国陆军少将，原在欧洲服役，1755
　　　年赴弗吉尼亚统帅驻北美英军对法国人作战。在远征法国人占据的迪凯纳堡（今匹兹堡）时，

因此，英国与北美殖民地力量的强弱对比，或者法国人的存在与否，都与山雨欲来的冲突无关，与之有关的是北美殖民地人日益增长的民族意识、权力意识和自我管理意识。事实上，据说英国最大的错误就是，当它看到一个国家时却没有认出来。然而，如果必须这么说的话，其实北美殖民地人自己也没有看到"一个国家"。他们只是弗吉尼亚人、宾夕法尼亚人或新英格兰人，因为对现状感到不满，于是就开始奋起反抗。国家在当时并不存在，而只有分属13个不同政府的200万坚强的人民。在每个政府治下，在无数次地方与总督之间的冲突中，殖民地人几乎总能达到自己的目的，他们对自己处理问题的方式深信不疑。

除了遭受印第安人袭击的边疆地区，殖民地还没有主导过"七年战争"中任何一次军事行动，而该战争对北美而言早在1760年就已结束。战争往往是暴富的机会。私掠活动经常获利颇丰，巨大的回报也鼓励人们进行投机。200万磅牛肉和200万磅面包等军需合同塞满了承包商的口袋，他们总是会在这种困难时期通过发战争财而变得富有。各种各样的商业活动已经开始在更大的范围内进行，我们可以清楚地查证到，商业领袖与立法机关之间的联系日益增长，即使像康涅狄格那样的亲民政府亦是如此。随着商业事务变得更大、更复杂，律师们也开始崭露头角，并开始出现在立法机构中。

有段时间农民和劳动阶层也共享战时繁荣：农民的农产品取得战时价格，工人的工资因劳动力匮乏而迅速上涨；不过，纸币泛滥催生了通货膨胀。等到泡沫破裂，所有阶层都受到沉重打击。若干殖民地的税收因战争债务而迅速增长。货币大幅贬值。日常业务急剧下降。

---

他计划打一场欧式战争，即双方在开阔地带正面交战。但法国人和印第安人却是藏在树丛后面开枪射击。虽然英军人数占优，但还是输掉了这一战，在随后的溃乱中，布拉多克身负重伤而死。——译者注

农产品价格暴跌。许多工人和农民都不得不放弃他们的家园。早期定居点农地价格大幅下跌，许多抵押贷款取消赎回权的诉讼都是因债务而起，丧失抵押赎回权和债务官司更使许多人倾家荡产。边疆地区再次为熬不过难关的贫民提供了一线生机。

1763 年，重创又至。英国宣布，禁止任何殖民地人越过阿巴拉契亚山脉分水岭定居。印第安问题因新取得的加拿大及西部领土而亟待解决，而这就是英国政府的解决办法。大臣们的担心并非全无道理，正如庞蒂亚克战争所表明的那样：由于野蛮人已经对英国统治怀有敌意并有可能被法国人煽动起来，如果移民涌入印第安人的狩猎场，边境地区将会永无宁日。宝贵的皮货贸易必须保存下来，但英国又不愿在长达 1931 千米的边境线上驻军。作为一种临时的权宜之计，英国政府萌生出阻止移民进入西部土地的想法，并且为了平息印第安人的骚乱，将为他们建立大片印第安保留地。不幸的是，由于当时政务上的拖延作风，原本就是暂时的权宜之计从未被认真考虑。北美殖民地人觉得他们对从法国人手中夺取北美帮助甚大，所以他们对被告知不得进入"应许之地"异常愤怒。殖民地人口每过 20～25 年就会翻上一番。人们深切地感受到战后的苦难，好似如鲠在喉。英国政府禁止困境中的殖民地人越过山脉寻找新生，正如克努特王[5]命令海浪停止前进一样；然而，海浪不会怨恨，殖民地人却会。

我们已经看到，边疆地区充斥着各种不满情绪：对新英格兰土地投机者的不满，对纽约大肆掠夺土地者的不满，对南方新兴蓄奴制的不满；新移民的不满主要对准那些欺骗和虐待他们的人，苏格兰－爱尔兰裔移民的怨恨则主要对准英国的地主。谢南多厄山谷一座墓碑上

---

[5] 克努特（?—1035）建立了包括今丹麦、挪威、英格兰、苏格兰大部和瑞典南部的大帝国，被尊称为"克努特大帝"，他的帝国也被称为"北海帝国"，是历史上唯一一个统治了北海沿岸地区的帝王。——译者注

铭刻的碑文，可以算得上是后者情绪的典型代表。墓碑上刻着："这里躺着约翰·路易斯，他曾杀爱尔兰地主，建奥古斯塔县，居斯汤顿镇，送五子参与美国独立战争。"有充分证据表明，边疆地区已呈星火燎原之势：那里的人们无法无天，群情激奋，行动激进，号召独立。此外，早期定居点的贫民也是充满厌烦和不满，随时准备将这些情绪传给任何人。就连富人也开始感到度日维艰。怨愤越多，暴乱也就越好煽动。一切到了1761年终于爆发：英王乔治二世去世，全部"协查令状"失效，税务官要求波士顿法院颁布新的"协查令状"。这一令状系经皮特建议颁布，已使用多年，其性质为未指定特定搜查地点或对象的通用搜查证，其目的是防止波士顿商人与法国敌对势力之间进行非法贸易，这一贸易一直在拖延战争进程。詹姆斯·奥蒂斯在一次激烈的演讲中反对"协查令状"。尽管他的反对没有取得成功，但他的理由却是正确的，即这一令状破坏了自由。约翰·亚当斯亦曾言及，美国独立革命始于斯时斯地。

英国政府初次改良帝国管理的举措，沿袭了殖民地人原则上接受实则并未遵守的旧立法。1764年，为了保证关税收入，国会通过了《糖税法》，该收入彼时仅够弥补1/4的征收成本；此后两年，国会又通过了另外两项法案。

这三项法案将会严重恶化营商环境，但因受其影响的贸易活动几乎全部集中在新英格兰，所以并非所有殖民地都能感受到。然而，1765年颁布的《印花税法》则对每个殖民地都产生了影响，尽管对其各自经济影响不尽相同；1767年颁布的《汤森税法》亦是如此，其征税对象包括从英国进口的制成品。而且后两项税法的颁布都有特定目的，即以英镑或汇票形式转移殖民地收入，因为很难找到足够资金来弥补年度贸易逆差。它们也标志着一种新的立法，不同于原先那些仅针对贸易管制的法律。

这些年的动荡情绪更趋紧张。受到严重影响的殖民地经济面临崩溃的危险。商业迅速恶化和《印花税法》的颁布，使得各种可能的不满情绪汇集起来：从帕特里克·亨利的著名演讲，到各殖民地参加印花税法会议的代表所撰写的庄严文稿，以及各城镇发生的暴乱和焚烧房舍事件，其反响以不同形式表现出来，从而令英国政府意识到他们的权宜之计有些过头了。《糖税法》和《印花税法》很快就被废止，进而在因禁止进口协议导致从英国的进口量减少近半后，1770 年英国政府对《汤森税法》做了大幅修改，仅保留微不足道的茶税作为议会权力的象征。不受欢迎的英国士兵在殖民地驻防的《驻军法案》亦被废止。英国政府承诺：不再增加在北美殖民地的赋敛，取消禁止进口协议；北美从英国的进口量迅速从 1769 年的 163.4 万磅增至 1771 年的 420 万磅。各个殖民地到处都有对英国的不满，但是繁荣已经回到北美，富人及许多依赖他们的阶层都倾向于忘却与母国之间的争端。

然而，与此同时许多对未来可谓不祥的事情已经发生。商人和其他富裕及保守阶层不想惹上麻烦，仅仅倾向于废止那些令人憎恶的法案。北美殖民地所继承的英国思维几乎总是倾向于改良和妥协，而非宣告一些抽象原则。富人愿为他们的事业奋斗，其理由是：新法缺乏适当性，会损害英国以及他们自身的商业利益；其论点是：他们得到了与其做生意的伦敦（英国）商业利益集团的友好扶持，双方立场一致。事实上，各种法案被废除，更多是受英国商业（人）对议会的影响，而非北美爆发的骚乱或者是针对法案的合宪性争论。英国商人和殖民地富人最想要的是生意兴隆，以及尽可能少的政治摩擦。

另一方面，北美各地贫民中的不满情绪正如野火般蔓延。经济阶层分化的界限开始变得更加清晰，底层民众开始从其自身阶层中寻找政治领袖人物。例如，帕特里克·亨利试图确保他的"印花税法决议"在弗吉尼亚殖民地议会（或众议院）通过时，就得到了贫民选举人的一致支持，但他必须克服富裕阶层近乎顽固的阻力。然而，北美殖民地最伟大的鼓动民众舆论的大师，可能布莱恩除外，在波士顿诞生了。

尽管人们对塞缪尔·亚当斯有不同看法，但对他引领革命的非凡谋略却是众口一词。除此之外，他的一生毫无建树。在他那令公众激情燃烧的岁月来临进而奠定他在美国史册上的不朽地位之前，他的法律、商业和公职生涯均以失败告终。而在那之后，无论是在国会制定宪法，抑或出任新独立州州长，他都扮演着无足轻重的角色。他可以摧毁，却无力建造。与众多改变历史的人物一样他也是一个狂热分子，他怀着对英国的刻骨仇恨，竭力主张与其断绝一切关系。如果他生活在一个世纪前，他会成为恩迪科特那样严厉的清教徒领袖之一，虽饱受折磨，却不屈不挠，始终坚信自己的信仰绝对正确。尽管他是清教徒中的清教徒，但时代已变。在塞缪尔·亚当斯看来，英国及其统治已经成为上帝子民生活中的罪恶之源，应尽其所能与之不懈斗争。即使其他人并不想脱离大英帝国而仅寄望于在帝国内苟延时日，或者废除某些有害之法，但塞缪尔·亚当斯却是先行确立了殖民地应该立即完全独立的信念。

审视过其所意欲引导之民意，他深切地意识到存在富人和贫民两类人并意识到二者旨趣不同。富人保守，贫民激进；富人渴望维持现状，贫民则要求进行任何能改善其境况的变革；富人以动摇于妥协与权宜之中为主，贫民则吁求广泛分享社会政治及经济权利。如果这两个阶层可以形成合力，民意将会和衷共济，反之就要仰仗人数占压倒性多数的贫民阶层，此辈更易被煽动做出过激之举。自 1761 年至殖民地于 1776 年宣布独立，塞缪尔·亚当斯始终在为其毕生追求之事业而不懈努力，操纵报纸和城镇会议，组织各殖民地通信委员会，甚至有意制造能够激发公众怒火的事件。有段时期他的努力似乎全然徒劳无功，但最终英国政府的愚蠢之举为他赢得了胜利。

一厢情愿地认为殖民地民心一致对外奋起反抗英国暴政，是一个巨大的错误。民心从来都不会完全统一，也很少会在不受影响的情况下上升至愤怒的高度；换句话说，不是宣传之功，而是独立战争教育了那些对此一无所知之人。

　　殖民地最终独立前的年代可以划分为三个时期。第一个时期，从通过《糖税法》至1770年废除所有令人生厌的立法，不同团体迫于环境压力，联手反对英国政策。商人们无须任何宣传就能意识到他们的生意受到严重干扰，尽管他们并不关心人民的新领袖用来煽动民众的流行口号。然而，尽管《印花税法》实施时间短至一年，但征收国内税的威胁却将整个问题从纯粹的商业领域推向对其合宪性提出质疑。但到1770年，商人们的不满已经平息。自此直至1773年，所有打破现状的意图都在富裕阶层中消失了。至此，民众的愤怒开始发挥作用。接下来三年，由于富裕阶层一心只想维持和平局面，民众的骚动和对英国的抗争反倒成为一种对他们有害无益的威胁。

　　从一开始起，塞缪尔·亚当斯及其同人就意识到民主口号对于造就一种思想状态的必要性。当商人们忙于向其伦敦同僚指摘新法将同样损害（美英）贸易时，塞缪尔·亚当斯则挺身而出，警醒民众：专制失德之英国将使自由高尚之北美沦丧至"凄惨奴虏境地"。他宣称母国决心使其殖民地处于"奴役、贫穷和痛苦"状态而使其彻底毁灭，并不断以"奴役""专制"等词振聋发聩地唤醒民众认清现实。他的政治哲学受到备尝时世艰辛之民众热烈欢迎，民众对殖民主义的憎恨甚至超过对当时帝国所施诸多不利措施的憎恨。作为"美国梦"的重要组成部分，建立全民自由认可之政府早已深入人心。塞缪尔·亚当斯本人亦明了这一愿景，但他也看到更为顽固的清教徒们的狭隘和严酷。与清教徒们一样，他觉得只有与其志同道合者才是拥有真理之人，反之就是真理和上帝之敌。然而，因为"美国梦"深深地影响了民众的愿望与志向，更激进的小城镇和边疆居民热切回应塞缪尔·亚当斯的宣言："人生而自由，除自治之自然法则外，不受世间任何强权左右，不屈从任何意志及法权。"

　　此等言论只会让英国担心人们会将这些说教付诸实践。殖民地上流阶层亦渐觉不安。直到 1770 年，当他们自己的不满得到解决后，他们可能认为局势可控而允许这些思想随意传播，但在那之后他们显然失去了对局势的控制。当约翰·汉考克和约翰·亚当斯等人意欲退出公共事务打理自家营生时，塞缪尔·亚当斯却与那些不那么重要的激进人士比以往任何时候都更加努力地保持民意沸腾。随着上流阶层对他的持续宣传变得冷淡或敌视，而令人厌恶的立法亦被废除或修改，他不得不依赖泛泛而论和情感诉求。他运用后者的绝佳例证就是"波士顿大屠杀"事件。作为战后帝国总政策的一部分，英国政府在波士顿驻扎了部分兵团。他们由优秀军官领导，军纪严明，他们待在当地并不比在英国其他任何一个驻防城镇更易生出事端。然而，塞缪尔·亚当斯却是不断激起公众反对他们的情绪；约翰·亚当斯曾言及，某个周日晚上发现塞缪尔·亚当斯正在"进行一项奇异的工作：编造段落、文章、事件等，准备第二天的报纸，为政治推波助澜"。最终，在 3 月的一个夜晚，执勤士兵受到一群男孩和男子们的嘲讽挑衅，从而导致悲剧发生。混乱中，一名骚乱者"开火"的呼喊被误认为是军官的命令，结果几名市民被射杀。这名军官向当局自首并接受审判，由约翰·亚当斯和小约西亚·昆西为其辩护，并被宣告无罪开释。但塞缪尔·亚当斯立刻意识到这一事件的价值。群众的每一种情绪都被他充分加以利用。这一事件被称为"大屠杀"，在多年来为纪念这一事件周年而发表的年度演说中，参与该事件的男孩和男子们被描述为自由烈士，那些英国士兵则被描述为"血腥屠夫"。虽然并无记录表明有士兵冒犯过任何波士顿女孩，但演说家们仍然咆哮道："我们美丽的处女暴露于肆无忌惮的情欲放纵中；贞洁而挚爱的妻子沦为残酷暴虐的牺牲品，并有可能像著名的卢克丽霞那样因烦恼与痛苦而自戕。"在市民的强烈要求下军队撤离了这座城市，但这种有预谋的言论之后又持续了多年。这一事件本身并不重要，它的主要作用在于，从中可以看出激进派如何在激起事端之后对其加以利用。

事实上，即便完全不考虑英美关系，北美或多或少也是风雨飘摇。宾夕法尼亚殖民地新旧地区之间，因彼此极端怨恨而险些走到内战边缘。富裕沿海地区各县不仅在战争后期不愿帮助保卫边疆地区各县，还为了自身利益而控制了所有政治机构，因而拥有 1.6 万名选民的东部三县在殖民地议会上的议席，是拥有 1.5 万名选民的西部五县的两倍多。某种程度上，费城技工与边疆地区居民立场一致，都反对富裕阶层。在弗吉尼亚，各阶层和地区之间也存在类似情形：沿海地区控制着人口更多的边疆地区。在北卡罗来纳，持续数年的骚动过后，内战确实爆发了；边疆地区居民建立起自己的"自订约章者"组织，阻止东部各县的人向他们征税，东部各县的人则控制着殖民地立法机构及关税；经过三年对峙，最后以 1772 年的一场血战告终，这才成功地平息了叛乱。

"七年战争"将社会置于混乱动荡之中。自 1764 年至 1770 年，富人们对英国的不满是真实而深刻的，但他们也开始警惕国民中激进情绪的上升。不拘何地，凡是有远见者都在思索殖民地与母国之间的宪法关系，正是这种关系导致出现如此严重的危机；他们还考虑到殖民地政府的问题和保守派及富裕阶层的处境，如果人们继续要求更多的自治权利，就会习惯将过去统治自己的旧首脑全都赶下台。然而，他们对英美之间的宪法关系思考越深就越发觉得，若想让这个问题成为一个议题，唯一可行的理由就是人作为人的广泛权利。塞缪尔·亚当斯在这方面是正确的。他们试图就宪章中赋予的权利进行辩论，但很快就发现这一理由过于狭隘。他们作为英国人的权利为他们提供了一种更广阔的视野，但由此引发的争论则趋于使其掉入法律混乱的泥沼。如果议会再次尝试制定有害的立法，如果出现要求剥夺其立法权的情况，那么最广泛的人权将足以为争论提供立足点。但这也会正中不满民众的下怀，他们已经变得过于难以驾驭，要求新的权利，要求享有更多代表权，拒绝纳税，更习惯于凭借骚乱达到其目的，甚至使北卡罗来纳殖民地陷入内战。富人们认为，这一切都不利于商业，阻碍了国家发展。然而，殖民地与英国的争端是暂时的。英国商人看到了希望。也许，随着北美殖民地的情况得到改善，只要塞缪尔·亚当斯等人适可而止，不再煽风点火，边疆地区居民和大城市底层民众掀起的骚乱就会消弭。富裕阶层决定对此进行压制，照常执行商业和政治政策。而在另一边，塞缪尔·亚当斯和他的团队也是一如既往地坚持鼓动民众。

在自 1770 年开始的三年里，尽管小册子和报纸上讨论不断，激进分子也是慷慨陈词，情况却似乎正在好转。边疆地区居民和城镇激进分子进行了大量的商讨，但却毫无进展。"自订约章者"的起义也被镇压。然而，就在这时英国政府突然犯下一个无法弥补的大错。塞缪尔·亚当斯毫不犹豫地抓住了这一时机。

东印度公司囤积了大量茶叶，但部分滞销，濒临破产。为了阻止这一灾难发生，一旦发生它将成为一场巨大的金融灾难，英国政府完全基于有利于英国的立场，并且出于不可饶恕的无知和疏忽，授予东印度公司在北美实际上的茶叶专卖权。由于取消了中间商，出售给北美消费者的茶叶价格有望减半；但是，考虑到微妙的英美关系，以及北美商业阶层是英国在北美的主要依靠力量这一事实，为了英国企业利益而重创北美商业阶层，也就暴露出处理北美事务当权者的愚蠢，以及英国在殖民地政策上缺乏全面考虑的自私。这简直是火上浇油。三年来，保守派一直试图与英国保持良好关系，同时也在各自殖民地与他们认为危险的激进主义浪潮做斗争。现在他们又一次被迫反抗英国，因此很不乐意与激进分子为伍。

故事的余下部分每个学童都知道：茶叶如何被运来，在每个港口如何被拒绝入境；塞缪尔·亚当斯在波士顿的追随者们如何突袭茶船，将价值 5 万美元的茶叶倒入海中；（英国）议会得知此事，如何立马通过法案关闭港口除食物外的商业活动直至偿付完茶叶款，废止马萨诸塞州特许状并将殖民地置于王室的直接控制下，宣布英国军官或士兵履行职务之不良行为只能在英国（或在马萨诸塞以外的殖民地）受审，并规定殖民地将继续驻扎军队。乔治三世在给诺斯勋爵的信中写道："一切都已无可挽回；殖民地要么胜利，要么屈服。"

如果愚钝的英国内阁能够意识到北美殖民地被激起的愤怒程度，以及他们已迫使殖民地人组成统一战线这一事实，可能他们已经找到了和平解决办法。但这只有在茶叶没有被销毁的情况下才有可能，许多忠于英国的殖民地人都谴责这一行为。塞缪尔·亚当斯抓住了属于他的机会。价值5万美元的英国私人财产被毁并被拒绝赔偿，英国议会不得不进行报复。如果报复足够狠，和平解决的大门就会关闭。报复行动迅猛地袭来，殖民地对马萨诸塞的同情之火熊熊燃烧。接下来三年，考虑到所有相关因素，事件的发展是不可避免的。请愿书被拒绝，大陆会议召开，列克星敦和康科德发生流血事件，最终1776年发表《独立宣言》，大家都再熟悉不过，这里无须复述。

我们更为关注的是它们对美国人性格和思想的持久影响。

我们已经看到，蛮荒之地和殖民地为自己建立政府的需要如何极大地推动了民主的传播，以及只有在被统治者认同的情况下才会产生对政府的信任。然而，殖民地距离民主还很遥远，财富积累也越来越少。上流阶层依然认为政治权力应该掌握在有知识、有经验、拥有社会财富的富人手中。众多贫苦阶层，尤其是当我们从新英格兰向南看，以及在任何边疆地区，充斥着游手好闲、目不识丁、无法无天之人。在保守派看来，增加这些人的政治权力无疑是在助长无政府状态和财产掠夺。另一方面，在议会争论宪法关系的理由逐渐发生转变的过程中，人们发现有必要最终直接立论于人的权利。"在有关人类事务的发展进程中"，用那位伟大的弗吉尼亚人（杰斐逊）的话来说，有必要晓谕世界，为何他们会拿起武器反抗英国，宣言的签署者们必须向世人宣告这一信念：全人类都享有这些权利，而这一人类同样包括殖民地底层人等。杰斐逊所书雄文响彻北美大陆:"吾人尊奉如下不证自明之真理,人人生而平等,造物赋予之生命、自由及追求幸福的权利不容褫夺。为保障此等权利,世人建立政府,政府之合法权力源于其被统治者之认同;任何形式之政府有违此目的者,人民皆有权予以变更或废除。"

此事无关贫富贵贱,正如塞缪尔·亚当斯所说,人们认可了这一决议,"如同它是上天颁布的法则"。上流阶层认为美国独立是为了反对议会行使立法权。底层人士不仅在思考这一点,还在思考他们与殖民地立法机构和统治阶级的关系。"没有代表权就不纳税",如果在英国与北美殖民地之间是这样,那它为何不能适用于西部边疆贫困各县与东部沿海富裕各县之间,城镇技工与城镇商人之间,以及雇工与种植园主之间呢?

如果像英王所说的那样,殖民地与帝国之间的关系已无可挽回,那么美国的政治哲学也是如此。十多年来,塞缪尔·亚当斯等人始终将人之为人的权利灌输给民众。保守党起初亦参与其中,而后有所退缩,后来又不得不再次加入,最终大陆会议以团结的声音向世界宣告,北美大陆以人人政治平等作为信条。洪水已然决堤。在宣布人人生而平等、天赋人权、人人得以反抗暴政之后,不可能再走回头路。25年来,从主动反抗英国开始,直至联邦宪法得到通过,培养了政治协商,锻炼了整个民族,民主观念深入人心。

革命的另一方面过去则较少受到人们的关注。一是国家的激进思想得到强化,二是许多地区的保守思想被大大削弱;塞缪尔·亚当斯和帕特里克·亨利等人抗议专制无可厚非,但我却无法在他们的著述中乃至约翰·亚当斯等稳健派思想家的著作中找到关于抗英斗争艰巨性的认真考量。对保守人士而言,英国在当时看起来难与匹敌。虽然殖民地的人口和资源正在迅速增长,美国有可能公然反抗英国,但事实上,除了具备革命者以外,革命时机并未成熟。美国没有制造业,几乎完全依赖海外市场和贸易。她的人民并不团结。她也缺乏一支训练有素的军队。坦白说，革命之所以未曾失败，原因有二：一是华盛顿的人格，二是当时欧洲大陆反英势力的汇集。

　　普通民众可能会为人的权利大声疾呼并拆毁乔治三世的雕像，但持续战斗七年则是另一回事。我们拥有约 200 万人口和 30 万民兵，但这都微不足道。以这样的人口规模，华盛顿任何时候都未能拉起一支2.5 万人的队伍，并且在任何一场战斗中他的兵力都从未超过 1.8 万人。战争结束时他的整个军队只有 6000 人，就连有着坚定意志的他自己都承认"吾等已山穷水尽"，除非法国迅速提供更多资金。1777 年伯戈因的军队投降后，法国纯粹出于利己考虑成为我们的盟友，在相当安全的情况下对英国发动进攻（这是一项长期悬而未决的外交平衡政策，并且在 1776 年前根本无法指望）。战争最终获胜并非依赖于殖民地"四面楚歌的农民"，而是依赖于盟国（法国）舰队在远海沉重地打击了英国人，约克镇战役只不过是承认了其他地方的既成事实。

　　1776 年时，鼓动家、技工、小农、伐木工的知识、经验和眼光都很有限，也许不会考虑这些问题，但保守的商人和职业人士对这些问题却是看得很清楚。英国的统治确实非常拙劣，尽显其愚蠢和自私；但她此前已对相关事务进行过改良，难道除了这个胜算渺茫的革命与内战的疯狂计划就没有更好的机会让他们重新改良（保守派可能会这么想）吗？美国此时远远不够团结，这是其主要弱点；就连约翰·亚当斯都承认，仅有 1/3 的人渴望战争。波士顿上流阶层几乎都强烈反对战争，整个殖民地超过半数的上流阶层都反对战争。纽约亦是如此，那里大部分有产者均为保皇派。在宾夕法尼亚，大多数人不仅从一开始就反对战争和独立，而且在整个战争过程中都是如此。在南方，富裕的种植园主普遍更倾向于反抗，但就是在那里它也明显被视为一场地方性革命，以及一场反对英国的内战。兰登·卡特是许多人的典型代表，他既希望反抗英国的压迫，又害怕"国内的压迫和骚乱"。

保守派们虽然取胜并在没有强大英军维持秩序的情况下统治人民，但随着时局愈发不稳，民众暴乱，纵火焚烧，言论自由被废除，破坏和没收财产变得司空见惯，保守派怀着恐惧关注殖民地上的事态发展。两者相比，英国的暴政及其法律和秩序，似乎较之于将财富和家庭置于鼠窃狗盗、十恶不赦的暴民之手要更为可取。脱离帝国也许可以解决与英国的争端，但殖民地革命终将归于何处？我们绝不能忘记革命和分裂的威胁，如果前者在大多数保守派眼中显得更危险，这并不奇怪，因为保守派总是以恐惧的眼光去看待法律和秩序的崩溃。考虑到今天"革命之女"（Daughters of the Revolution）决议中极端顽固的保守主义，我们似乎无法避免得出这样一个结论：她们中几乎没人会在1776年成为"革命之母"，因为当时的革命意味着驾驭社会动荡的风潮。

　　此外，对英国的真挚情感依然存在，她仍被称为"家"；至少有1/3的人反对与她决裂。只有在内战前的几年里，人们才会重新扪心自省，探寻个人忠诚之归属。然而，一切都已无可挽回；托利党人或保皇派单独或成群逃离殖民地，或者流亡他国，或者自愿寻求庇护。大部分贫民仍然羁留于此，承受社会和经济苦难，但有8万至10万人离开了其所在殖民地。其中一大部分人的离去代表着当地社会财富、文化和保守思想的巨大流失。一些人最终归来，但因战争期间至少价值1500万美元的托利党人财产被没收，他们的产业和影响力都遭到破坏。

　　这艘新的国家巨轮在民主之风中扬帆远航，抛弃了相当一部分保守主义和文化，因为那些离开者在很大程度上均为其小群体中最为杰出和最受敬仰之辈。在现代历史时期，唯一能与之相比的出类拔萃之辈就是来自法国的胡格诺派。南方上流阶层的留存度远胜新英格兰及中部殖民地，战后两代人中担任国家领导人者也较北方为多，由这一事实也可间接推断出损失之巨大。总统和政治家的"弗吉尼亚王朝"，与从马萨诸塞州和其他地方迁出的数千个家族不可能没有关系，这些家族在其殖民地的公共事务中发挥着重要作用，其中很多殖民地都是由他们打下根基。

战争最终胜利结束并于 1783 年实现和平。英国承认殖民地脱离帝国，承认美利坚合众国的存在，而在这之前法国和荷兰就已承认了美国。在一个民族长期生存的过程中或者作为一个民族的悠久历史中可能会发生许多战争，不公正的遭遇并不会留下持久的伤痛。但是，当时我们还没有作为一个民族和国家的悠久历史。美国是一个在战争中彼此疏离的国家，13 个殖民地依然互相猜忌，互不信任，也不信任其后任何一个政府。我们必须培养民族情感，发掘辉煌的过去，以开启我们的历史。这个国家在战争中诞生，这场战争将永远是我们国家史诗的起点。它曾与英国作战，法国是我们的盟友。从这些简单因素中产生了我们对英国的传统敌意和我们对法国的传统友情。多年之后，作为一个强大而团结的国家，我们可以与墨西哥作战并成为朋友。我们可以征服西班牙并在十年内成为比以往任何时候都更友好的朋友。但在我们战胜英国后近两代人的时间里我们既不强大也不团结，因为我们没有过去。历史和文学是将一国民众凝聚到一起最强大的影响因素之一。我们彼时的历史就像一出编排好的戏剧，推动我们为从严苛的母国争取独立而进行艰苦斗争。我们的文学，或者说所有能激发情感和打动人心的文学都是演讲文学，其中一个主题就是"英国的暴政"，它们诞生于激情燃烧的熊熊烈火中。在塑造民族情感的过程中，这些演说在全国每所学校都能听到并代代相传。每个孩子在其最易受影响的年龄都怀有对英国暴政的憎恶之情，并用其细小而尖锐的铿锵语调，表达其对大洋彼岸英国的痛恨之情。这是历史上那些年月留给我们的另一项遗产。

然而，赢得独立这一事实在改变人民的思想和性格方面具有惊人的力量。在每一个殖民地，他们早就习惯了如果自身意愿与皇家总督的指示或议会的立法相冲突，则应尽可能坚持自身意愿。但是，现在妨碍他们完全以自身意志做出选择的障碍已不复存在。同样的变化也发生在殖民地人的观念上，就像一个男孩离家时所发生的那样，他第一次真正站在自己的立场上去环顾这个他将要去闯荡和征服的世界。无论好坏，她都会释放出她的能量并迅速发展其潜在力量。如果英国能够以超卓智慧和全然无私进行统治，如果美国人民不是成为新大陆独立国家的公民，而是作为欧洲帝国行政区的公民，他们的精神面貌和脾性就会大不相同。比抚平怨恨更重要的是打破所有精神枷锁，使任何可能被证明是建设性的、真实的和持久的东西在"美国梦"中得到全面发展。切断了来自旧大陆的羁绊，各种塑造美国精神的力量和影响与日俱增。正如我们将看到的，美国与旧大陆的联系不只是政治上的，它需要下一代人去彻底扫清道路，但独立已成事实，初创伟业已然成就。此诚那个时期最伟大之遗产。

另一项遗产则是华盛顿的品格。在战争与革命的艰难时期，美国造就了世界上最伟大、最高贵之人。即使国内外更为善战和更具政治才华者不乏其人，然就优秀品格而言则无出其右。一提起华盛顿，我们想到的既不是一位军事领袖，也不是一位行政官或外交官。我们想到的是一位伟人，他纯粹依靠其自身人格魅力将四分五裂的国家团结到一起，直至取得最终胜利，并在赢得和平后依然凭借他那分裂的同胞们对他的热爱与崇敬之情凝聚民心，缔造出一个持久强盛而统一的国家。

美国许多伟大爱国者的名字都已铭刻史册。相比之下，为了这一崇高目的而战斗和牺牲的众多卑微者则史籍无名，在他们出生的乡野之外寂寂无闻。然而，战争将极致的善与恶都强加给了世人。将1776年至1783年间的美国看成一个爱国者们为了争取自由而为之浴血奋战的国家是不恰当的。当时很难招到士兵，即使能招到，他们也无法长期服役。华盛顿时常面临如下窘境：兵危将寡，囊空如洗，缺粮少衣，给养不继，但他凭借其庄严气度和非凡人格赢得军心，所部士气高昂。若非华盛顿，独立大业终将沦于失败，此前演说家们的种种慷慨激昂亦将长久沦为忘却之沉寂。长夜漫漫，华盛顿的坚毅勇气正如中流砥柱，此诚国人于滔天洪水中可资坚守之最后净土。此后当新生国家遭遇分裂势力之威胁，他再次成为国人团结的唯一纽带。除了赢得独立，华盛顿是那段峥嵘岁月留给美国的最宝贵遗产。

# 4

## 大国觉醒

独立虽获举世公认，但这个年轻国家依然软弱不堪。由旧殖民地联合而成的联邦确实算不上一个国家，它不具备形式上和实质的权力。实际上，它仅有一个松散联合的空壳而非中央政府。除了缺乏政治凝聚力，广大民众的社会和经济生活亦剧烈动荡。如前所述，战争深刻地改变了民众生活，殖民地自"七年战争"后未获几年喘息便又陷入新的战争深渊，其间充斥着持续不断的骚动与混乱。相比之下，南方奴隶受到的影响微乎其微。他们沉沦于社会底层，感觉不到从他们的天空上横扫而过的风暴。他们主要依赖主人而非其自身能动性，故其劳作饮食起居如常。虽然在战争中死去的人占整个人口的比例很小，并且敌人所造成的土地财产损失亦不严重，然而，除了奴隶，无论贫富，无人能置身事外而不深受影响。苦难源于其他原因。

首先，受战争影响曾加入部队的人数占总人数的比例，远高于其他任何特定时期参军人数占总人数之比。这是因为兵源短缺且多为短期服役。服役士兵几乎均来自小农阶层，除了田间劳作别无生计来源。他们从军所得之微薄军饷因纸币贬值而对家人所助甚少，后者经常不得不蒙受缺乏一家之主和度日之资的双重折磨。当时还没有农业机械。农活意味着最艰苦的长期体力劳动，农场主从军后，他的家人就要在田间劳作并砍伐越冬木材。缺少农场主对他的家庭来说是一个可怕的灾难，此时北美殖民地农业占比达90%。这也就是出现众多逃兵和服役期满拒绝再次入伍的主要原因。而且在服役期间他们自身也承受了极大的艰辛困苦。卫生条件很差，无法保证他们不生病，药箱经常空空如也，食物短缺；而且有时在像福吉谷那样可怕的冬日，士兵们衣衫褴褛，冒着严寒，拖着满身疲惫光脚前行，冰封的大地上留下他们鲜红的足印。在这七年战争中，需要勇于面对的不是鲜有遇敌阵亡的风险，而是对家乡和亲人的牵挂，而且军营生活甚是艰苦，与舒适和高效有关的事情一概或缺。

任何战争通常都会伴随着大规模的经济解体，后者则以货币体系崩溃为特征。与十年前的德国纸币一样，美国的纸币贬值如此之大，几无价值可言，"不值一个大陆币"这一说法令人印象如此深刻，以至于与它所指的金钱不同，它流传甚广。至1780年，金价上升4000%（纸币贬值4000%）。通货膨胀和货币贬值的所有恶果均已显现。由于劳动力稀缺和纸币贬值，商品及劳动力价格飙升。暴利盛行，上流社会有声望的商人能够获取100%～300%的利润。基于长期投资的抵押借款收入及其他固定利息荡然无存。某些商人因其船只被英国舰船俘获而倾家荡产，另有人则因俘获英国船只而发家致富。不择手段的承包商起于贫微，终致富贵。随处可见富贵易得终易逝，浮世新人换旧人。波士顿的詹姆斯·鲍登在和平年代致信前总督波纳尔道："汝若来此，所见者无非新人。此等变故自革命军兴已历数载，其骇人听闻者已与革命无异。"

富裕阶层尚且颠沛流离，不消说，贫苦阶层更是蒙受极端困苦。政府公债增长至让人难以置信的高度，税收则将贫民搜刮殆尽，例如，马萨诸塞的人头税占全部税收的1/3！ 1786年该州政府债务加上大陆（联邦）债务高达320万美元，以至于连其利息亦无法征齐。农地不论价值高低均按亩征税，那些更为贫困的农场主不得不卖地缴税。在相当大的程度上，同样情况在其他地方以不同形式均有发生。此外，快速致富的新晋富裕阶层，以及看似高收入的劳动者，由于战争总是导致的醉生梦死，转而变得穷奢极欲。通常，战争结束后会有数年混乱无序的虚假繁荣，在那之后社会经济下滑，继之以一个时期的疯狂投机，最终以经济大恐慌（经济危机）收场。不满情绪随处可见，大批民众逃离旧殖民地，迁往西部边疆。新英格兰破产的农场主及商人如潮水般涌入纽约西部及宾夕法尼亚，然后流入俄亥俄。南方人逐渐翻越山脉进入肯塔基和田纳西。尽管荒野尚存些许安全，但马萨诸塞最终还是爆发了由独立革命时期的军官丹尼尔·谢斯领导的公开叛乱；在最终被平息之前，叛乱曾导致该州政府瘫痪数月。

北美革命除了所有的骚乱、暴力和对托利党人财产的清算，并未追求如同法、俄等大多数革命国家那种血腥而痛苦的结局。正如吾等所见，北美革命运动与分离运动几乎主要都是起源于贫民阶层。欧陆通常的革命过程都是以最初掌权的温和派向激进派交权告终。然而，在所有这些情况下，要么是有大量无资本积累而依靠工资过活的无产阶级，要么就是有大量在无法忍受的负担下耕种不属于其自身土地的无地农民。

美国的情况则并非如此。蓄奴州的奴隶与革命全然无关，如前所述，他们中大部分人都未受到革命的影响。城镇规模较小而未形成无产阶级，即便日薪劳动者亦有居所。全国也不存在欧洲意义上的农民阶级，这里几乎每个农民，无论有多穷且负债累累，都拥有自己的农场。托利党（保守派）人的财产可能会被清算，如马萨诸塞总督哈钦森或纽约利文斯顿之辈拥有如此庞大的产业，难免会有些许土地落入革命农民之手，但革命人士（爱国者）的地产则不会被没收，除非市民或农民甘冒失去自有财产的风险。封建制度几无孑遗，亦不存在像封建贵族与平民之间严格的阶级差别。可能一个人拥地20公顷而另一个人拥地2万公顷，但这二者之间并不存在清晰界线，而且拥地20公顷者会盼望某天能幸运地拥地千顷（即便激进主义占据上风，这也仍是美国人生活中的支柱）。由于人人皆为有产者且希冀发达，遂有可能产生要求政治权利的革命，但对财产所有权尚无紧迫威胁。在这种情况下，再加上空旷的西部这个安全阀，年轻的美国得以安然度过这场风暴。

然而，即便整体经济及社会结构甚少变革，但这仍是一场彻底的革命。1775年至1783年内战的结果，并不只是300多万公民脱离英国按照当时公认的模式为自己建立一个独立国家。如果事情是这样，他们很可能会邀请一位王室子嗣，如某位韦德家族的威廉来填补他们建制上的空缺。兴起于蛮荒之中政权的迫切需要已经证明了这一点。从《五月花号公约》《康涅狄格基本规约》到无数"教堂规约"，以及英（北）美冲突期间发表的公告令，最终都成为《独立宣言》的序章。人人生而平等，全民政治权利平等，政府权力仅来源于被统治者的认同。

美国期望成为大国。当时世界大国均为君主制及贵族制政体。美国以共和制开国，经过长期发展成为民主制国家。这是一个开创性的全新国家，尽管其政治理念并非如此。美国的思想家们从西德尼、洛克、霍布斯等伟大的英国思想家那里汲取精华。他们的理论并不新奇。真正新颖之处在于他们将理论付诸实践，而这则得益于美国的蛮荒环境。他们无须斩下国王的头颅。在长期披荆斩棘砍伐森林的过程中，已无出现国王的必要。

战争结束后，华盛顿可谓当时解甲归田优游庄园诸辈中最杰出者。

但也有一个巨大的疑问困扰着他们所有人：这一创举能否成功？在紧随其后的岁月中，这一点开始让人疑虑重重。英国藐视美国并拒绝履行和平条约条款。美国及联邦则过于软弱，无力促使英国及美国国民履行条约。经济在战后短暂的迸发之后沦于崩溃。平民焦躁不安，而与内战规模相当的马萨诸塞州叛乱连华盛顿都为之震惊。正如他所言"政府不力"，联邦徒有权力而不善利用。如果在赢得独立五年后美国就像她看上去那样陷入无政府状态，那这恰恰证明世间需要君主政体以保障秩序。周六夜晚乡间酒肆里的闲汉们可能会高谈自由，直至声嘶力竭沉沉睡去，但若国家无法偿还债务而沦于若干相互争吵的小共和国集合体直至被欧洲强国吞并，那便无自由可谈了。然而，对任何一个强大的中央政府的猜忌和厌恶似又难以克服。当华盛顿安坐弗农山庄露台之上，啜饮着棕榈酒，眺望着波托马克河上美丽的风景，他有足够的时间去思考：自己冒着上绞架和失去家产的风险所做的一切是否终将徒劳无功？在全国范围内，其他许多人也在思考相同的问题。局势正在变得越来越让人难以容忍。

最终，人们鼓起勇气，迎难而上；1787 年 2 月，几乎已是名存实亡的国会邀请各州选派代表参加 5 月在费城召开的大会，大会唯一的目的就是修订 13 州联邦宪法。这个 55 人群体堪为北美大陆所聚集的最杰出人物，他们为谋划国家宪法大计而在指定时间到达。此辈人格、才具及开阔之思想造诣，诚为 18 世纪美国文明品质之惊世诠释。我们必须记住，那时美国所有的自由白人人口尚不及今日洛杉矶市人口的两倍。然而，就是从这约相当于洛杉矶市人口两倍的殖民地人口中，却诞生了乔治·华盛顿、本杰明·富兰克林、罗杰·谢尔曼、罗伯特·莫里斯、詹姆斯·麦迪逊、亚历山大·汉密尔顿、C. C. 平克尼、约翰·迪金森、威廉·帕特森、鲁弗斯·金、詹姆斯·威尔逊，以及其他伟人。1931 年的美国拥有相当于当年 40 倍的人口和数千倍的财富，可是我们现在能否找出 40 个同样杰出的人物呢？

制定宪法一直是 15 年来各个殖民地所中意的一项活动。几乎人人都觉得自己足以胜任这项任务。一名新英格兰农夫表达了关于民主的朴素想法："咱们不要什么总督，有个管天管地的当家人就成，他下头再搞个总管啥的，跟咱国家其他人商量着为大伙办好事就行了。"这话看似可笑，实则包含了民意的核心内容：对强力行政机构和中央政府的忧惧，对任何政府必须为"整体人民谋福祉"的坚信。尽管完全的政治民主即使在形式上亦无法实现，但数代人以来，宪法缔造者们发现，无论他们持有何种个人立场，都必然会为民主进程所影响。他们意识到了美国历史学者长期以来疏忽的一点：脱离英国已然完成，但一场革命亦正在进行。正如当代一位南卡罗来纳人所写："人们经常把'美国独立战争'及其后的'美国革命'混为一谈。实则美国独立战争已然结束，美国革命却是远未结束。相反，这出大戏的第一幕才刚刚落下。"

真正民主进步的破晓光辉并未被一次叛乱的鲜血所遮蔽。1776 年至 1783 年间的形势，迫使大部分殖民地自觉通过宪法以变革旧帝国政体。新罕布什尔早在激进情绪蔓延的战争期间就已起草并通过宪法。起初，激进派膨胀的战争心理挑起了战争，甚至真正的革命者稍有保守之态而非全力以赴便遭乡邻侧目。革命者组成的陪审团裁定某人为托利党极其简单，此后对其所觊觎财产的清算更如电闪雷鸣般迅速。吾等近来已熟稔战争时期过度热忱之怪举，故也更好理解 1776 年至 1783 年间革命先辈中思想保守人士所处之危险境地。

我们无法一一历数 14 个殖民地宪法（包括自行立州的佛蒙特），但却可以注意到在决定对英国发动战争之前在两个殖民地内部发生的事情（那里对富裕东部各州的不满最为强烈），它们清楚地显示了我们前面所说那种不满的持续性。在宾夕法尼亚，不满的边疆居民和费城技工给予富裕阶层领导人物响亮一击。除了缴纳州税，所有出任公职和选举权的限制条件均被取消。这实际上赋予城内全部技工及其他工人选举权。代表名额的分配基于各县应纳税人口的比例，这立即将政治权利由特拉华河沿岸统治集团手中转至西部各县苏格兰裔和德裔民众之手。在北卡罗来纳，激进派与保守派围绕起草宪法爆发激烈争执，激进派大获全胜。每个成年自由民都被赋予公民权，州长手里的权力几乎被剥夺得一干二净，据说只剩下"在他的工资单上签名"这一点。立法机关被赋予全权并被小农场主们所掌控。

这两个州在推行新宪法上表现得最为激进，但实际上几乎所有新宪法都显现出民主主义的先进性。著名的弗吉尼亚《人权法案》，作为其他州制定宪法的基础，冠以《独立宣言》中的词句"所有人都是生来同样自由与独立的"。在众多新宪法中，教会与国家分离，并且除佐治亚州外奴隶贸易也被禁止。在北部各州，它们拥有5万名奴隶，主要充当家仆；在这里，奴隶解放虽然无法立即实现，但到该世纪末已根据宪法得以全部完成。在弗吉尼亚州及马里兰州，杰斐逊、麦迪逊、梅森、平克尼和马丁等人均为奴隶解放而抗争但并未如愿，当时南部大多数人都认为奴隶制是邪恶的但它的存在只是暂时的。

虽然选举资格各异，但革命使各州选民人数显著增长。在城镇及边疆地区，贫民阶层的影响力大增。美国政治民主的基础是经济民主，而在当时及此后较长时期经济民主均意味着拥有土地的机会。革命在这方面有两个显著进步，一是减轻了土地所有者的负担，二是增加了贫民能够获取的土地。王室有关砍伐木材的所有禁令、各个地方的免役税及封建残余悉数扫除。大地产永续存在不可或缺的继承限制及长子继承制同样被废除。大多数州均规定，无遗嘱者之土地继承如非全部子女均等则应诸子均等。各处王室土地及大量罚没地产均为州府所有并尝试以小块土地形式进行出售。甚至是在纽约这样的富裕权贵阶层的大本营，新法亦不允许超过200公顷土地寇售，如詹姆斯·德兰西的土地即由275人安居其上。在宾夕法尼亚，佩恩家族被充公的地产约价值100万英镑。对未来50年经济民主的创建更为重要的是，废除了 1763 年王室公告令所规定的对向西部移民的限制。经过一番讨价还价，各殖民地基于旧特许状模糊的勘界条款而要求的土地主张最终让与联邦，后者进而取得上至密西西比河的山脉以西几乎所有土地。即将卸任的旧国会推出的一项重大举措就是它在 1787 年通过了《西北法令》，赋予一片幅员与联邦相仿的殖民地区域以统治管辖权。

此前在欧洲大陆的理念中，殖民地在地位上低于母国并应为了母国利益而受统治与剥削。然而，美国人重新诠释了这一理念。当阿巴拉契亚山脉以东尚属英国殖民地时期，他们曾为此饱经磨难；当他们的统治者由英国变为沿海诸州时，那些希望定居山脉以西者更不愿延续这一状况。但当时尚无解决这一问题的先例。而另一方面，在这一领土内亦存在疆域规模和未来人口的严峻问题。这里的幅员可资划分的州数超过原先 13 个殖民地州。保守派东部人士想的是："麻烦已够多了，这些去往边疆的激进分子在原先各州就闹得不得安生，如果让西部地区扩充至与我们规模相当，再给予其发言权，那么任何事情都有可能发生。"

最终的解决方式充分证明了当时非凡的政治智慧，以及民主因素所具有的强大影响力。《西北法令》及 1785 年法令规定，该地区应被划分为 10 千米见方的镇区，每个镇区由 258 公顷见方的分区组成。这些分区将以每英亩不到 1 美元的价格出售。国会临时将整个区域作为一个单位进行管理，至其人口达到 5000 就可选举立法机构，随着人口增加可以增设每州人口不低于 6 万人的 3～5 个州并可加入联邦，其权利义务与东部各州完全平等。每个镇区均应为公共教育留出一个分区，奴隶制将被永久禁止。这一解决方式看似简单，却是美国对现代世界政治思想独创的贡献，它是当今美国得以形成的唯一可能的途径。原先的联邦无法保证王权治下北美大陆的统一，而上述方式不仅促进了人口和疆域之无限增长，还促进了国家团结和强盛之无限增长。如果说《西北法令》是卓越政治才能取得的伟大成就，那它也是美国民主取得的伟大成就。边疆地区曾是民主的基石，如今随着一个惊人广阔的新边疆的开辟、定居及最终纳入国家，可以设想，也许未来会有那么一天，保守的东部各州会对年轻、强盛、雄心勃勃的西部各州俯首称臣。年轻的"美国独立革命诗人"菲利普·弗伦诺1785年曾有诗云：

> 抛弃国王和君权国家，
> （抛弃理性认为有问题的债务）
> 旅行者承认，虽然有些晚，
> 没有比这里更自由、更幸福的地方
> 奴隶制的一半托付给东方，
> 奴隶制的另一半则臻于完善。

费城制宪会议的成员们是在激进派取得胜利的氛围中，或者说是在见证了激进思想和民众不断增长的力量的情况下开始他们的工作的。无论汉密尔顿等崇尚集权者如何反对，过去15年来所有政治事件的整体发展趋势都明确昭示，普通民众的政治理念在宪法中得到了极大的体现，他们为独立而奋斗的信念不容篡夺。麦迪逊则提出：政府由邦联首脑人物凭空构划，多半会产生忽视"沉默的多数"这一问题。汉密尔顿公开承认他对共和国毫无用处，但目下美国亦无其他选择，因此他将致力于建立高度集权之政府形式。然而，思想更为开明而务实的与会人士认为，宪法应当按照《独立宣言》中阐明的理念来构建并应专注于如何协调人权与财产安全。公民权成为一项严峻考验。与会者或许不无明智地担心，将公民权授予无产阶层将会助长唯利是图及强取豪夺之风。而另一方面，也有人向他们指出，既然许多州都已规定无财产公民之选举权，新宪法若是剥夺其既有权利，势必遭到他们的抵制。

一个完全与此相似的问题是代表名额的分配。在这方面确实体现出沿海各州与边疆各州之间的既有矛盾。古弗尼尔·莫里斯表达了众多与会代表的强烈感受，他要求财产与人口兼顾，否则"掌权的西部人等将会损害东部人等利益。落后分子总是会反对最佳举措"。埃尔布里奇·格里担心外来势力，促请东部各州不应"受移民支配"。然而，会议必须面对的事实是，西部新建各州已获保证与既有各州完全平等，因此更为自由的观点占了上风。上述论辩显现出激进派所取得的重大成果。从各个方面来说，代表们面对的不是理论问题而是既成事实。关于未来的惨淡预言是，农业将让位于制造业，城市将充斥着沦为流动人口的无产技工。不过，人民已经取得权力，并且正如科洛内尔·梅森所言"掌权者绝不会放弃权力"。汉密尔顿觉察到，自己虽说"誉满天下，却是孤家寡人"。新宪法对于选举权未规定条件，而代表名额则完全基于人口数量，除了参议院议席，每州无论人口多寡均限两名，此举为赢得较小州团结于联邦内之必要妥协，而这一制度也是长期存在并突出了各州的权利问题。新政府在某些方面系由各主权州组成的联邦共和国，但在其他方面则直接由各州人民自主决定。正如州府直接自选民手中取得权力，新的联邦政府亦直接自个人选举中取得权力，而非间接取自州府。在这方面，这是政府理论一个全新的开端。

　　宪法文稿历经三个月审议方告完成，世界上第一部成文宪法由此诞生，并且这一先例为数州所遵循。宪法既未赋予任何阶级及利益体以特权，亦未妨碍其权利。宪法竭尽所能保证经济增长及政治平等，例如，不受限制的选举权、基于人口数量的代表权，以及应许边疆各州的平等权等。在一个半世纪里，宪法通过司法裁决取得巨大发展，但就1787年时的情况来看，它被认为是极其民主的。

　　然而，宪法内容亦有很大部分违背了众人意愿。禁止（各州）发行货币和禁止制定损害合同义务的法律，遭到债务人阶层的极力反对。

此外，虽然许多州府权力收归中央，但民众对国家的情感较之其对州府的忠诚尚显薄弱。禁止各州征收关税最终将使美国成为世界上最大的自由贸易区，它促进了国内商业发展并加强了国家团结，但在 1787 年时它则被视为是一种对各州权力具有威胁性的侵犯。

根据《独立宣言》确立的原则，制宪会议决定将宪法直接提交全民批准，各州纷纷召开会议审议宪法。或许此前全体民众从未有过如此充分的准备来讨论如此重大的问题。战前与英国论战的岁月，以及在批准宪法的过程中所有州府的建立，使得公众的注意力在长达 25 年的时间里都集中在宪法问题上。为了保证宪法在 9 个州得到批准从而可以正式生效，必须进行极其巧妙的安排，在有些情况下还不得不玩些政治手段，但仍保持极高程度的公开讨论。无数的小册子和报纸文章（其中最著名者汇编为《联邦党人文集》）都在号召全体人民统一思想，这在今天是无法想象的。最终先后有 9 个州批准宪法，宪法正式宣告生效，随后其他州也都宣布遵守宪法。旧国会通告人民，新政府将于 1789 年 3 月 4 日正式履职，届时旧国会将自行宣告解散。

我们美国完全有理由为那几十年内取得的非凡成就而自豪，因为在同一时期从未有其他国家凭借务实的治国方略如此促进政治思想的进步。许多思想并不新颖，但到那时为止它们大都埋藏于贤哲们的故纸堆中。美国则宣告它们为全人类之信条并将其作为有效的治国政纲。在战争中诞生的《独立宣言》中，平等、天赋人权，以及政府要得到被统治者的认同等原则，获得了任何贤哲都无法企及的影响力和有效性。《西北法令》展示了在扩张的疆域中殖民地地位可以转变为国籍地位。宪法则昭示了联邦政府如何尊重各州主权，以及如何直接从人民手中获得令行禁止的权力。在制宪会议的设计中，美国为世人指明了一种变更基本法律和制度的和平方式。美国也展示了，如果全体人民享有合理程度的经济机会，革命就可被控制在一定限度内。

然而，新政府软弱无力，未经考验。宪法在许多州都仅仅是以微弱优势获得批准：多数人都赞成宪法，但反对者亦为数不少。幸运的是，政党体制尚未形成，当时唯一的"政党"就是所谓联邦党人和反联邦党人，前者赞成通过宪法，后者则反对通过宪法。年轻的政府因此避免了陷于党争和选出一位党派总统。幸运的是，全国上下能唯一人之命是从。华盛顿历经磨难，因其作为将领的成功军事生涯而被选为总统。就像在战争期间是他的人格魅力赢得部下及国民爱戴一样，现在又是他的人格魅力使国家转危为安。

当时尚无政府组织及政策。无公职人员，无明确职责，无政府部门，无行事先例，财政上也是空空如也。唯有一纸《美利坚合众国宪法》，一个分裂的民族，一堆巨大的债务，一文不值的货币，以及如果有可能的话，那就是华盛顿所起的稳定作用。

他选择的两位首要幕僚为国务卿托马斯·杰斐逊和财政部长亚历山大·汉密尔顿。这两个人几乎在每个方面都完全不同，但称奇之处在于，有史以来从未有过如此针锋相对的组合，能够如此长久地影响国家（民族）的思想与实践。汉密尔顿是一位私生子，他来自西印度群岛，来纽约寻找发达之道。他是一名天资绝伦、魅力不凡的律师，他通过与望族联姻而成为该州领导人物。杰斐逊生于弗吉尼亚边疆地区。汉密尔顿生活在政治腐败的纽约富裕阶层，根本不相信普通民众具有管理自我及他人的能力。杰斐逊在某种程度上受法国先哲影响，而且生长于这个国家最好的边疆地区之一的自耕农之间，他完全信任普通民众，因为毕竟美国尚属农业国。在政治上，汉密尔顿是现实主义者，杰斐逊则是理想主义者，但前者较后者显示出更高超的政党领导能力和组织能力。汉密尔顿信奉强有力的中央集权政府，富裕阶层是他的主要支持者；杰斐逊则信奉政府无为而治和分权，他的主要支持者来自农民。汉密尔顿是联邦党人著名领袖。杰斐逊曾任驻法公使数年，归国后以无党派人士担任公职。起初两人尚能在内阁中融洽相处，同舟共济，但他们的政见实在太过不同，难以调和，不久他们便开始互不信任，终至分道扬镳。汉密尔顿主张强力、集财和集权政府，而杰斐逊则信奉"美国梦"。

在某种程度上，这种分歧也具有区域性。长期以来，不断壮大的北方重商主义者与南方种植园主阶层时有摩擦。汉密尔顿的首要任务是建立新国家的信用，为此他认为必须清偿联邦外债，国内债务按面值大幅贬值，承担国家债务。他还希望尽快建立一个来自银行业、航运业、制造业及其他工业的富裕阶层以支持政府。他主张建立国家银行，推行保护性关税，认为南北双方都应建立工业和金融体系。事实上，他的主张并未实现；而且尽管农业和奴隶制的前景尚不确定，但他向国会提交制造业咨文当年发生的一件事，决定了接下来一个世纪南方的走向。

南方的农业状况每况愈下。农场主们长期负债累累，唯一可用的奴隶劳动力徒劳靡费，其前景实属难料。稻米、靛蓝及烟草等传统作物不复如昔日般盈利，种植棉花亦无可能，因为一名奴隶耗时一月方能脱清一包籽棉。针对这一点人们也进行过若干尝试，但美国的棉花栽培加工被认为如此不堪，以至于英国海关在1784年以"不可能为美国产"为由扣押了8包棉花。当时世界上对棉花的需求非常巨大，1791年世界棉花产量达到4.9亿磅，但其中仅有13.8万磅产自美国。次年，马萨诸塞州一位青年惠特尼在游历佐治亚州时发明了轧棉机，该机具能以奴隶清理5磅籽棉的时间清轧1000磅籽棉。1793年南方出产棉花48.7万磅，次年160万磅，第三年627.6万磅，至1800年为3500万磅。"棉花为王"，奴隶注定为奴。南方文化的风格就此确立并一直延续至今。

就在南方棉花王国突然崛起的同时，来自英国棉纺厂的技工塞缪尔·斯莱特正在罗德岛仿造旧大陆的纺织机械，因为英国唯恐该产业流传他方而禁止任何此类机械出口。斯莱特在当地成功地制造出了纺织机械，为新英格兰纺织业的发展打下了基础。尽管地区间的差异到此时已经很大，但在接下来半个世纪它们还将进一步扩大。

如果美国意欲安然跻身工业大国行列，那么汉密尔顿的政策就显得既明智又重要。造就今日美国工业的力量直接来源于汉密尔顿主义。在为特定阶层创造如关税等特权，建立旨趣如非敌对亦必大异于农民及劳工阶层的"钱"贵阶层方面，汉密尔顿的经济及政治原则的确并非源自《独立宣言》。杰斐逊是《独立宣言》的执笔人；那些希望廉价购买制成品的农民、各个阶层的债务人，以及希望政府尽可能少干涉的边疆地区居民等所有信奉"美国梦"之人均对那位财政部奇才（汉密尔顿）充满敌意，对他们而言，此人似欲图谋扶植专制并为权贵及证券投机者等特权阶层而贬抑其利益。

与此同时，一个在未来几年将会变得非常重要的新地区已然崛起于山脉之侧——一个令其他地区相继追随了一个世纪的新边疆。杰斐逊及《独立宣言》中的思想为它提供了庇护与支持。事实上，正是因其幅员广大，故能成就民主。无论孰是孰非，今日美国都是发源于密西西比河谷。如前所述，如果太平洋之水濒临阿巴拉契亚山脉西坡，则这种文明类型将会延续 18 世纪欧洲文明，该文明在殖民地战争时期欣欣向荣。无论本章所述文明之果如何甘美，它都绝非美国文明形态。那一时期美国的创新之处主要归功于蛮荒，但若该蛮荒以山脉为终点，则大陆将人满为患，而边疆亦将无足轻重。假如边疆地区于 1890 年而非 1790 年归化，则整整一个世纪不可抗拒的塑造边疆精神的力量也将不复存在。到 1800 年，北大西洋沿岸各州已在向工业未来迈进。南方则依靠以奴隶制经济为基础的庞大农业区域坚定地发展其产业。这两者都不会产生今天被我们视为典型的美国思想和性格。假如我们以拥有如此广袤之国土而自豪，那么也正是这片土地造就了我们。

早在独立革命前北美人口就在向阿巴拉契亚山脉以西流动，独立之后此涓涓细流更是汇成滔滔江水。1788 年，千舟竞发，满载 1.8 万名男子、妇女和儿童等定居者抵达俄亥俄州。移民主要来自新英格兰，而且被称为"西部保留区"的这一区域在某种程度上的确也成为第二个新英格兰，这里拥有它的城镇集会及新英格兰生活普遍的形式。其他定居者也自南方翻越山脉潮涌而来，至1790年西部土地上至少拥有17万居民。肯塔基于1791年建州，5年后田纳西建州，在这两个州，凡是年满21周岁的男子均有成年男子选举权，但肯塔基州后来又将选举权限定为"白人"。

如果当时真有人是自由的话，那就非他们莫属。沿海殖民地不仅拥有它们的特许状、皇家总督及其他王权象征，还与母国存在某种情感纽带。这些新兴的殖民地越过山脉迅速建立城镇，它们完全可以自由地设计自己的政府，而当时的美国政府尚较幼稚与软弱，无法维持人民效忠或惧怕它的基本条件。事实上，当众多移民迁往西部，建立村寨，平整土地，合众国政府可谓"于我何有哉"。他们决心用自己的血汗拥有这片巨大而富饶的西部土地，这是他们自己的选择。他们或许会也或许不会回到东部加入合众国。他们有自己的问题并关注相关事态的发展。假如合众国对其施以援手，那是最好不过。其间天地广阔，大有可为。至1800年，俄亥俄州种植出口作物价值70万美元，并经由密西西比河及其支流建立起对欧贸易航运业。1803年，利物浦当局对匹兹堡的"杜安"号船的到来颇感惊讶，因为他们对此船所来之处闻所未闻。数年后，路易斯安那的"玛丽埃塔"号船则以俄亥俄州小镇为母港，往返于意大利和英国之间从事贸易！

但实则当时南方和北方都有各自的难处。西部快速增长的农产品，无法有利可图地翻越山脉运往东部各州。它的天然出口和市场是沿着密西西比河而下，至墨西哥湾西班牙定居点或者越洋运往欧洲。但墨西哥湾沿岸及整个密西西比河流域的西部地区均属西班牙。不仅如此，西班牙还据有新奥尔良段河流两岸，过境船只得以通行系出于礼让，而非拥有通行权。美国人怀有扩张大陆新领土之雄心，已不满足于仅仅寻求商业上的出口，而是想要得到整个西南部的大平原，甚至是墨西哥丰饶的文明和矿藏。西班牙对此完全明了并认为防止这一扩张危及其北美帝国的唯一方式就是向北推进，壅塞这股下行的洪流。西班牙拒绝交还按照英美协议应属美国的纳奇兹，声称英国对该地的所有权有缺陷；新奥尔良和纳奇兹，就像瓶颈上双重的塞子，制约着西部的出口。西班牙尚不满足于此，它还在美国土地上建立据点并与美国西部显赫人物通谋。例如，詹姆斯·威尔金森将军便同时从美国军部和西班牙情报部领取报酬。西部人认为东部的新政府并未给予他们足够的帮助，而不得不自求多福。他们对西班牙的权力并无敬意，认为自己可以浑水摸鱼并终将征服密西西比河谷、得克萨斯及墨西哥等西南部领土。他们拥有整个大陆最为壮美与富饶之土地，根本不用在意难以逾越的山脉彼端的"合众国"。而在东部也有很多人认为，如果这样可以防止西部激进分子可能的入侵问题，并没有什么好遗憾的。

当西部人觊觎南方的海湾或者是密西西比河以西土地，他们所面对的是怀有敌意和别有用心的西班牙。当他们觊觎北方广阔的森林和皮货贸易地区，他们同样要面对怀有敌意和别有用心的英国。这两个国家都挑动印第安人袭击出现在他们土地上的美国人。此外，与西班牙一样，英国不但拒绝撤走设在美国领土上的军事据点，还新建据点。正如我们所说，美国并未全面履行和平条约，尤其是它以国家信用承诺的为英国商人催收美国人所欠战前正当债务提供司法便利。英国政府利用我们这方面的失职，继续占据我们的西北国土，收集皮货，挑动印第安人反抗美国并夺取美国人的定居点。这块领地显然属于我方，但却被英军占领。西部定居者目睹了这一切，但他们并不在意东部沿海债务人欠了英国债主多少债。边疆精神在任何情况下都会站在债务人一方，尤其是在欠我们过去敌人债务的情况下。西部人痛恨西班牙人扼守着他们的密西西比河出口，但他们打算与之多方周旋甚至抢掠后者。与西班牙人相比驱逐英国人似乎要更为困难，而他们对后者的仇恨也是与日俱增。

在阿巴拉契亚山的那一边，东部新政府对西部情况一无所知，甚至对西部人的所思所想亦不甚了了，皆因政府软弱无力；华盛顿认识到，必须尽一切可能争取时间，促进内部团结，避免对外战争。英国国内也有对美国奉行调和政策的政党，但最终还是反对党占据了上风，因而美国的航运业也就一直被排斥于获利颇丰的西印度（群岛）商贸之外，该地以前是我们航运贸易的主要基地之一。法国大革命后欧洲爆发战争，作为中立国，我们的商业遭到掠夺，但因国力较弱，我们那些定义模糊的权利并未得到交战各方的尊重。华盛顿耐心地进行外交斡旋，但在西部，"疯狂的安东尼"维恩已在"落木之役"中教训过迈阿密人、肖尼人及其余西部部落，过分依赖其友邦英国人并非上策。

在此期间，约翰·杰伊一直在与英国进行谈判，并于 1794 年 11 月签下条约，英国人最终同意交出西部据点并撤离，但却是以损害大西洋沿岸各州利益的商业条件为代价，而这也激怒了大西洋沿岸各州。没有比这更不得人心的条约了，对华盛顿而言，签署这一条约的确需要莫大勇气。然而，西部却是得到救赎并从欧洲战争的威胁中获得喘息之机。总统写道："我国如果能得到 20 年以上安宁便可抵拒任何势力，到那时胜利之本无非人口、财富及资源。"政党此时已然形成且结怨甚深，此后两年华盛顿遭到部分媒体攻击。他明智地拒绝参加第三届总统竞选，以此开创典范，并于 1796 年 9 月 17 日向其同胞发表了"告别演说"。他告诫他们必须摒弃对他国的盲目排外（固执的厌恶）及崇洋媚外（热切的依附），敦促众人在当前国际形势下置身事外，切勿卷入与欧洲的联盟关系，因为其中一系列利益美国未必能够染指。

当《杰伊条约》签署时，欧洲各国也迎来了暂时的和平；英国已从北方撤出，此时再想玩弄伎俩，时机已失；西班牙也认识到，固定的边界要强于深入美国境内的冒险，因而同意将北纬 31° 作为密西西比河东部界线，并给予美国向往已久的穿越新奥尔良的航行权和货运权。至 1789 年，西班牙撤离北美土地上的据点，西部人最终拥有了这片领土。英国与西班牙再未施展阴谋诡计挑动南方及北方部落采取敌对行动，关于野蛮人的问题也就可以轻松应对，从佐治亚至五大湖地区的美国人口很快便增长起来。新美国精神开始在密西西比河谷这片新土地上找到归宿。如果我们执着于大西洋海岸，那么美国在思想和精神上就会与现在截然不同。无论是好是坏，历尽无穷岁月，新生的美国都是"老人河"（密西西比河）之子，在其广阔天地间得到充分的滋养。正是广阔天地间无垠的边疆令"美国梦"与世长存，直至成为美国精神的重要组成部分。

# 5

# 美国脱离旧大陆

1800 年左右，西部有三种边疆文化，尽管我们倾向于只想到从合众国边缘稳步发展出的那一种。在《和平条约》划定的美国领土边界内依然存在长期保持法国文化特色的分散定居区。美国的底特律直到进入 19 世纪时一直保持法国特色，甚至是在内战结束后它的法国血统依然清晰可辨。从那里沿着密西西比河谷，经过文森斯、圣路易斯，以及像新奥尔良这样的一些小据点，法国影响及特色均较明显，所有这些定居点都位于美国向西发展的洪流中，其周边则是大片未经开发的荒野。

在新奥尔良，法裔移民遭遇另一股西班牙裔拉丁移民，后者自佛罗里达向太平洋沿岸扩张。西班牙帝国的主体当然是在墨西哥及南美洲，但它有一条绵长的边境线：自佛罗里达军事驻地延伸出来一路经过新奥尔良、圣安东尼、得克萨斯的其他定居点、新墨西哥的圣菲、加利福尼亚沿岸散落的定居区等。圣芭芭拉、蒙特雷、圣克鲁斯、圣何塞、圣弗朗西斯科和洛杉矶均建于18世纪。沿海还有许多称为要塞的军事据点和耶稣会传教区，那里聚集着2万名所谓基督化的印第安人，但在现今美国领土内西班牙人数很少——他们在加利福尼亚不超过1200人，可能比在其他北方省份的西班牙人数还要少。西班牙的扩张势力早已不复存在；但无论如何，在整个大陆边缘如此漫长的边境线上稠密定居亦不可能。得克萨斯、新墨西哥和加利福尼亚均位于一条自墨西哥城出发的陆上交通线的尽头，它们均为抵御印第安人、英国人、法国人和自阿拉斯加南扩的俄国人的前哨站。尽管以建筑及历史传奇著称的西班牙人的文化（影响）已与其人数不成比例，但他们的影响依然留存于整个南部和西部边远地区。

关于边疆对我们国家生活的影响我们有很多话要说，将来还会有更多话要说。然而，我们不应忘记，正如我们前面在关于殖民地政府的形式中指出的那样，制度和环境的影响总是取决于我们对其缺乏更明确认识的所谓种族。划着独木舟沿河而上的法裔旅行者或者是在底特律周围耕种农田并一代代地保持诺曼农民习性的法裔农夫对边疆的反应与英裔迥异。加利福尼亚的西班牙裔亦与以往不同，他们将时间消磨在骑马狩猎、音乐或嬉戏上，而当补给船自海上到来时还会有舞会和欢庆活动。或许，边疆是美国生活中最重要的塑造力量。但那是因为受它影响的人出于某种原因特别容易接受它。弗雷德里克·特纳教授对美国历史做出的贡献是，倡导全部美国历史均从边疆视角去加以书写，但我们亦应牢记，正是因为边疆的影响并不普遍，所以为了让我们接受它也必须考虑种族因素。美国人，以及在较小程度上包括英国人都乐于接受它，这是我们当下所需要关注的。

1800年左右形成的美国新边疆与先前边疆大不相同，它较我们所认为的要更具"美国"特色。最早的边疆定居区实质上根本不是"美国"边疆。那时所有定居者都有英国背景。贫民与富人、博学者与无知者、士绅与劳工的交往相当密切。新边疆形成于旧定居区后方，确实不存在欧洲背景，但拓荒者们与早期定居点之间的联系并不远。不过，若对人口结构按文化程度进行筛选就可看出，博学者及士绅被抛在了后面，而边境沿线无经验者及缺少文化者（的数量）则在增长。美国人口先后经过多次这样的汰选，当第一次越过山脉的迁徙发生时，受过教育及教养良好之人再次被剔除。此外，随着人流不断从旧定居区涌出，文化及审美背景亦愈发淡化。最初的定居者有着旧英国的富裕背景，它的教堂、篱笆及古旧村落，它的手工艺品及家居摆设，甚至出现在小农家庭。正如吾等所见，18世纪后三十余年出现了一种没有等级的文明，但它也有所不同。上好建筑几乎完全局限于上流社会的简朴居所，而没有任何形式的庞大建筑。除个别地方，教堂随处可见，而且大部分看上去都像谷仓，光秃而丑陋。贫民家庭已经开始采用纯实用无粉刷毫无美观可言的包装盒风格房屋，从那以后这一直是我国乡村种种沉闷面貌之一。屋内种种陈设全不在意雕琢及漆艺，仅仅是一些粗糙的用具而已，与美观毫不相干。

贫民的生活变得更为自由和独立，但总的来说其文化程度较低。美国的发展总是涉及选择。如果这一选择意味着民主程度越高则独立性越强、更具勇气和雄心，那我们也不应忘记，随着那些生活更为无助之人作为先驱辗转到达边疆，这也意味着那些认为各种教育、生活的愉悦、审美和知识要比物质追求更为重要之人通常大都滞留后方。他们就像洪水中的沉积物一样，积淀于接连不断出现的"较老的定居点"中。

虽然猎人和印第安商人总是会在荒野中的实际定居点前方留下模糊的边界，但早期的拓荒者是由永久家园的建设者组成。然而，慢慢地，更具特色的三重文化进步出现了。首先出现的是冒险家，这是一个混杂着猎人、商人、一事无成者的群体，他们是一群为探索未知世界的冒险精神所激励的不知疲倦、永不满足的（男）人。当其余稍许更为充裕之辈跟上来后，最初那群人感觉空间局促，就会卖掉其粗粗整治的土地继续前行。第二批人之后是第三批，其成员人数众多，带来学校、报纸和教堂等社会组织，兴建城镇，并推动其前方已适应半蛮荒环境的第二批人前行，正如那些十数里为邻仍觉拥挤的第一批人那样。但是，边疆影响的火炬迅速从先行一批人手中向后传递，并且当我们言及边疆通常意为该时期全部三批人，而这第三批人也开始成为"旧的""定居的""保守的"。

这种情况在很大程度上发生得相当快，及至1793年阿巴拉契亚山脉以西已拥有三种报纸，但这并未阻止边疆生活及思想那不可阻挡的影响力。前面我们已经谈论过此种生活对民主理想和工作的影响，以及最重要的物质舒适度提升。随着美国人开始更好地理解边疆的艰辛及拓荒的技巧，它还有另一种影响。年龄更大、生活更为稳定的人们越来越不愿再去冒险，边疆迅速成为年轻人打拼的天下。激情澎湃、朝气蓬勃成为它最明显的特征之一。满怀希望和缺乏经验相结合，突显了边疆生活的自由和民主以及经济平等。在那里，失败的情形自然也是为数不少。所有美国西进的前沿都散布着沦落于道德、经济及知识意义上无望与无助境地的男男女女。但在这种不断升腾的自由、青春与机遇的氛围中，正是那些成功者为边疆各处的气质定下基调。

在边疆，在这片大陆上无数前后相继的边疆，成功意味着带有政治色彩的物质成功。几乎所有去往边疆之人皆为贫民，而即使以每英亩1美元购得土地进行耕种或储备也意味着要背负债务。最根本的问题是赚钱或积累家庭的物质基础，它将整个边疆团结在同情理解的纽带中。这一奋斗的标志在每个人身上都得到体现。物质成功成为一项毋庸置疑的优良品质。边疆生活能给予的另一条成功之道则是成为地方领导者，成为社区知名的领头人。要做到这一点必须才能出众，即既能干粗活，可以在艰苦生活中自存，又能与邻里平等地打成一片，或者稍许出类拔萃，其才能得到公众认可，并使其成为一名优秀的边疆人。一方面，在这种艰苦的生活中，阳刚、强健、对物质追求雄心勃勃之人，较之于因教养和环境而循规蹈矩之人更易取得成功，后者因其自身学识和教养而更在意那些形而上的事物，而不愿将生活耗费于清理及扩充土地上。另一方面，边疆人虽不拥有那些形而上的东西，但却拥有其他有价值的东西，从而自然地将其自身及其品质理想化，并开始与清教徒一样轻视与其不同之人，认为那些人在道德上低人一等。正如美国清教主义变得极其狭隘一样，边疆生活亦是如此；因而，我们生活中最强大的两个影响因素：宗教和边疆，也就在我们的形成时期造就了一种带有局限性和不宽容的精神生活。

作为美国特色之一的广泛乐观主义的发展属于下一个时期，但在边疆已经生发出一种自信：我们比其他任何人都更了解自己的事业。边疆生活极其狭促，想要成功，除了随处可见的自身勇气与坚毅，还必须仰仗若干与生俱来品质的综合发挥。事实上，若非此类品性单纯之人，亦不太可能在边疆环境中取得成功，因为他往往会使边疆人不信任他的品质，并反过来强化了边疆人对自身品质的信任。由于边疆人发展出众多征服蛮荒应有之综合品质，所以他们自然也就相信自己最了解如何征服世界，如何解决问题，并相信其自身品质为人们最值得具有之品质。其中包括进取精神、自主，以及某种桀骜不驯。

边疆人遇到的问题比较简单，生活也很朴素，从而大大增强了其自信心。这里不存在那种长期定居社会中的复杂性。根据1800年《土地法》，定居者可以购买小片土地，每亩支付50美分现金，剩下1.5美元名义上可以延期4年支付。男子们通常18～20岁结婚，那时他们已经存下100美元左右，女孩子则是14～16岁结婚。新郎可能会收到一匹马、种子及家什等作为礼物；新娘则会收到一张床，也许还会有一头牛、几把椅子，以及一些厨房用具。邻居们合力在几天内帮着建起一幢简陋房舍，这对夫妻便开始一起生活。只要养得起，他们将会有10～12个子女，有时甚至会超过20个，这些子女差不多从会走路开始就成为额外劳动力，并且几乎不需要什么开支，尽管无疑会给父母增加不少辛劳。食物来自农场，衣服为自制，无医疗及教育支出，并且当够婚嫁年龄时子女便如其父母那样离家生活。对那些扩大经济活动的定居者而言，因东部债主和剩余产品出口市场而导致的资金问题可能变得极为重要，但对无数个体定居者而言，只不过是他们的生活降至最基本限度而已。

如果说这里的生活是朴素的，那它也是狭隘得让人无法忍受。这里几无隐私可言，有时十多人同处一室，每个人对其邻家情况都是了如指掌；然而，这里也有很大的孤独，并且精神食粮匮乏。在殖民地时期的北美生活中和此后各个开拓大潮中的边疆地区内，在变化不大的生活中，以及在每个人及其邻居都做着同样事情的社会中，可以追溯出对隐私渴望的缺乏，以及对逸闻及流言蜚语的渴求，以填补人们单调空虚的思想。美国简单的婚姻经济条件已经废除了欧洲人的嫁妆观念，美国的男孩和女孩"为爱而结婚"，但日复一日的艰辛劳作和无休止的生育并未给浪漫之爱留出多少时间，以致天长日久，精神和情感都变得贫乏不堪。

就像威廉·布拉德福德试图用宗教压抑解释普利茅斯盛行非自然罪恶的原因时所暗示的，人性的某个方面受到压抑便会向另一方面寻求宣泄，因而某种程度上也正是边疆生活的空虚，导致旧定居点的贫民在放纵无忌中寻求慰藉。起初，边疆宗教事务为长老会所把持，但在1800年左右，学识程度较低而情绪感染度较高的浸礼会（尤其是卫理公会）开始将边疆人纳入其阵营。这些教派不相信学识渊博的牧师，其诉求完全集中于情感方面。看似令人难以置信的信徒野营集会，既满足了定居者对陪伴的渴求，也满足了他情感生活中倾诉的需要。他对社交生活的饥渴感及情感生活上的压抑感被此类大型集会的大众心理所消除，而在这些集会上成千上万的人会同时表现出病理症状。

其中最大的一次集会于1801年在肯塔基州的波旁县举行，方圆

160 千米内有 2.5 万～3 万人参加。17 名传教士及众多志愿者自周五起连续布道一周。据说，某次布道会上有 3000 名信徒在宗教狂喜中倒地昏厥，另有 500 名信徒同时"抽搐"，齐声"尖叫"。在一次祈祷中有 300 名信徒倒地。在接下来半个世纪里无数次此类集会上，在东部的贫困地区、南部及西部地区，宗教狂热经常演变为性狂欢；而当黄昏来临，传教士操弄听众的情感天性，听众会被人性所左右，解除理智的约束，有的昏迷不醒，有的阵阵扭动，有的像狗一样爬行吠叫，有的痉挛抽搐，还有的在狂热的肉欲中成对翻滚于树丛中。虽然此类集会遭到比较富裕者们的强烈反对，但确为美国许多地区非正常环境的自然结果。人们渴望发泄自身情感，但这些情感全被边远定居点及边疆那种单调、艰辛、孤独和乏味的生活所扼杀。

野营集会及其病态特征仅仅是开始影响美国的更为普遍因素之骇人表现。从原始时期到异教时期再到中世纪，在欧洲生活的各个阶段，人类的情感天性均有多种宣泄途径。人的审美情感无论如何粗糙，在家庭艺术和手工艺方面均有某些自我表现。那里有充满色彩和情感的宗教庆典、仪式和节日，其中许多都是无意识地源自异教时期。在多种多样的公共生活中，有许多东西使人们聚到一起，给他们的生活增添了兴趣和色彩。然而，几乎所有这些都在美国消失了。正如我们注意到的，艺术中的自我表达在为追求物质舒适而奋斗的压力下被抛弃。主要由于清教主义的关系，宗教节日被取消，所有的审美情感都被排除在教堂事务之外。欧洲早期教堂曾禁止许多异教节日，后来为了民众精神健康被迫恢复，并以基督教名义祝福他们。美国贫民和先驱们艰辛劳作、单调乏味的生活中，没有什么可以取代所有这些东西。人们的思想和情感逐渐内化，天性则以偶尔强烈的激情爆发作为报复。如今我们仍是一个处于情感饥渴状态的国家，野营集会是理解我们在当今生活中也会发现的许多事情的关键。

西部地区发展迅速。1800 年，由于激进分子反对州长圣克莱尔，

"印第安纳"地区从西北地区分离出去。三年后,俄亥俄州宣告成立并加入联邦,其宪法系各州中最民主者,例如由立法机关任命法官,任期七年而非终身任职或品行良好即可连任。西部的人口增长如此迅猛,其发展可能性几近无限。(西部)与旧东部较少交流,密西西比河使西部各州自觉地形成统一的生活方式和发展方向。虽然西部既有自由州也有蓄奴州,但这些地区因同属西部,以及更具实质性的"老人河"(密西西比河)等微妙的纽带而联系起来,这条河流把西部各州团结在一起并为其产品提供了一个共同的出入通道。

由于在山区运输产品成本过高,西部产品在东部没有市场。东部仅有放债人,因为西部人以分期付款方式自前者手中购得土地,他们不是欠地产公司或政府的债,便是为支付开发费用而欠个人的债。那些享受到抵押担保土地上自由空气之人已经开始视东部为贪婪、权贵当道、势利、危险、衰朽和不民主。而就在这时,突然谣传西班牙将其路易斯安那领土连同新奥尔良港一起割让给法国,法国可能会通过关闭河口来扼制西部的所有活力及繁荣。

回首东部,与自阿巴契亚山脉至落基山脉之间无限扩张的国土相比,它已日显狭小。北部和南部发展迅速;在某些方面,两者之间及其与西部差异尽显。在南部,轧棉机已发挥作用并造就一种新的经济秩序。农业和奴隶制不再无利可图。在南加州、佐治亚州和阿拉巴马州"棉花王国"已然兴起,它拥有巨大的产业和对更多土地及奴隶贪得无厌的需求。那些一代人之前尚愿谈论解放奴隶的弗吉尼亚烟草种植园主如今则发觉,在南方为嗷嗷待哺的市场培养奴隶对他们的土地更具附加利益,即便繁荣并未回归那些庞大宅邸。然而,整个波托马克河以南乡村(南北战争)战前时期的社会结构已然形成,这一社会结构经过歌曲和小说的流传而变得广为人知。这里的生活与西部完全不同,但因这两个地区均为农业州和债务州,所以这里各州的政治方针均具农耕性质。这两个地区均畏惧北方不断增长的资金实力;西部小农场主和南方大地产巨头均厌烦社会上的北方商人及银行家：对南方大地产巨头来说是因其毫无礼貌，对西部小农场主来说则是因其过于富有！

正如吾等所见，杰斐逊信任普通民众，但有个事实如今却常被忘却：此辈农场主因其拥有土地并劳作其上而形成自给自足、个人主义及保守性格。他无论如何都不相信城市无产阶层。他也不相信城市富裕阶层。这是他反对汉密尔顿企图创造此类阶层的主要原因之一。在南方，卡罗来纳州的约翰·泰勒突出表达了南方人和西部人的呼声。在他看来，依靠制造业、股票投机、银行业、股票买卖及投机发家的资产阶级注定会催生阶级对立。它将会如曾经的王室、贵族、教堂一样残酷剥削人民大众，同时又因其无明确法律地位或权限而将极其难于撼动及控制。它不具备与其地位相适应的法律责任，而且它很可能会为了满足一己私利而利用公共舆论或政党进行巧妙的地下运作。随着时间的推移，它将会摧毁国家。

然而，事实证明汉密尔顿成功了——至少部分如此。他提出的债务再偿还、债务承担、中央银行，以及此后采取的关税政策，极大地促进了金融利益集团的建立；不过，这一阶层并未如他所愿扩展至全国，而是在北方形成区域性体系，而且直至今日依然根深蒂固。

劳动力和资本是这一利益集团建立的必要条件。我们已经注意到，在自由劳动力和奴隶稀缺的情况下，北方难以获取劳动力。但是新英格兰人如今忙于建造新型纺织厂，他们为 1800 年以后的一代人解决了这个问题。基于多种原因，小农场主压力较大，而这也是他们大量移民西部的原因。然而也有许多人因过于贫困及其他原因而无法迁移。纺织厂主们借助上述情况攫取贫困人等之妻子儿女操作其新机器。一名纺织厂主写道："为了多赚钱，我等必须雇用贫困家庭，通常为拥有较多子女者。"另一名纺织厂主写道："照料机器无须男子，6～12 岁女孩更佳。"当然，为了创造他们所需的资本，工厂主们安排了大批上述劳工从事劳动。1801年，约西亚·昆西在罗德岛上一家工厂发现，那里有100人在工作，"他们所有人都是一脸呆滞，表情沮丧"，他们的日工资仅为12～25美分。大约3/4的操作工为妇女，但有时整个家庭都会出来工作。例如，某位男子为自己签订了一份周薪5美元的合同，其16岁儿子为周薪2美元，13岁儿子为1.5美元，12岁女儿为1.25美元，10岁儿子为0.83美元；其姊为2.33美元，而她13岁的外甥为1.59美元，她8岁的外甥女为0.75美元。在这样的劳动力供给安排下，制造业资本快速增长，前景一片光明。

然而，相比之下，航运业资本的增长要更为迅速。人们发现，通过在阿拉斯加海岸以超低价收购毛皮再将其高价卖给中国人，然后在中国购买商品再运回当地出售，可以获得巨额利润。此类航线开始在短期内为白手起家致富之人积累大量财富。其后人们津津乐道的商业"贵族"阶层，在萨勒姆、波士顿、纽波特、纽约和其他港口建立起来。虽然我们平日听得较多的是马萨诸塞航运业，但却是像纽约的阿斯特和费城的杰拉德这样的人赚得巨额财富，他们在19世纪头十年成为美国首批百万富翁。金钱在美国生活中益显重要并意味着权势。阿斯特和杰拉德盈利异常可观，但其掠夺手段也是臭名昭著；他们成为国内最有权势之人，就连位于华盛顿的国会也要对他们的要求洗耳恭听。

阿斯特是远西地区皮毛贸易的"沙皇"，他的权势大大超过当地联邦政府；杰拉德则可以指示他的伦敦银行家们，自其闲置资金中进行单笔达50万美元的投资；像他们这样的人开始施加一种新的影响。这个国家正在迅速致富，但是除了南卡州的约翰·泰勒，还有很多人正忧心于北方出现的征兆。约翰·亚当斯在1808年写道："我们国家实际上被一种构成权贵阶层的东西所把持。这种东西便是财富。天分、出身、美德、敬业和牺牲对我们已不再重要。"他又写道，双方政党的目标"主要是财富"。他说，康涅狄格州过去和现在都是被6～12个家族所把持。

回首往昔，爱默生略显绝对化地写道，1790 年至 1820 年，马萨诸塞州未有一本书、一篇演讲、一次讨论或一个想法问世。他这句话可能有些夸大，但美国精神生活确实处于低潮。在北方，没有文化背景且对精神世界了无兴趣的新人正在积累起在当时让人难以想象的财富，并为所有后来者设定了新目标。在南方，旧大陆生活方式仍在苟延残喘，但棉花产业正使许多人以意想不到和非传统的方式暴富，从而使其充满吸引力。在西部，生活艰辛，先驱品质必须得到颂扬，否则疲惫的人们将难以为继。18 世纪文明业已式微，然而，无论结果如何，一个全新的美国已然出现。与此同时，尽管有了《独立宣言》，但美国尚未自由，而是周旋于欧洲诸国之后。

1796 年，联邦党人约翰·亚当斯（如果他可以说是曾属于某个政党的话）继华盛顿之后就任总统。英法再次开战，它们均对美国商业进行掠夺，而法国则是这一时期最大的侵略者。美国两派政党无视华盛顿在"告别演说"里的忠告，积极卷入欧洲争端：杰斐逊领导的共和党狂热支持法国，联邦党人坚决支持英国。约翰·亚当斯则像华盛顿一样仅仅是亲美派。法国的挑衅，尤其是 X. Y. Z. 信件中公开的法国掌权者不收取贿赂便拒见美国公使的行径，更使美国蒙受奇耻大辱。虽然约翰·亚当斯偶尔也可能战意甚盛，但他与华盛顿一样渴望让国家远离欧洲战端至少 20 年，这一点为华盛顿所设想的美国自我发展所必需。然而，汉密尔顿自诩联邦党人之真正首脑，实则已开始失去自我，他怀有向法国宣战的宏大计划，然后与英国联合进攻西班牙，再率领一支庞大的侵略军以征服英雄的身份入侵墨西哥，占领整个西南部，并允许英国除了获得相应分配的西班牙帝国掠夺物之外，还可以向更南部发展来补偿其自身。

亚当斯对此无比恼怒与焦虑，但汉密尔顿及其马萨诸塞追随者（即"艾克塞斯团"的联邦党人领袖人物权势小集团）觉得自己大局在握，遂在参议院大肆鼓吹征召军队；然而，亚当斯未与此辈商议便任命了驻法公使，从而粉碎了他们的图谋。亚当斯终于明白，不能相信政党领袖。法国给予了美国和平机会；尽管会毁掉自身政治前途，但亚当斯仍抓住这一机会拯救了国家。汉密尔顿及其团体气急败坏，决定毁掉亚当斯，即便此举将导致其政党毁灭。纵然汉密尔顿公开宣称亚当斯不适合其职务，但历史证明了亚当斯的勇气与智慧，而且亚当斯对其行事正当性的信念从未动摇。他在多年后写道，他认为此乃其一生中最无私之行为，并将其镌于墓碑之上："约翰·亚当斯长眠于此，1800 年独自承担与法国缔结和平之责。"

当此激情岁月，国会于 1798 年通过了《处置外侨与惩治煽动叛乱法》，一是授权总统不经审判即可驱逐任何其认为危害和平与国家安全之外籍人士，二是对以发表虚假、恶意或诽谤性言论为手段意图败坏国家政府成员名誉之人处以罚款和监禁。南部的弗吉尼亚州和西部的肯塔基州以决议形式对上述法令做出回应，宣称该法令违宪，并号召其他各州认定上述法令无效，借此宣扬各州权力和无效原则。

《处置外侨与惩治煽动叛乱法》，以及《移民归化法》中关于成为美国公民的必要条件是居住满 14 年而非 5 年的规定，皆源于汉密尔顿派联邦主义对普通民众的不信任。就连法国大革命中的过激行为亦未影响杰斐逊对大众的绝对信任，只要他们依赖土地而非资本家为生。杰斐逊之功过可谓各执一词，因为尽管在政治生活上"美国梦"及理想奠基于杰斐逊对普通民众的信任之上，但在经济生活上却是在朝着汉密尔顿提出的方向发展，尤其是特权及金融阶层的建立。美国在其成长阶段试图同时侍奉上帝与财神，即它既坚持杰斐逊主义理想，同时又以汉密尔顿主义聚敛钱财。通过建立一个庞大的工业和金融国家而非农业国家，我们已经删去了杰斐逊信仰之逻辑结构的主要前提，并将那一信仰应用于其明显摒弃的方面。另一方面，我们虽然依照汉密尔顿的提法建立了美国经济秩序，但却是基于他并不认为能够有效运转的政治理论。这就是现代美国之悖论。不过，1800 年的美国仍然处于十字路口，似乎有可能遵循这二人中任何一人的信条。

毫无疑问，杰斐逊主义是美国的信念，它源于杰斐逊起草的《独立宣言》，而且美国独立战争曾为此信念而与英国奋战。如果普通民众沦陷于有钱阶层等级制度之下，他便不容易分辨，以其家门口的债权人国王取代 4828 千米外的政治国王究竟有何益处。如果说美国代表了世界历史上任何独特的东西，那就是"美国梦"，即关于普通民众（无论贫富）都尽可能拥有平等机会之信念。

到 1800 年，普通民众奋起反抗联邦党，强烈反对联邦党公开表达的对民众的不信任及其力主控制民众的理念。南方种植园里的大债务人和西部空旷土地上的小债务人同样不信任北方崛起的金融强权。他们看到，北方那些投机者大肆攫取汉密尔顿偿还（国债）和承担（州债）政策的利益。马萨诸塞一州承担的国债超过所有南方各州债务之总和。他们看到，在政府的偏袒下，一个商业—航运业—制造业—银行业集团顺利崛起，而且有理由认为该集团利益直接与农场主和种植园主利益相对立。他们看到，自 1796 年至 1800 年，联邦政府的开支从 580 万美元增至 1080 万美元，而在 1798 年，通过特权建立了富裕阶层的政党对房屋、土地和奴隶征收直接税，分摊到大部分南方种植园主和各地穷人头上的税负较之于北方新晋富裕者们要重得多。杰斐逊一直在等待时机，而 1800 年民众的普遍不满情绪，加以联邦党内部分裂，则赋予其良机。

1800 年的总统竞选活动进行得异常激烈，特别是康涅狄格州的神职人员炮制了一大堆对杰斐逊先生不敬的言辞。在南方和西部坚实的支持下，以及北方大量贫穷农民和城市工人阶层的助力下，共和党（后来的民主党）轻松获胜，尽管按照当时实行的制度，杰斐逊和伯尔对总统职位的选票平分秋色。按照宪法规定，众议院表决杰斐逊当选。约翰·亚当斯在离任前最后一晚任命了一些联邦法官，就像他在此前不久任命约翰·马歇尔为最高法院首席大法官一样，对宪法和国家的发展产生了深远而持久的影响。司法部门是联邦政府中唯一联邦党人未被清理的政府部门。过去十多年来他们为国家做出了巨大贡献，但是关于由财富、才华和出身决定的寡头统治政治理论却是完全非美国的，与美国大多数人民的理解背道而驰。美国政治理论奠基于经济上的平均地权主义，而平均地权主义也取得了胜利。杰斐逊曾说过，农民"是美国伟大利益的真正代表，唯有他们才能恰当地表达美国人的真正思想情感"。事实上，他们已经以投票方式将其情感表达得异常清晰。

杰斐逊当选是"美国梦"的胜利。尽管执行汉密尔顿政策导致经济生活发生巨变，但美国仍然坚持杰斐逊主义对平民的信仰。对数百万美国人而言，这仍是一个公理。在人们的潜意识中，这一区分一直持续存在了数十年，因为美国农民一直被视为美国美德的特殊源泉，尽管其他阶层的勤奋之人也在大量增加。直至（第一次世界）大战时，对公众人物而言，下面这一点仍是一笔价值不菲的财富：在农场长大，曾是一个"脸庞黝黑的赤脚男孩"，尽管当时美国近半数男孩都是成长于穿越城市街道时需要躲避汽车的环境中。

杰斐逊的反对者担心他上任后将会导致无政府状态的统治，毫无根据可言。公理会康涅狄格州教区主教兼耶鲁大学校长蒂莫西·德怀特牧师的可耻预言为，如果杰斐逊当选，"我们可能会看到我们的妻子和女儿成为合法卖淫的受害者；被严重地侮辱；被伪善玷污；抛弃精致生活和美德；厌恶上帝和人类"，这纯属无稽之谈。事实上，虽然杰斐逊未曾公开宣称信仰基督教，但除他之外，在入主白宫者中比他对宗教更虔诚者寥寥无几；尽管新英格兰神职人员受到其富裕教众经济利益的微妙影响，但他们却无法理解这一事实。

杰斐逊坚决维护国家信用并清偿公私债务。在他的第一个四年任期内，政府工作优异而廉洁，而且在国际政治方面也是成就斐然。

至 1800 年，已有 100 万美国人定居于英国政府 1763 年《公告令》试图阻止拓荒者们进入的区域。西部河流沿岸的每个小村庄和小城镇，如匹兹堡、惠灵、辛辛那提等都梦想着日后能成为巨大的财富和人口中心。边疆从未有过去而只有未来，边疆精神经历的最根本变化之一恰恰是这种时间上的完全转向。只梦想未来而不是过去，必然会对人们的整个思想和精神进程产生强大的潜在影响。因此，有关西班牙将路易斯安那州割让给法国、法国将关闭"河道"的传闻，不仅对当时的商业计划，而且对西部人渴求的梦想都产生了深远影响。

法国在两年内反复谎称未发生任何领土转让，但最终它还是决定公开行动：1802 年 10 月，法国驻新奥尔良领事关闭了密西西比河。西班牙对密西西比河谷的掌控不复存在。西部的未来再次取决于法国，拿破仑关上了通向世界的唯一一扇门。从一艘艘平底船到一个个沿河小镇，这则消息沿着密西西比河及其支流快速疯传。它由快捷的陆路信使从纳齐兹送往华盛顿，送达位于白宫的杰斐逊手中。

总统了解西部。他明了它与东部相联结的经济利益纽带有多么脆弱。他明了西部的梦想：如果无法立即得到联邦政府的帮助，拓荒者们将自己动手将法国势力逐出海湾地区，将国家拖入战争，并可能自立为一个泛阿巴拉契亚国家，一个密西西比合众国。联邦党人盼望这一可以粉碎杰斐逊在西部受欢迎度的良机而大肆叫嚣发动战争。然而，杰斐逊早已预见到这一危机。他在此前六个月便已致信美国驻法大使，一旦法国取得新奥尔良，"我们必将与英国舰队和英国紧密联合"。但他首先更愿尝试和平手段，在未泄露其目的的情况下，他从国会取得 100 万美元对外交往杂费开支的授权。他指示驻法大使试着购买新奥尔良及佛罗里达，或者至少是航行权。

关于拿破仑为何急于将新大陆中不确定的负债兑换为旧大陆的现金，存在许多已知及未知原因（包括与英国迫在眉睫的战争）。1803 年 4 月 11 日，拿破仑回绝了英国大使，同时将整个路易斯安那售予美国大使罗伯特·利文斯顿及美国特使詹姆斯·门罗。售地条款迅速拟定，不到三周时间美国就以 1500 万美元购得自密西西比河东岸至落基山脉，以及自北得克萨斯至加拿大边境之间的整片大陆。全长 6437 千米的"老人河"成为美国内河。259 万平方千米土地使我国国土面积翻了一番，其中 3/4 都是当时的"西部"。弹指一挥间，国家的中心已如天翻地覆般发生了移转。

与此同时，华盛顿发生的一起事件同样实质性地改变了国家的发展方向，尽管它未能展现出杰斐逊的政治才能。首席大法官马歇尔在就"马伯里诉麦迪逊"一案所发布的判词中，冷静地确立了"违宪之法非法……违宪之法无效"原则。最高法院因此而奠定了其立法审查权的基础。国会或议会不得解释人民的立法意愿。如为必要，当选总统的否决权可被推翻，但若 9 位终身任职的最高法院大法官多数裁定"违宪"，则其司法否决权不得推翻。

杰斐逊的第一个任期非常成功。联邦党人士气低落，并且当阿伦·伯尔于 1804 年 7 月在一场决斗中枪杀其党派领袖汉密尔顿后，其势力彻底分崩离析。在秋季选举中，杰斐逊以 162：14 张选举人票击败其对手。

法国出售的领土是否包括佛罗里达和得克萨斯依然悬而未决。杰斐逊希图佛罗里达以便美国可以掌控墨西哥湾沿岸，西部人则觊觎得克萨斯。1806 年，当时已身败名裂的伯尔前往西部策划一系列阴谋，其真相至今仍属未解之谜。该等阴谋被彻底挫败，但总统很快就遇到了其他麻烦。英法之间的战争随即给美国带来过去常有的侮辱。其中一点便是英国强征美国船只上的水手。毫无疑问，大量英籍人员宁愿为美国商船服务，也不愿在战时的英国船上谋生；而且仅仅声称有权截停及搜查美国船只便已足够烦扰，更何况英国人做得比这还要过分，他们经常从船上抓走真正的美国人。伪造国籍证明当时极为常见，因而仅仅宣称是美国公民亦于事无补。法国人由于种族及语言差异没有理由采取类似做法，所以这种特别的刺激完全来自英国。

　　1807 年 6 月，英国走得更远：英舰"列波德（豹）"号在诺福克海角追击和炮轰美舰"切萨皮克"号并抓走 4 名船员，一时间，怒吼声响彻全（美）国。假如杰斐逊选择宣战，他身后会有一个团结的国家，但他更愿以经济措施施压；在他剩余的任期内，主要充斥着禁运政策失败的历史，以及由政府造成的北方因港口关闭及航运业破产所蒙受的商业困境。其间英法两国都颁布了内阁政令，旨在制定书面封锁令，阻止中立国与交战双方进行贸易。这两个国家都干涉到了美国内政，美国已无从选择。美国领土扩张至东起大西洋西至落基山脉，但在公海上我们仍难与上述欧洲交战国相匹敌，而且此两害孰轻孰重难以取舍。杰斐逊选择的保持中立而坐山观虎斗并拒绝与二者贸易以逼其关注美国主张的政策完全失败，并有可能因新英格兰的分裂而瓦解联邦，遑论赢得国际上对美国权利之尊重。英法之间两害难以相权，而即便其彼此互斗，美国亦难以两面应敌。单凭美国之国力尚无法以一敌二，毕其功于一役。或许正如威廉·平克尼所言，"与法开战之可行性如水中捞月"。但若美国打算选择支持其中一方，则不仅仅取决于这两个国家在海上对我们做了什么。正如前文所述，美国的重心已经发生转移，对战争的真正需求主要来自西部。

　　新取得的密西西比河以西土地的特征尚不明朗，但刘易斯和克拉克对西北部，以及泽布伦·派克对西南部的探险活动已经查明，大草原和大平原对定居无甚大用，因而西部半数国土仍留有"美国大荒漠"之称，直至南北战争之后。美国拓荒者仍属伐木工，他们惯于清理林木，无树的荒原令其迷惘与气馁。因此，随着猎人及商人，临时定居者，永久定居者这三批人的逐级推进，边疆继续向北推进到印第安纳和西北领地，逐步将印第安人往后推挤。根据 1795 年至 1809 年间签署的"条约"，印第安人被迫放弃其 1942 万公顷的狩猎区。

　　这一进程因为印第安人中涌现出两位杰出领袖而被打断，那就是肖尼族后裔特库姆塞和他的孪生兄弟，后者被称为"先知"。早先商人廉价获取皮毛的手段是用威士忌诱使印第安人堕落，阿斯托则采取了更为可耻的手段：战争，以及改变印第安人的生活习性，土著人口由此锐减至仅 4000 余人，寄身于宾夕法尼亚、密西西比河、俄亥俄河、加拿大边境之间的矩形区域。两位肖尼族领袖决定挽救其种族，而不在他们的边境之内进攻白人。他们力促不再割让土地，倡导戒除烈性饮料。渴望土地的白人慌了。如果印第安人有德、守法、固守其土，白人的希望就会渐行渐远。威廉·哈里森是当时的印第安领地总督，他的应对之策为，与若干分散及不负责的印第安部族签署"条约"，割让特库姆塞的狩猎区，然后他率军前往特库姆塞的营地挑起战争，即蒂帕卡努河之战。最终特库姆塞的"阴谋"被粉碎，但这件事做得太过粗糙而非粉饰一番不可。一时间，谣言四起，而人们也乐于相信，那些印第安人受到其背后加拿大的英国人怂恿，欲将美国人逐出其领地，而道义上的愤怒则由哈里森及西部人释放出来，针对的是英国人，毕竟近四十年来他们一直是我们的敌人，实在是一个再好不过的替罪羊。事实上，如今早已众所周知，他们与特库姆塞之间毫无关系。

在山脉彼端的华盛顿，新总统麦迪逊正疲于应付国际局势，他试图使欧洲交战国双方废除内阁政令而保持和平，并且看上去似乎也取得了些许进展。但是，1811 年召开的新国会注定由西部把持。热情的年轻人来自肯塔基及加拿大边境定居点，主要以亨利·克雷为首，来自南卡罗来纳边疆的约翰·卡尔霍恩很快也加入其中。这些人被称为"鹰派"，他们在国会中逐步煽动开战的怒火，叫嚣着六周就可征服加拿大，但其开战呼声主要是为了"水手权利"。

他们遭到新英格兰强烈反对，后者是各州中仅有的有航行需求的州，但它更偏好有利可图、投机及战争贸易，而不愿牺牲贸易去为它所忌惮之西部从加拿大火中取栗。事实上，它更怕权力大幅西移；马萨诸塞州的约西亚·昆西 1811 年 1 月在国会宣称，如果来年承认路易斯安那为联邦州，联邦的联系将被瓦解，"权利全体分享，义务部分承担，确定无疑准备分裂；或友好地（分裂），如果可以；或暴力地（分裂），如果必须"。新英格兰拒绝执行禁运。分裂风险与日俱增。1812年1月23日，英国议会撤销内阁政令。但到此时为时已晚，因为没有渠道可以将此消息迅速传至美国；"鹰派"已于5天前得遂其愿：国会遵照总统咨文已于1812年1月18日对英宣战。

事实证明，战争让人颜面尽失，骑虎难下。美国毫无准备，而英国征伐四方，并不介意再多一个弱小之敌。进攻加拿大的陆上行动以灾难告终。水上之战倒是打了几场漂亮仗，取得些许辉煌胜利，其中大多是在双方舰船的捉对厮杀中，这些胜利激发了民众的爱国热情并赢得英国对我们的尊重。"宪法"号对阵"格瑞尔"号、"黄蜂"号单挑"弗洛里克"号，以及佩里在伊利湖之战中所取得的胜利更是举国欢腾。美国政治生活中涌现出安德鲁·杰克逊这一新的英雄人物，他率军进攻佛罗里达，在和平协议已签订但尚不为其所知之时在新奥尔良之役中大败英军。与此同时英国人则占领了华盛顿市，并以卑鄙的方式肆意放纵，烧毁了某些公共建筑，以及美国许多国家档案。

新英格兰受环境影响已由海运区变为工业区，并不忠于联邦，甚至徘徊于背叛边缘。新英格兰怯于征募，拒服兵役，回绝政府借款并以分裂相威胁。在1814年所谓的哈特福德会议上，联邦党人的分裂气焰如此嚣张，就连其成员亦无法忍受。最终，英美双方均厌倦了这一徒劳无益的战争。1814年圣诞节前一天双方达成和平，对双方开战前的宿怨均未提及。

然而，除了在群情激奋中将西佛罗里达收入囊中，这场战争远非毫无结果。托华盛顿、亚当斯和杰斐逊之福，美国已设法远离欧洲战争20年，诚如华盛顿所言，此乃国家成长所必需。最终，国家被西部拖入战争，但我们已向世界表明忍无可忍之时不惜诉诸战争之决心。此外，通过美国人海战中的表现，其战斗力亦得到尚武之英国的肯定并较先前赢得更多尊重。美中不足之处在于，战争给双方留下了痛苦和怨恨。英国认为它是为反抗贪婪的暴君拿破仑而在为自由奋战，正如美国认为它近来（在第一次世界大战中）与德国作战是为确保民主在世界各国的安全而战；英国无法忘怀美国当其胶着于战争之时倒向拿破仑而对其背后一击，而拿破仑对英美两国商业都曾造成损害。对美国而言，与英国的宿怨可谓根深蒂固，成为自独立战争开始即着意培养之传统，从而对在我国短暂的历史生活中第二次选择与英国为敌产生重大影响。哈里森关于英国挑唆特库姆塞与我为敌的谎言需要经过数代人时间方可揭穿，而他在其随后政治生涯中自我吹嘘的"蒂帕卡努英雄"，更使英国的"背信弃义"成就一段传奇。假如西部人不觊觎加拿大及特库姆塞的狩猎区，美国很可能会与拿破仑而不是英国开战，那么美国在与其他国家关系上的思想情感就可能会大不相同。美国是一个非常重感情的民族，但它对其他国家的国际关系情感却是建立在错误的基础上。假如拿破仑未将路易斯安那售予美国，美国就将被拖入针对拿破仑的战争并与英国保持紧密关系。1812 年战争始于拿破仑的浴缸，在那里，他透露了出售路易斯安那的最终决定，而终于美国在海上为他而与他的敌人（英国）作战之时。他的传奇在美国人民心中从未超越拉法耶特。

战争的另一个结果是，美国最终从欧洲赢得独立。美国几乎完全与欧洲分离。美国不再卷入欧洲政治争端的旋涡，它将目光转向了西部。一种民族感、命运感和物质开发的巨大使命感开始影响所有阶层。其后 20 年，除了偶尔对英国的怨恨，美国很少关注欧洲。美国学童继续朗诵反抗英国的革命演讲词，因为没有其他更多的演讲题材；这些演讲词属于美国作为一个独立国家的短暂历史，为人们所耳熟能详。然而，在很大程度上，美国几乎始终都是专注于物质发展和向西部扩张这一艰巨使命。美国完全陶醉于赢得一场光荣的战争，然后就一心忙于工作和赚钱。战争期间弗朗西斯·盖伊写下了《星条旗永不落》，现在这一旗帜已开始高高"飞扬"。移民蜂拥进入西部，这也不断吸引着旧殖民地的人们，而旧殖民地，无论南方和北方，与其相比如今均显狭小。新中心的作用日渐突出。另一方面，联邦党的倒台、新英格兰的不忠和哈特福德会议造成的恶劣影响，都使新英格兰的影响力较之 15 年前十不存一。有着奴隶制和大地产的南方，其中许多土地都因长期种植单一作物而消耗殆尽，沦为与新国家朝气蓬勃的生活格格不入的区域。阿巴拉契亚山脉彼端的密西西比大河谷，3219 千米宽、6437 千米长的统一水系，开启了一幅举世罕见的盛景。除了"美国大荒漠"，没有什么能阻挡美国人据有落基山脉。船夫之歌已归于沉寂。在太平洋沿岸，钟声仍在加利福尼亚寂静的西班牙教区内回荡，那里的梦想是天堂或明亮的黑眼睛，而不是扩张的帝国。撒克逊人的声音甚嚣尘上。在不断向前移动的美国"西部"的整个前线，无数把斧子在人们手中上下飞舞，咚—咚—咚，节奏越来越快并成为主导；随着树木倒下，空地以惊人的速度成倍增加。

# 6

# 西部旭日

1800 年有 100 万美国人生活在山脉以西，他们的人数增长如此之快，足令东部保守派不知所措。接下来的路易斯安那购买案、与英国的战争，以及印第安人割让其土地，开辟了移民的新领土。新英格兰一直喜欢自诩为美国的推动者，那里顽固的联邦党人不遗余力地反对建立一个可能会危及其影响力的新地区，尽管其影响力已是日渐式微。约西亚·昆西是他们在国会的喉舌，他们通过他大声疾呼，反对接纳法属路易斯安那和建立新州。昆西正告国会议员："诸位无权将本民族之权利及财产与密苏里州那些野蛮人相混淆，即使密西西比河口土生土长混有更高贵英、西、法、美血统之辈亦不做此想……诸位焉能指望北部与大西洋诸州人民愿意或能心平气和地对待红河和密苏里州的参众议员，并任由此辈殚精竭虑料理距其乡里至少 2400 千米远之东部沿海地区事务？"然而，不管他们是否有足够的耐心，这正是他们将要看到的。

到 1820 年，山脉彼端人口已不是 100 万而是 250 万，占美国人口 1/4，比新英格兰多了 100 万。到 1830 年，1/3 美国人都是"西部川泽之人"（他们喜欢这样称呼自己），人数达 350 万。再过十年，向西移民者全为土生土长之美国人。正如我们将在后续章节中指出的，这种大规模的人口迁移和迅速增长的对工业劳动力的需求在早期诸州留下真空，导致外国人流入，但这些外国人都留在了沿海地区，因而直到 19 世纪中叶密西西比河流域在种族意义上及经济民主意义上都是美国精神的发源地。正是在那里，"美国梦"似乎最有可能实现。

整个战争期间主要是南部沿海各州的移民一直在继续，但在战事结束之后它就变成一场名副其实的大迁徙。北方也被所谓的"俄亥俄热"席卷，通往西部的主要通道是越过山脉沿俄亥俄河而下。载着一个国家通往帝国之路的扁舟平稳地向西漂去。约翰·梅上校是一位富有的波士顿商人，也是俄亥俄公司股东；他目睹那些移民经过匹兹堡，"（两艘）船上有 29 名白人，24 名黑人，9 条狗，23 匹马，一些牛和猪等，自然也少不了有食物和家具"。成千上万的人或步行或乘坐篷车翻越山脉，沿着俄亥俄河漂流而下。霍尔法官写道："今天我们经过两个绑在一起的大木筏，几户新英格兰人家用这种简单的运输工具，将他们自己和他们的财产运往西部森林中的希望之地。每个木筏长 24 米或 27 米，上有一小屋；每个上面都有一堆干草，几匹马和几头牛正围着吃草，农场院中的农具、犁、马车、猪、孩子和家禽则随意散开，给人的感觉更像是一座永久住宅，而非一队寻找家园的冒险家。一位体面的老妇人，戴着眼镜，坐在其中一间小屋门口的椅子上编织着东西；另一位女性坐在澡盆旁；男人们一边抽着烟，一边沾沾自喜，仿佛是在自己老家一样，各种各样的家庭业余爱好都在顺利进行。"就这样，这些命中注定的男女投身到在荒野中建造家园的无限辛劳之中。梅在 1805 年写道，印第安人的警报就像波士顿的火灾一样频繁，而且他被无数蚊虫折磨，这些蚊虫甚至钻入他的喉咙。在他自己的土地上，"一群可怜的家伙，总共五个人，今早离开了家。他们从家里出去时，既没钱，也没头脑，回来时则和出去时一样一无所有"。

十年后，另一个旅行者注意到，经过瓦巴什河后，眼前的一切"完全远离所有文明标志"。他补充说："这些孤独的定居者生活贫苦，他们做面包的玉米必须在48千米外被碾碎，需要三天时间才能运到磨坊，再用满载三蒲式耳的小马车运回。家庭能够自己生产的东西非常少，他们购买的东西质次价高，但他们人很好，愿意和你分享他们简单的食物。令人惊讶的是，他们看起来生活得如此舒适，欲求不多。与穷困奋战已成为其生活习惯，其中大多数人都已数度深入荒野；他们已经开始谈及出售其'改善品'，当他们发现周围其他移民日渐众多时，便可'赚回'更多。"

市场是一个让人困扰的问题。殖民者可以克服蚊虫烦扰，驱逐印第安人；可以砍伐树木，建造房屋；但是，资金——他们从哪里能弄到资金呢？他们必须有资金。家具、工具、书籍，所有的文明工具，都必须从外面的世界越过高山或沿着"大河"（密西西比河）输入他们所在的河谷，并且必须用商品或现金来支付，当时"大河"尚未为无数定居点所需要的市场提供出口。他们几乎每个人都需要资金来支付购买土地的费用。根据1800年的法令，来自东部的投机者一次性占有8093公顷到20万公顷不等最好的土地，他们以远高于政府制定的价格将这些土地赊销给定居者。

但是，定居者即使从政府手中购买，也会有未付的分期付款。没有市场，农民所能做到的最好的事情，就像其中一位所说，仅仅是"免于饥馑"。拖欠债务成为常态。最初承包的土地有近1/3被放弃。总的来说，整个西部都欠东部债务，无论是欠个别资本家的债务，还是欠政府的债务。较为成功的农民注意到政府并未驱逐定居者，于是他们也开始拖欠债务，因为他们想不通，既然他们的邻居不用付钱就能得到土地，为什么他们还要支付。到 1820 年，拖欠款超过 2100 万美元。这种局势使得金融状况恶化。国会对法律做了修改，但只要东部依然大权在握就不可能指望他们接受西部土地免费这一施政理论，东部坚持认为政府应从公共领域获得利益。在边疆地区，及至 1820 年这一理论已被抛弃。人们要求将免费土地当成愿意定居下来并让它变得有价值的人享有的一项权利。1820 年通过一项法案，废除了土地购买信贷体系，土地价格降至每英亩 1.25 美元，与违约方达成妥协从其手中按拖欠比例收回土地，并明确了剩余土地的所有权。然而，西部已痛切地确信，自己受剥削，完全是为了让东部获利。

西部也有过与银行打交道的经历，这是它永远都不会忘记的。许多小银行如雨后春笋般出现，满足了人们对现金的需求，尽管此类银行的管理者们对银行业务安全原则实在是一无所知。农民负债累累，但他们认为土地价格肯定会迅速上涨。1819 年恐慌使他们不仅欠下东部和政府债务，还欠下当地银行债务。整个社会都深陷于无法偿还的债务中。如果抵押贷款因抵押人未能还款而止赎，就没有人买了。每户农舍门口，每块空地边缘，都有一片废墟。银行要求付款，却什么也得不到，而只会激怒人民，让他们像负债时一样情感坚定地站在一起。银行随后如火中爆裂的玉米般破产，西部对货币权力的概念业已形成。东部土地投机者要钱，政府要钱，商人要钱，银行要钱，但若定居者没有可以销售剩余产品的市场，他们又能从哪里弄到钱？向东的山脉屏障使运费高得令人望而却步。人们可以沿"大河"顺流而下，但其湍急水流使得通过篙或帆返回几不可能。两个问题变得越来越清楚。难道西部人的帝国梦想是下降到农奴或奴隶地位，耕种土地只求温饱并要遭受债主的骚扰？由于经济民主遍及广大地区，男性选举权遍及全国，这个问题难免会留下后患。如果 300 万人口的市场问题无法解决，联邦是否还能维持团结？这意味着需要解决交通问题，而截至此时为人所知的交通工具：公路上的马或水上的帆船，都派不上用场。

尽管有大量移民从北大西洋各州去往俄亥俄州和西部保留地，但直到1820年，甚至是到1830年，西部移民主要来自弗吉尼亚和更南部的各州。大多数移民家庭都来自皮埃蒙特和东部南方各州边境地区，属于小农。这些移民和那些来自北方的移民并没有什么区别。他们大多数人都没有奴隶，许多人都极其贫穷。我们在1819年的一篇笔记中看到了后一种情况，这篇笔记记录了当时移民经过奥古斯塔的情形："一个男人带着他的妻子、儿子和儿媳前往查塔胡奇，他拉着一辆马车，但却没有马。那人肩上系着皮带，曳着辕；儿子拉着拴在车辕末端的缰绳，帮父亲一起拉车。儿媳坐在车上，老太太跟在车后，手里拿着一杆步枪，赶着一头母牛。"起初输入西部的奴隶并不多，而且无论如何，一段时间以来，奴隶制问题在西部并不是一个局部问题。在万塞讷召开的一次会议，请求该地区的州长暂停禁止印第安纳州实施奴隶制，以免其南部殖民地上的人们倒向密苏里州。直到1824年，伊利诺伊州一项支持奴隶制的修正案仍以5∶4的票数被否决。

1812年战争结束后，棉花价格涨到每磅34美分，在那十年，在西部的南方出现了另一种大规模的移民潮。大奴隶主在肥沃的黑土地带，每人买下上千公顷土地，按照古老先祖们的方式，带着他们的家庭、大批奴隶、大群马匹和牛迁往那里。他们购买的土地很大程度上已被第一批拓荒者清理完毕，而这些拓荒者则向更远处推进。到1815年，这种变化日益明显而不再引人注目。在向边疆推进的第二阵营中，西部的南方和北方人口都在增长；但在北方，主要是白人在先驱者们离开村庄之处建镇和办学，更细心地耕种农场并积累财产。在南方，白人人口占总人口的比例迅速下降，奴隶取代了第一批南方拓荒者的自由劳动。种植园取代城镇蓬勃兴起，要求拥有更多的土地和奴隶。

从一开始起棉农的产品就很有销路，这将会产生一种影响，我们稍后会提到。但到第三个阶段，完全定居西部阶段，北部与南部地区的差异更为显著。北部城镇和农场更加繁荣，富裕人群的社会生活得到发展。另一方面，南部种植园则开始感受到单一作物的消耗效应。最大的种植园所有者中有许多人都不住在这里，他们住在查尔斯顿或萨凡纳，甚至是巴黎，他们可能会购买新土地，向西走得更远，将他们的种植园向前推进，留下一个贫穷的社区；或者更常见的情况是，他们会留在老地方，在债务的泥潭中越陷越深，但仍能维持他们习惯的生活水准。

到 1821 年，1/3 棉花都种植在佐治亚州西部的土地上，但尚未建起人口稠密的繁荣社区。真正的南方拓荒者有着对土地的渴望，种植园经济也在他们身后稳步推进。与北方相比，南方的"西部"在地理意义上非常狭窄，当南方拓荒者推进到路易斯安那州时，他们发现自己第一次直面西班牙人。墨西哥在 1821 年举行起义并宣布独立。在墨西哥的大得克萨斯省，人们花 12.5 美分就可买到一英亩土地，这个价格仅是美国政府定价的 1/10。不到十年，近两万名南方拓荒者就挤过了边境，在墨西哥政府治下生活。一波又一波不断往前推进的英裔浪潮终于开始涌入西班牙传教区。在得克萨斯开阔的平原上，几乎听不到美国人斧头砍树的声音；现在半是农民半是农场主的美国人，怀着新教徒的厌恶之情听着宣教钟声。两大种族和宗教潮流终于相遇，并开始在一片危险水域打转。

无论西部的北方地区与南方地区如何不同，它们可能都在互相发展；与东部的南方和北方相比，西部就是一个整体。20 年来，200 万人共享开拓经历。这本身就是一种既牢固又微妙的联系。康涅狄格的北方佬可能说话带鼻音，从卡罗来纳高地翻山越岭而来的邻居可能说话拖腔，但他们之间有一种共同的纽带，一种伟大的经历，一种对生活方式的认可。与北方商人或南方种植园主"回归东部"相比，债务、困苦、独立等十几件事情将他们联系在一起，使他们成为兄弟。密西西比河这条"大河"再次把他们凝聚在一起。在东部，一个北方农民从未去过佐治亚州山上任何地方，但在"大河"上人们却是来来去去邂逅交往。生活是自由流动的，而且经常还是无法无天的。"西部川泽之人"要担心的不只是印第安人和树木，还有债务。劫掠者和强盗出没于俄亥俄州和密西西比州沿河城镇：哈普家族、哈尔、梅森家族、"普拉奇"及其副手"九眼"等人的恶名，使许多家庭和城镇闻之色变。他们无论是生活于马背上，生活在"大河"中的岛屿上，还是生活在河岸边的洞穴老巢中，都是一朵恶之花，他们为美国生活的复杂性带来了新元素。东部也有许多违法事件，但那里的生活在很大程度上是安全的。与之相比，"大河"沿岸生活一点也不安全：这条包容世间万物的大河，无声无息地接纳了许多被子弹或刀子弄得千疮百孔的尸体。

回到东部就是进入另一种生活，一种人群熙熙攘攘、一种不断出入客厅和账房的生活，在那里，穷人们在刺客手中而非收税人那里待价而沽；在那里，有教养的阶级非常担心来自肯塔基州、伊利诺伊州的怪异之众会威胁其财产，天晓得"接纳"新州加入联邦是否会使他们在投票上处于劣势。除了肯塔基州和田纳西州，1803 年到 1819 年，俄亥俄、路易斯安那、印第安纳、密西西比、伊利诺伊、阿拉巴马相继加入联邦，它们每个州都有和马萨诸塞州、纽约州、弗吉尼亚州一样多的参议员。这一切的结局会是什么呢？蒂莫西·德怀特大发雷霆。他写道："拓荒者阶层无法生活在规则社会（regular society）中。他们太懒散，太聒噪，太激情，太挥霍，太无能，而无法获得财产或优良品行。他们……抱怨得到统治者、大臣和总统支持的税收。……在揭露了忽视将如此优秀的人才投入公职这一社会不公之后，在许多厨房的炉火中，在每个铁匠店，在每个街角，在许多雄辩的长篇大论中，他们发现其一切努力都是徒劳，他们最终变得灰心丧气，并承受着贫困的压力和对监狱的恐惧，意识到公众对他们的蔑视，他们离开自己的家园，去往荒野。"

可怜的德怀特！"规则社会"和"对监狱的恐惧"！是时候我们翻过山去看看这一切是怎么回事了。"监狱"，当然是为无力偿还债务的穷人而设的监狱，对穷人来说，这种被债务支配的恐惧在东部依然盛行；但是，美国显然已经变得比18世纪时的沿海文明要复杂得多，当时的沿海文明曾自豪地向世界宣布：人人生而平等，人人有权享有生命、自由和追求幸福的权利。德怀特与统治康涅狄格的六七个或十几个家族都有亲戚关系，自然会从不同角度去看待问题。对他和他的同类来说，"美国梦"是一场令人痛苦的噩梦。

新英格兰及在较小程度上的中部各州正处于一场革命中，这场革命彻底改变了这些地区的生活，并与南部和西部形成鲜明对比。正如吾等所见，制造业还在早期就已肇始，但在禁运和1812年战争之前，经济生活主要由小型农业和航运组成。从1805年到战争结束，航运业遭受一系列打击并花了很长一段时间才恢复元气。另一方面，当时的环境也促进了制造业以惊人的速度增长。到1810年，美国所有制成品的总值至少达到1.25亿美元，主要集中在北部各州。新英格兰的纺织厂在1800年只能用掉500包棉花，到1815年则需要9万包。像滚雪球一样发展的新兴产业以惊人的速度不断扩大规模。仅在马萨诸塞州，从1820年到1831年，棉纺厂的产值就从70万美元增至770万美元，其毛织品的产值也从30万美元增至730万美元。

伊莱·惠特尼引入的新体系虽然没有这些数字那么重要，但对美国的未来却有巨大意义，他的轧棉机深刻地改变了美国的历史。事实上，虽然历史通常讲述的都是政治人物，但在他那个时代却很难找到一位政治家，能比这位美国发明家对我们的生活影响更为深远。战争期间，惠特尼接到一笔订单，要求他为政府公司生产滑膛枪。在那之前，步枪和其他东西一样都是由一个人负责全程制造。由于缺少能够应对突如其来大规模生产的熟练技工，惠特尼萌生出一个想法：让每个人只做一部分（从而更易学会操作），所有部分都可互换。他花了两年时间来完善这一体系，而等到这一体系顺利完成，就能以更低廉的成本进行大规模生产。有关这一创举的消息传遍全世界，但欧洲人更喜欢延续古老的工匠方法，因为那里并不缺少有技术的熟工。正是这种稀缺性，在很大程度上决定了我们国家社会和经济生活的发展。

在 19 世纪头二十年或更长时间里，航运业和制造业究竟何者为新英格兰地区更重要的产业，仍是一个悬而未决的问题。由于两者利益天生对立，在政治政策上也就出现了混乱。除此之外，在其他方面，新英格兰生活固有的统一性也正在瓦解。人口不断增长，最好的土地早被抢占，曾是新英格兰中坚力量的小农场主正在受苦受难。他只有两个选择，要么搬往西部更好更便宜地方，要么进城做工，尽管大多数工人仍为妇女和儿童。在任意一个迅速崛起的新城镇，一个拥有农场并独自经营的人与拿着低工资为工厂主工作的人几乎没有什么共同之处。许多工厂的年轻女工都只干了很短一段时间，只为挣够一笔小小的嫁妆，或为帮助父亲的农场付清抵押贷款，或为资助弟弟上大学或移居西部。在一些工厂，特别是洛厄尔的工厂，就当时而言人们认为那里的工作条件是极好的，尽管在 1830 年到 1840 年间那里的工作条件也有所恶化。工作时间是从早五点到晚七点，并且公司有一套家长式管理制度，其中规定了那些被强制要求住在公司公寓的女性睡觉的时间，强迫她们去教堂，甚至规定她们必须定期参加什么样的教会。在工业化生产的背景下，人们对自由和幸福的追求却不知为何没有进步。尽管有大批人员进入工厂，但想要确保劳动力充足仍是一个很严峻的问题。1832 年，一位工厂主在讲述他 25 年来的开厂经验时写道："我们目前最大的困难是缺少女性：妇女和儿童；就目前建造的大量工厂来看，我担心我们下一年就无法招到足够的人手去操作所有的机器。"

如果财富正在迅速积累，那它就会更快地集聚起来。不断变化的环境条件促进北方城市发展，为今天许多巨量财富的创造奠定了基础。即使在纽约，乡村大亨的时代也已成为过去，城市"地主"的时代已经到来。较为贫穷的人在农村的生活条件下已经有了自己的住房，他们开始成群结队地进入城市里的一些小地方，以期找到工作。1831年，吝啬的老斯蒂芬·吉拉德在费城去世，留下600万美元；而就在三年前，成千上万的穷人千里迢迢地在公路段或运河上以每天62.5～87.5美分的价格寻找工作；每年都有数百人死于恶劣的工作条件，他们的职位则被新人取代；城市里到处都是日薪35～50美分的人；无论工作多么令人讨厌、多么令人厌恶、多么有害身心，也无论工资多么低廉，人们都愿意去做，而不是去乞讨或偷窃。

经济民主在北方正在迅速瓦解，昔日的相对朴素性已成过去。城乡之间总是会有某些区别，但这二者先前在十多个方面都有交集，在所有的老城镇，人们只需走上几分钟就会有一种似曾相识感。像阿斯托这样的豪门望族与农民之间在过去也没有像现在这样大的差别，尽管农民可能受过比无知移民更好的教育，这些无知移民已经成为美国财富巨头并在其位于百老汇的家中可以无视美国政府。

然而，也出现了一些更有希望的迹象。在新英格兰，旧公理会的地位岌岌可危。直到1818年，康涅狄格州才开始实行政教分离，马萨诸塞州更是直到1833年才完成政教分离这一转变。这是长期以来发生变化的外部可见迹象。这种古老的清教徒神学对它的狂热追求消亡已久。不幸的是，尽管先前这种信仰在许多情况下能够塑造真正的坚强人格，但它流散后的积淀却主要是一些性质极坏的残余。两个世纪以来，人们一直在恪守某些严格的行为模式，并坚持认为社会有责任成为个人良知的监护者。清教徒具有某些高尚品格。他们的后代也有着清教徒般的严谨。他们相信自己是上帝的选民，这一信念在其与上帝的关系可能变得令神厌恶之后依旧挥之不去；当然，这对其他地区的新英格兰同胞来说也是如此。

另一方面，"许多美好的东西还留在那里，在未来荒蛮的日子里，将会成为许多西部人居住区中教育生活和社区生活的发酵剂"。头脑平庸之人相信传播教义责无旁贷，对任何狂热教义都来者不拒，从而使得它们在未来十年如野火般在国内蔓延。头脑聪慧之人在钱宁的领导下由公理会转向唯一神教，开辟了通向独立自主宗教和广泛人道主义之路。波士顿正在为下一时期即将席卷全国的乐观主义、理想主义，以及乐享生活的热潮做思想准备。然而，迄今为止，艺术和文学复兴的主要迹象则出现于纽约一个小圈子里，这个小圈子以华盛顿·欧文为首，包括库珀、布莱恩特等人在内。

随着城市化进程加快和农业区域缩减，当商人、制造商、银行家、文人、大资本家和无产者的新生活迅速使北方与美国其他地区对立起来时，南方的情况却是变得固定而独特。在棉花面前，烟草、水稻、靛蓝这些传统作物全都黯然失色。南方白人中只有一小部分拥有奴隶，但棉花开启了新的财富愿景。从 19 世纪初开始，很多事情都会改变我们的思想，使我们不再采用更古老、更缓慢的方式去创造财富。由于某些制造业以惊人的速度增长、开办银行很容易赚钱、西部土地投机活动、战争中的商业风险、人口集中时城市房地产的迅速增长，以及轧棉厂带来的收益，使人们产生了一种不必终生辛劳就能一夜暴富的想法。在南方，人人都开始种起棉花。律师、医生和教师一挣到钱就会购买土地和黑人，成为种植园主。牧师娶了一个女继承人或有钱的寡妇便能成为种植园主。"那些期望从错综复杂的商业关系中解脱出来的商人……在他们的晚年生活里，眼看着棉花从新耕的土地里长出来。"但因禁止奴隶贸易，奴隶价格迅速上涨，这也使小人物失去了重新开始生活的机会。据 1839 年统计，一个种植园主花 1 万美元就能得到 405 公顷开垦好的优质棉花地，而购买奴隶打理棉田则要花费 5 万美元。如果存在自由劳动力体系，最初的投资连现在的 1/4 都用不到。棉花种植园一旦建立起来，种植园主便难免身陷这种经济体系。在经济困难时期，他不能像北方制造商那样关门大吉。这些棉花种植物是财产，是有价值的财产，必须不惜一切代价保其无虞。

在大洋彼岸，英国正置身工业革命大潮，它正在逐渐成为世界上主要制造业国家。1820年至1829年，南方棉花产量从1.6亿磅增至3.65亿磅，其中很大部分原因是向西扩张所致。总产量中足足有4/5出口英国和法国，不到1/5被运往新英格兰的纺织厂。向东运送棉花到欧洲的船只，宁愿以较低费率运回货物也不愿空载压舱物，而这一庞大而有保证的外国市场所造成的后果就是，南方制成品的价格远低于北方制造商提供的价格。南方不仅建立了一种与北方和西部大不相同的文化，而且在整个经济生活中也逐渐脱离北方，欧洲成为它进行买卖的市场，占比高达80%左右。

奴隶对南方种植园而言就像北方工厂里的机器一样重要。随着南部经济体系向西稳步推进到得克萨斯的边界线，便如冰川遇到不可移动的障碍般开始向北转移。只有那些不介意成为墨西哥侨民者才能勉强越过这一障碍。西部仍与南方和北方对立，但它的南方却成为支持奴隶制的地区。人们第一次听到这场不可避免的冲突所发出的声音，是1819年关于承认密苏里州为蓄奴州所引发的争议。蓄奴州和自由州各有11个交替加入联邦，使这两种经济体系在参议院拥有同等权力。然而，密苏里州位于这条线的北端，这条线迄今为止一直被默认为奴隶制的北方界限，而北方则被棉花王国不断扩张的新侵略搅得骚动不已。最终，这个问题通过签署《密苏里妥协案》得到解决：缅因州为自由州，密苏里州为蓄奴州，禁止在路易斯安那购地案北纬36°30′以北地区实行奴隶制。约翰·昆西·亚当斯洞若明烛，将这一妥协案解读为"一场巨大悲剧之开端"。

至1820年已明显连成一片的北方工业区、南方棉花王国和西部这三个地区，现已缩小到新界线以北区域。其中只有在西部，革命前的旧经济民主制度仍然存在，《独立宣言》仍是几乎所有阶层坚守的信条。它是美国跳动的心脏。这些不同地区的作用和利益能否证明，它们与其他地区的作用和利益是不可调和的呢？究竟是民族主义的力量强大，还是地方主义的力量强大？

前面我们已经谈到，西部对市场和交通都迫切需要，但还没有办法解决这一问题。随着工业化生产水平的提高和农业耕作的减少，北方不仅需要一个市场，同样也需要粮食。如果能把这两个地区联合起来，就可以解决这一问题。发明和胆量都起了作用。自古罗马时代以来，道路都用大块石头筑成，而大洋两岸的大多数道路都只是泥泞的小道，天气不好时马车就会深陷至轮毂。大约在 1800 年，苏格兰人麦克亚当尝试以碎石铺装路面，他的工作取得巨大成功，使乡村交通取得巨大进步，直到后来出现福特汽车。这项发明对西部而言可谓来得正是时候。坎伯兰大道（美国国家公路）沿着一条古老的印第安小径，从战前开始动工，到 1820 年完成从宾夕法尼亚州到惠灵的工程，费用为 150 万美元，由国会提供。它坚固的结构和精致的表面，使它立刻成为西部的主要入口；不过它作为交通和联系纽带发挥了出色的作用，但并未解决货运问题。

另一项发明得到了美国民族主义的帮助。尽管约翰·费奇早在 1787 年就造出一艘蒸汽船，但第一艘试航成功的蒸汽船则出自 20 年后罗伯特·富尔顿之手。当"克莱蒙特"号在哈德逊河中艰难地逆流前行，一个新时代向美国东部和西部敞开了大门。在两年时间里，纽约的尼古拉斯·罗斯福在匹兹堡调研了西部内河航运问题。第二年，他又返回这里。一艘长 34.8 米、价值 3 万美元的汽船从匹兹堡船坞启航。它沿着密西西比河顺流而下，然后又向北转了一圈，从而表明它既可以逆流而上，也可以顺流而下。不过，用于沿"大河"顺流而下的旧平板船和木筏依然接着使用了很长时间；一名旅行者在 1816 年一次为期 25 天的旅行中就遇到了其中的 2000 艘，而这还只是一次单程交通。

在所有西部水域，这就像是一项事业；就像美国人的各种职业一样，它也形成了自身特色。船夫已经成为一种经典的人物类型，与法国老航海家一样有着属于自己的歌谣。歌声回荡在河流两岸的树林间，唤醒几代人的回忆。

"Fringue，fringue sur la rivière,"
船歌任回响，
船夫真欢喜。
无人可及，
载歌载舞，
其乐无比。
嗨—哦，我们走吧，
漂荡在俄亥俄河上。

在"大河"上的蒸汽航运成为美国生活中伟大时代的生动篇章之前，人们还进行了许多其他尝试，出现许多失落情绪自然也是不在话下，但至少西部对内、对外货运的前景已然开启。在南北战争之前，新奥尔良一直在与纽约争夺第一大港的位置，若非美国人所取得的伟大工程成就，新奥尔良很容易就会变得黯然失色。

蒸汽船开始努力与"老人河"相抗衡，但这并未有助于拉近西部与东部之间的关系，尽管它确实有助于密切西部地区之间的联系。1810 年，载有一吨货物的货车，从费城到匹兹堡的运费要 125 美元，从布法罗到纽约要 100 美元。很多人对开通运河的想法都有异议，但纽约州州长德威特·克林顿克服重重嘲讽和怀疑，将梦想变成现实。1817 年 7 月 4 日，他奠基了从哈德逊河到伊利湖的伊利运河工程。在八年时间里，工人们挖掘出一条长达 584 千米的运河，耗资更是超出 700 万美元，然而，在它正式投入运营后的第一个十年里，单是收取的通行费回报就远远超出了造价。

这样的结果很是出人预料。与惠特尼一样，克林顿对国家发展带来的影响同样超过了华盛顿绝大多数政治家。国会议员用于演讲的时间几乎和建造运河的时间一样长，但运河完成了他们没有做到的事情。从布法罗到纽约的旅行时间从 20 天缩短到 6 天，一吨货物的运费从 100 美元降至 5 美元。在运河开通第一年的一个月里，就有 837 艘驳船离开奥尔巴尼前往布法罗。东部制造的商品大量涌入西部，西部生产的农产品则向东部大量出口。就连西部的木材现在也可以通过海运获利。新英格兰每蒲式耳 75 美分的土豆被纽约州希南戈的土豆以半价挤出市场。伊利湖沿岸生产的面粉可以通过纽约运到卡罗来纳州，每桶运费不到 1.5 美元。西部终于可以与东部互通贸易了。新英格兰的农场被大量遗弃，纽约西部、俄亥俄州，以及更远的西部则出现了人口拥挤的城镇。西部与东部之间的枢纽并不是查尔斯顿、巴尔的摩或费城，而是纽约。坎伯兰大道和其他道路都无法与水路相抗衡，在从 1820 年起的十年间，纽约市的不动产和个人财产总值从 7000 万美元跃升至 1.25 亿美元。

波士顿位于奥尔巴尼以东 320 多千米的陆地上，根本不可能成为西部贸易的中转站。其他地方的运河也进行了设计规划和部分建设。费城和巴尔的摩为了夺回它们失去的地位进行了英勇的抗争，但却没有其他能像哈德逊－莫霍克山谷那样穿越山脉屏障的通道。在大西洋沿岸，纽约的地位仍然极高。商人们的收入猛增，他们自己也有能力在社会上变得更加具有排他性。但在这条长长的水道上，伴随新生意而出现的船员们正在放声歌唱，歌声久久回荡；就像民歌常有的情况，歌曲不知从何而来：

> 我有一头骡子，她叫萨尔，
>
> 在伊利运河上 15 英里处。
>
> 她是个好老工人也是个好老朋友，

在伊利运河上 15 英里处。

低矮的桥，所有人都下去！

低矮的桥，因为我们要穿过一个城镇，

你永远都会认识你的邻居，

你永远都会了解你的朋友，

如果你曾在伊利运河上航行。

西部现在在经济上的确与东部联系在一起。德威特·克林顿在东西屏障间开辟出了一条坦途。密西西比河流域不再是只能沿着"大河"与外界进行贸易的封闭国土。其他贸易通道，虽无伊利运河航运如此开阔，却也正在开通中。但另一方面，西部与东部利益各异，分裂主义与民族主义之间的势力之争远未达到平衡。西部农民的确不同于欧洲农民，但他仍是一个债务人和公民。他不可避免地与他的东部债权人相对立，并有可能与其他公民相对立。

渐渐地，联邦政府变得越来越像汉密尔顿而非杰斐逊所构想的那样。杰斐逊本人也因环境所迫给了它朝这个方向发展的动力，因为他明智地让政治家的实际需要左右政治思想家的理论，迫使密西西比河流域西部一半地区接受了一部本不应接受的宪法。路易斯安那被轻松地收入囊中。

首席大法官马歇尔在华盛顿最高法院一次次庭审中做出的裁决，有 519 项出自其手，他在这些裁决中稳步加强并扩大了联邦政府对人民和各州的权力。布赖斯勋爵描写他的语句曾被无数次引用："宪法似乎并未在他手中上升到充分的高度，而是逐渐被他阐发，直至以缔造者所设计的和谐完美形式展现出来。"也许更准确的说法是，他在某种意义上是宪法的制定者。无论如何，宪法几乎既要归功于马歇尔大法官的解释，也要归功于其最初的作者们；它确已成为最初拥护它的人中很大一部分人（如果不是大多数人的话）都会想要的一个工具。

对宪法条款解释采取"从宽"或"从严"的态度（即民族主义相对于各州权利的态度），正在随着地区经济利益变化而变化。这里我们完全没有必要借力历史学家中的经济学派人士，此辈眼中唯有历史上的经济动机。在我们国家的政治历史上，事情向来都是如此。

惠特尼为南方人带来轧棉机，轧棉机集中出产棉花，成为这一地区资源经济开发的主要方式。棉花使黑人成为奴隶，成为白人的奴隶。奴隶制作为一项地区性制度，由于其他地区人口不成比例的增长，该（蓄奴）地区在国会中的提议将不断面临被否决的危险。如果联邦政府获得更多权力，蓄奴州作为少数"特殊地区"将会越来越危险。因此，安全之举就在于限制联邦政府对各州的权力。这一问题如同欧几里得命题般明确。南方出于自卫，必然愈发倾向于从严解释宪法及处理州府享有的权利，毕竟这事关理念和利益。

北方正处于过渡期。早在19世纪初15年间，拒不执行法令和脱离联邦的言论在新英格兰非常盛行，但是现在渴望从政府获得关税和特殊优惠的制造业，正在与依靠自由贸易繁荣发展的航运业一较高下。该地区负责人丹尼尔·韦伯斯特自身观点的转变，清晰地反映出他的选民的金钱利益。

几乎是从一开始起西部就是联邦政府的产物。在联邦成立之前，西部各州并不像东部各州那样独立。它们大多是从国家版图中划分出来的，首先是作为领地，然后是作为州。此外，西部对政府的精妙理论并不感兴趣。西部盛行个人主义和自由的理想主义，但在寻求任何经济援助来源方面也非常实际，其所寻求的天然资源就是位于华盛顿的联邦政府。西部人与政府的直接关系，相比其他任何地区的公民都要直接得多，因为在大多数情况下，就连其住宅所有权也不总是固定的，而也是直接从美国政府那里得到的。对东部人而言，除了选举日或税务员收税日，他们对政府日常事务漠不关心。而对西部人来说，这则关涉他们建房用的石头，或者是他们与之抗争的房东。道路、运河及各种内部改进对该地区的存在和发展至关重要。它要求政府为它提供这些。

有段时间，国会愿意倾听。正如吾等所见，国会修建了坎伯兰大道，但也有人开始质疑其拨款维护这条道路是否合宪。1816年，国会特许成立美国第二银行，并通过一项关税法案，但门罗总统和南北双方都有各自的宪法疑虑，也有各自的理由要求否决西部的要求。南方希望建立国内制造业，对关税投了赞成票；新英格兰因为船东势力仍能超过制造商而对关税投了反对票；但在这方面的地区利益将会在未来十几年内发生逆转，而且尽管北方制造商欢迎关税，但他们也开始对西部的内部改进持保留态度。

在经历了从英国、欧洲神圣联盟、南美到阿拉斯加（俄罗斯）一系列复杂的国际纷争之后（国务卿约翰·亚当斯一直在努力应对这些纷争），门罗总统在1823年年度讲话中宣布了以他的名字命名的"门罗主义"。简言之，这意味着，尽管欧美政治制度不同，但我们不会干涉旧大陆的内政，我们今后既不会将新世界视为欧洲的殖民范围，也不会允许欧洲列强将其制度扩展到这里。这是一种姿态，但这种姿态强调的不仅是"我们已经完全脱离欧洲，而且我们已经开始为美国人制定美洲政策"。公众并不知晓促成发表这一宣言的戏剧性事件，但宣言却是受到民众欢迎并加强了民众的美国精神和民族主义情感。我们打算永远远离欧洲，让欧洲远离新世界。这一主义几乎像《独立宣言》一样深深地印在了我们的脑海中。

肯塔基州的亨利·克雷是当时唯一提出克服日益严重的地区主义计划的政治思想家，这表明了西部的发展及其固有的民族主义。他的计划基于汉密尔顿的旧学说之上，后被称为"美国体制"（American System）。然而，在美国人喜爱演讲并且每位演讲者都如西塞罗或德摩斯梯尼般受欢迎的日子里，克雷是一位很受欢迎的演说家。克雷有一种令人信服的表达能力，这种能力是汉密尔顿所不具备的，尽管后者的表述逻辑清晰但却令人生厌。自克雷时代以来，贸易保护主义者只不过是对他 1824 年 3 月 30 日的演讲内容进行了调整修正。

克雷的经济政策具有鲜明的美国特色和民族特色。在这个国家的三个地区，他看到一个以工业和制造业为主的北方；一个以农业为主的南方和西部，但在这两个地区也都有一些新兴的制造业。1819 年恐慌使这个国家，尤其是西部，跌入低谷。克雷认为，随着国家的发展，剩余农产品会不断增加，这在欧洲将会滞销。他还认为，西部需要进行内部改进。为了让我们从欧洲独立出来并使这三个地区在经济和政治上协调一致，他提出了实施保护性关税，这将大大增强美国的制造业，并为道路、运河及其他改善工程提供资金。他期望工业区会对所提供的保护感到满意，西部会对所要求的改进感到满意，农业区会因其产品有广大市场而普遍繁荣起来，他相信，随着工业人口增加农业区也会繁荣起来。对西部市场的需求已经变得非常明显。在辛辛那提，玉米以每蒲式耳 8 美分的价格出售，小麦以每蒲式耳 25 美分的价格出售。但是，新英格兰商人的支持率仍然高于制造商，韦伯斯特在国会发表了一篇强有力的演讲，反对这项措施，而南方则谴责它是"富人为抗拒穷人而结合"，即北方制造商反对南方种植园主。克雷最终以107∶102 票通过了这项法案，但他所希望的"美国体制"的局限性也是显而易见。新英格兰 15 票赞成，23 票反对；西部南方地区 13 票赞成，7 票反对；西部北方地区则是他坚定的支持者。四年后，当一项新的关税法案出台时，新英格兰制造商赢得了他们在当地的斗争，韦伯斯特对"令人憎恶的关税"大加抨击，就像他对早些时候不那么"可憎"的关税大加抨击一样。除去南卡罗来纳州领导下的南方，所有地区都采纳了这一措施。南方在南卡罗来纳州的领导下异常愤怒，威胁要废除这一法案，抵制北方商品，从联邦中分离出去，甚至武装抵抗。

西部产生了一位超越边界的国家领导人和政治思想家，但西部本身却未能如此。1824 年大选不涉及党派问题。联邦党人彻底瓦解，四名总统候选人都是共和党人，分别代表三个地区的是马萨诸塞州的约翰·亚当斯、佐治亚州的威廉·克劳福德，以及田纳西州的安德鲁·杰克逊和肯塔基州的亨利·克雷。值得注意的是西部有两个候选人，而南方的候选人则是棉花王国而非"弗吉尼亚王朝"的继承人。亚当斯曾任国务卿，按照以往先例他本可成为下任总统，但以往的先例都失败了。亚当斯是美国历史上最具才干者之一，他为人严厉，完全独立，拒绝在政治欺诈或乌合之众的支持下做出任何让步。克劳福德从一开始就没有获胜机会，如果当时有他的支持，西部本可选择克雷。然而，这一地区更倾向于行动和情感，而非思想和逻辑，并以压倒性优势投票给好斗而虚张声势的英雄"老山核桃"（安德鲁·杰克逊的昵称）。除了在肯塔基州、密苏里州和俄亥俄州，克雷没有得到来自山脉彼端的一张选举人票。统计选票时，杰克逊 99 票，亚当斯 84 票，中风瘫痪的克劳福德 41 票，克雷 37 票。由于无人当选，这一选择任务交给了众议院，克雷在众议院有权选举他的对手中的任何一个。他选择了亚当斯，因为他认为亚当斯要更能干，同时在政策上也更接近自己。西部并未赢得总统选举，但却造就了一位总统。

亚当斯是由一个地区选出的，但他试图在不考虑政党或个人政治利益的情况下推行他的政策。这些政策包括大规模内部改革，以及在教育和科学项目上投入更多公共资金，这些都是在他上任之前所推行的。南方担心松散的宪法理论会危及自己的奴隶；西部对"知识分子"总统嗤之以鼻；政党领导人在展望下一次选举时，明了一个人不可能不迎合那些渴望得到政治支持的人；亚当斯铁面无私，注定要失败。尽管如此，他在 1828 年还是获得了 40% 的民众选票，但南方和西部严重拖了他的后腿。亚当斯曾支持杰克逊进攻佛罗里达东部，并在后来通过外交手段于 1819 年从西班牙手里为我们赢得这片新领土；但最终还是杰克逊赢得战斗。西部全力支持杰克逊，南方害怕亚当斯、北方和松散的政府结构，所以杰克逊轻松胜出。一个"西部川泽之人"

首次入主白宫。

这个国家的民主因素在 1800 年带来了一场温和的革命，当时他们选择杰斐逊使得政府回归美国的边疆主义和平民主义，并阻止了偏重特权和富人的汉密尔顿主义和联邦主义的浪潮。然而，与 1828 年的革命相比，那次反抗运动不值一提。我们只需将杰克逊与前几任总统华盛顿、亚当斯、杰斐逊、麦迪逊、门罗和约翰·昆西·亚当斯进行对比就可认识到，在美国的生活中必须考虑到新生力量。他在白宫发表就职演说后的场景被视为一种预兆，聚在城中争睹平民总统的人们被比喻为涌入罗马的野蛮人。一位目击者写道："这是人民的日子，人民的总统，人民会统治国家。"一群无法无天的乌合之众挤进白宫，站在光滑的家具上，争抢茶点之际砸碎了瓷器和玻璃。在接受媒体采访时，总统自己被挤到墙上险些窒息而死，不得不被强行救出。外面地上放了一桶又一桶的冲子，希望能把一些暴徒挡在屋外，但他们却继续朝门口涌来；而在窗户被打开和房间被用作出口之前，里面的人也无从脱身。

这次选举不仅是一个地区的胜利，也是一个阶级的胜利。到 1825 年北方各州终于规定了男性选举权，杰克逊是东部许多劳动阶级和小农阶级的选择，也是西部的压倒性选择。虽然与东部富裕阶级相比他们是无知的，但却正是这些人把《独立宣言》和革命原则牢记在心。在那些日子里，美国精神无疑不仅仅意味着脱离大英帝国。普通人相信并被教导着去相信，这对他意味着新的希望，一扇大门的开启，为所有人提供机会，承认其作为一个人的权利（而不只是作为财产所有者的权利），承认人人都有生命、自由和追求幸福的权利。他怀着越来越强烈的愤恨，眼睁睁地看着大门关闭、特权阶级兴起，以及他自己越来越难以或无法从他的辛劳中获利和获益。他害怕接受一个他本能地认为不能或不会理解其自身困难和理想的阶级的领导。他寻求与自己同类的领袖，而由于西部是这种美国精神的核心，所以这位领袖也就在西部出现。

但是，如果说边疆界线的不断变易在某些方面激发了移居者的才智，那么他们的经历除了赋予他们东部城镇和教区的狭隘守旧政治观点之外，别无所长。他们同整个世界的接触是如此微不足道，他们小社区的问题是如此固化和简单，以至于他们想不明白，政府在为他们提供他们想要的东西上有何难处。美国教义是通过让普通人在地方政治中接受长期训练发展而来，即任何人都可以做任何事。正如他在日常生活中没有经过专门培训就自然而然地学会了所有事情一样，他无法知晓为何做公职人员要有特殊素质或经验。在生活被简化为最简单的形式、劳动分工很少的社区，人们不得不自力更生，这一事实既容易树立可贵的自信，也容易降低工作和思想的质量。强制多才多艺必然导致肤浅。无论是对高质量的需求还是对技术培训的需求，人们都感觉不到。杰克逊表达了其支持者的观点："所有公职人员的职责，或者至少我们愿意承认的话，是如此简单明了，以至于有才之人很容易就能胜任其工作。""平庸是完全平等的代价之一，除非人们自己能够上升到更高层次。"

杰克逊式的反抗运动就像大多数深深激励人类的运动一样，是一种渴望而非理智之举。西部人想要一个能激发其所有才能和个性而非去控制其思想的领袖。诚然，边疆孕育了平均主义，但它同时也孕育了狂妄自大的个人主义。每个人的生活都有着惊人的相似之处，这使得每个人都害怕与众不同，然而他却想通过坚持自己的主张来摆脱这种恐惧。拓荒者拒绝承认任何人较其出色，同时出于人类自古就有的天性又会不顾一切地忠于一位领袖。然而，这样的领袖必须赞美拓荒者自身的品质，而不是其他群体的品质。西部认同亨利·克雷的"美国体制"学说，认为这一理念符合他所处阶层的需要，但这位西部人不是思想家，并不能效忠于其所处阶层。西部人找到了其所需要的人：杰克逊。一个天生的拓荒者，一个与印第安人奋战者，一个斗士，一个平等主义者，一个强大的个人主义者，他征服了新奥尔良的英国人，这个人没有考虑到宪法或国际上的障碍就进军佛罗里达并一举拿下，这是一个有着近乎超人的意志力、绝对的诚实、没有受过教育但却有着不可思议的良好判断力和快乐直觉的人，杰克逊为无知但热爱英雄和理想主义的大众提供了一个可以依附的人物。高大、瘦削、骨瘦如柴、灵敏、无所畏惧、诚实、固执，他的传奇故事就像"老山核桃"一样越过层层阻挠，革命随之完成。

没有比被他打败的人更忠诚的爱国者了，但约翰·昆西·亚当斯心目中美国精神的崇高理想并不是大众心目中的美国精神。亚当斯过分倾注于"上等人"而非普通人。亚当斯并不代表财富，他代表的是智力和道德高尚的最高阶层。普通人对这些根本不感兴趣。对普通人而言，"知识分子的正直"是一个毫无意义的短语，他的道德标准很容易就包括疾恶如仇和善待朋友。在经济和智力水平都处于低端的情况下，他的物质需求就会大增。但普通人也有其理想主义。他并不想掠夺富人。他所要求的就是他认为美国应当如其所愿拥有日益富强的机遇。他并不认为美国只代表财富，当然也不是只代表文化，更不是欧洲阶级和状况的翻版。他多少有些模糊地将其视为自己及其同类人获得成功的自由和机会。

也许他的美国精神是一个梦想，但却是一个伟大的梦想。1776年，普通人曾梦想过并希望自己能梦想成真。经过1/4个世纪对这一梦想逝去的不安之后，人们重新振作起来，试图在杰斐逊的领导下重获梦想。25年后的今天，人们又一次努力去实现这一目标。在我们的故事以最后一个问题结束之前，我们还将看到人们做出的两次尝试。如果说美国精神在上述意义上是一个梦想，那它也一直是美国生活中的一个伟大现实。就像小麦或黄金一样，它一直是一股真正的推动力量。正是这一点使美国有别于仅仅在财富、艺术、文学或权力方面与旧欧洲国家进行量化比较。这是一种美国精神，它一直是普通人心中的神坛。狭义上讲，普通人可能没有为美国文化做出多少贡献，但从广义上来说几乎只有他们在为紧紧抓住"美国梦"而奋斗。这就是普通人在美国这场大剧中成为伟大人物的原因。这是美国史诗中占据主导地位的主题。

# 7

# 北方喧嚣伊始

1830 年至 1850 年，美国出现两大明显变化：北方的工业化和西部的领土扩张；南方则仍以种植园经济为主，基本上没有改变。虽然在《禁运法》和 1812 年战争期间北方制造业取得良好开端，但直到 1828 年关税法案颁布，新英格兰的资本由船舶制造业转至工厂，最终使制造业业主在选票数上击败了商人。从那时起，北方的特色就得到了确立，我们看到北方财富日渐积累，外来人口不断增加，工薪阶层随之崛起。

在汉密尔顿为建立全国性政府而制定一系列财政政策之前，美国的"财产"在绝大程度上意味着对土地的投资。这涉及两点：第一，几乎所有富人和穷人拥有的财产都源于对土地的投资；第二，对土地的所有权意味着一定的责任感。18 世纪末，随着政府和其他证券投机和投资的增加，这种责任感渐趋消失。一箱有价证券的拥有者在与其财产及其社区的关系上受到的束缚，要比南方的大型种植园主或北方及西部的农民小得多。他积累财富的方法和数量很少为公众所知，也很少受到公众监督。他的职业和日常生活与农民或种植园主显著不同，并由此孕育出一系列不同的品质。在迅速发展的城镇中，处理证券交易或房产交易的商人并不需要拥有像新英格兰农民或者是像华盛顿等南方种植园主那样的品质。他的个人利益经常与其同胞利益相脱节乃至相对立。人性本来就是这样，他会自觉或不自觉地站在自身利益的立场去看待公共利益，就像新英格兰最伟大的政治家韦伯斯特所做的那样，当他的选民的经济利益发生变化时，他在关税问题上的立场便整个掉转了方向。

如果日益增长的富裕阶层只能通过言论、写作或投下自己单独的选票才能发挥其影响力，那他们就不会对这个国家有多大改变。他们这个阶层人数很少，而且他们可能已经对"美国梦"有了自己的看法。然而，情况并非全然如此。没人能只靠自己发财。他不得不在一定程度上依靠其邻居来为他创造财富（例如，从不断上涨的土地价值中获得自然增值），或者，他必须雇用他人的劳动力为己所用，并从他的每个农奴、奴隶或工人的劳动（价值）中拿走一部分，作为对他自身资本和服务的回报。一个人足够精明或肆无忌惮可以在很大程度上利用这些手段来使自己受益这一事实，不应让我们忽视下面这一事实，即他的财富并非他个人独自创造。他的财富大都应归功于他的同胞。

我们在这里只关注那些利用他人劳动的资本家所产生的影响。在这方面我们同样会面临经济和政治问题。第一个问题是：劳动剩余价值在资本家与劳动者之间应当按什么比例进行分配？第二个问题是：与自我雇佣者相比，受雇者的公民身份有何特点？到目前为止，在我们的历史上，我们主要是以武力手段解决了第一个问题，但却回避了第二个问题。

正如吾等所见，"美国梦"的倡导者杰斐逊认为，除非美国绝大多数公民成为拥有自己农场的独立农民，否则"美国梦"便无法实现。他坚信，一个伟大的自治民主国家，无法在城镇雇佣无产阶级的崛起中生存。我们的故事讲述至此，杰斐逊式民主仍是安全的。我们已经看到，杰斐逊式民主的信徒两次奋起反抗他们认为是对杰斐逊式民主的攻击，即于 1800 年选举杰斐逊为总统和 1828 年选举杰克逊为总统。因为经济民主与政治民主是共同发展的，所以人们认为下面这种看法可谓本末倒置：经济民主是政治民主的产物，生命、自由和对幸福的追求（一言以蔽之，人民最广泛意义上的"机会"）可以依赖男性公民选举权来保障。1840 年，480 万总就业人口中有 370 多万人仍在从事农业生产。第二大群体是从事制造业者，他们有 80 万人，其中有超过52 万人集中在北部各州，这就有点不妙了。

人们越来越清楚地认识到，创造大量个人财富的机会集中在工厂。大规模农业不可能创造太多财富。公路、运河、新兴的铁路、银行、城市房地产等有可能快速创造财富，但它们的发展都有赖商品和人口增长。制造业是这两者增长的关键。但制造业需要劳动力，大量私人财富的创造需要从大量劳动力中获得利润，或者是由于其他人的努力而产生自然增值。纽约的阿斯特从事皮货贸易、房地产，以及各类其他交易，处于领先地位。就像今天的福特和洛克菲勒一样，他的财富远远超过当时其他商人，他于 1848 年去世，身后留下 2000 万美元财产，向世人展示了"成功"的意义。早期共和国的巨富，如汉考克和华盛顿的资产不过几十万美元。由此可见财富积累过程极其迅速。

问题的关键在于劳动力。此刻，机械、市场和运输等都已准备就绪。但若缺少愿意为了工资而劳动的人手，也就无法创造财富。然而，美国本土妇女和儿童人口不足，而且工厂主越来越贪婪，工作条件也没那么有吸引力，大部分美国原住民都被赶出工厂。虽然起初女孩子们乐意离开农场去工厂做几年工，但到 1846 年我们就读到了下面这样的文字："一辆被称为'贩运车'的长而低矮的黑色马车沿着佛蒙特州和新罕布什尔州去往北部（马萨诸塞州），管事人为所有女孩每人支付1美元后将她们载往市场，其中大部分人都会被载往更远的地方——如果这些女孩是从很远的地方被带来的话，她们便很难再回去了。"尽管仍有少数工厂主，尤其是洛厄尔的一些工厂主是高尚之人，他们竭力为员工维持体面的生活条件，抵抗那些贪婪的竞争对手给他们带来的压力，但在1830年到1850年，制造业的整体情况还是发生了根本性变化。

18世纪中期在革命前成群涌来的移民几乎都在从事田间劳动，如今他们的子孙后代已在美国生活了近一个世纪。他们是坚持美国标准和条件的纯正美国人。由于这场移民运动渐趋消退，此后的移民数量都相对较少。自1790年第一次人口普查至1825年，所有港口外国人的年入境量平均只有8000人，这些人口很容易就被吸纳一空。然而，自1825年开始，每年的移民数量几乎在不间断地增长，从1825年的1万增至1849年的近30万，这些移民大都是首先来到北方港口。大约从1830年开始，劳动力雇主发现，自己每年能拥有约5万名新人。十年之后，这个数字增加到超过10万，当爱尔兰饥荒最严重之际，每年的移民数量增至25万～30万。最终，制造业者看到了自己一直所期盼的局面。在这一时期末，欧洲大陆上那些劳而无果的革命运动给我们送来了很多受过良好教育的德国人，但总体而言大多数来到这里的移民都极其贫穷且缺乏教育。他们逃离贫困的家乡，花光所有积蓄才来到这里。对他们而言，美国是一片充满希望的土地，是世界上仅存的希望。美国的确是一片充满希望之地，但美国东部地区对贫穷者而言并不是那么充满希望。经济上处于底层阶级的人中有很多都尽快逃离了东部地区。到1850年，出生于美国东部和中部超过16%的人口和出生于美国南部近27%的人口都已迁至西部。同年有超过5万名乞丐几乎都处于东部，并有13.5万人完全或部分依赖国家救济生活。依赖国家救济者中有超过6.6万人，乞丐中有近3.7万人，都不是移民，而是土生土长的美国人。

较早来此的爱尔兰人主要从事挖掘土方作业，可以说是他们这些人为我们挖掘了运河，铺设了铁路。土生土长的美国人（杰斐逊所称的优秀公民）在农场长大，天生不乐意为别人工作。他对失去他的独立和完整的男人地位有一种本能的恐惧。他绝不希望如此，如果可以他宁愿向西移民，重新做回一个独立自主之人。然而，过去他从未有过体力劳动有损他作为美国人尊严的感觉。如今，没有一个欧洲民族有这种感觉，并且英国人、法国人、德国人、意大利人和西班牙人，无论身处底层还是上层，都在自己的文明社会中履行各自的职责，这一点对土生土长的美国人来说都是可资利用的。移居美国之人因其陌生、粗鲁和低生活水平而受到很大歧视。移民会从事那些工资低、为他人劳动的体力工作，这些工作是土生土长的美国人所不愿从事的，倒不是因为体力劳动的原因，而是因为这些活是要为别人工作。美国人对移民的歧视开始转移到移民所从事的工作上，并开始形成一种传统观念：移民所从事的工作及从事这些工作的移民都比自己低等。随着大量爱尔兰妇女成为家仆，这种感觉随之扩展到家政劳动上。就某种意义而言，在我们社会心理的发展过程中，移民在北方受到鄙视与南方对黑奴存在优越感这两者之间很有几分相似之处。

黑奴与北方工厂里的工人相比至少有一大优势，即他们本身就是财产，需要关照。对北方制造业主而言，他的财富就是他所拥有的工厂和机器，所以他对工人的关注绝不会超过对一捆棉布的关注。少数愿意公平对待员工的工厂主不得不面对那些不择手段压榨员工的对手的激烈竞争。克雷的"美国体系"由制造业业主这一"体系"来维系，但它却不考虑个体，不考虑这一体系对个体来说意味着什么。正如我们的现代化"效率"，它遗忘了人存在的意义。制造业业主确实制造出了商品，为不断增长的人口提供了就业机会，为农产品提供了市场。为此，他们要求国家政府提供"保护"和其他特殊待遇，但他们却毫不关心自己生而为人正在为美国人做什么。一方面，他们在其特权范围内给予消费者商品的定价尽可能的高；另一方面，美国本土工人阶级则被尽可能低的经济水平击败。制造业业主通过使用廉价移民劳动力得以做到这一点。

1837 年那场灾难性恐慌过后，恢复过程极其缓慢，但在六年后工厂又开始获得很高的利润。例如，到 1845 年，纳舒厄和杰克逊工厂的股息达到 24%，很多人都从虚股中获得了高额收益。与此同时，工资大幅减少，产量大幅提高。19 世纪 40 年代末期，与十年前相比，一名机器操作女工的工作量几乎是原来的四倍。在中部各州，许多工作岗位一天需要工作 10 个小时，而新英格兰仍然要求员工每天工作 12 到 14 个小时。在新英格兰甚至有人主张："如果工人离开工厂生活中的纪律约束，他们的干劲必然会受到影响！"清教徒的虚伪还能更甚于此吗？立法机关亦言之凿凿，但云如减少工作时间使工人"按照自身意愿自由"行事，便无法限制此辈浪费时间去作恶。随着工厂规模扩大、工厂城镇人口增长，卫生和社会条件都变得更差。1842 年向马萨诸塞州立法机关提交的一份请愿书中宣称："如今生产场所人员的体质、智力和道德文化水平，很大程度上取决于他们雇主的意愿。"

在欧洲和美国，这个时期是经济学中的"自由放任主义"时期。即使在今日美国，商人的意愿也必然是要获利的。即便他那些不合作的竞争对手允许他选择，他也只会选择从事商业或社会服务方面利润超过某一个点的生意，而这则完全由其自行决定。在新英格兰，除了极少数例外情况，雇主的意愿旨在攫取每一分钱的利润，而丝毫不考虑其雇员福利或本地区美国精神这一更大的社会问题。福尔里弗最大纺织厂的经理声称，只要能得到廉价劳动力，他就可以让这些员工去做各种工作，等到他们精力耗尽不堪一用时，就会像丢弃破旧机器一样将他们弃之不顾。某日早间，霍利奥克一家工厂的经理发现自己手下工人很"懈怠"，于是他就想出一个让他们空腹工作之法，在维持工人原有工资不变的情况下，成功地使得他们在一周内多织出 3000 码布料。假如说制造商靠微薄利润仅能勉强维持或根本没有利润，那么他们为削减成本找些借口还情有可原；但实际情况是，股息很高，并且虚股使他们的财富迅速增值。因此，对待劳工的态度纯由贪念所定，而不是因为必须如此。及至 1850 年，最初涌入工厂的一些出色的新英格兰本地工人都被驱逐了出去。

在波士顿和其他主要新英格兰港口，事实证明，那些受人尊重、家财万贯的商人和船东，除了知道填满自己的腰包，同样缺乏远见。1812 年美国以维护航海自由向英国宣战之后，船东们降低了船员工资，这种状况一直维持了好几十年，直至这一工资水平再也招不到美国船员为止。船长及管事往往都较苛蛮，即便船员将遭遇告知船东，亦无法得到救济。短短数年，美国自身优秀船员消失殆尽，代之以他国弃用的最低级船员。政府 1817 年通过的一项法令规定，船员至少有 2/3 必须是美国人，但当法令与商人们的利益相冲突时，他们照样无视法令规定。另一方面，在鞭刑被定为非法之后，恰值北方因南方黑人所遭受的残忍对待而义愤填膺之时，由波士顿最受尊敬的航运商组成的波士顿海事协会却向政府请愿，要求恢复鞭打水手以迫使其工作的权利。这些大船东不断积累财富，为其日后社会地位奠定基础，但在此过程中他们却违反联邦法律，强行将船员工资降至极低水平，使之忍饥挨饿，并挥舞手中皮鞭将看重尊严的美国水手逐出我们的商船。在相当大程度上，北方工业化城市的其他行业也在讲述着类似的故事。早期联邦党人原则中的那个"富人、智者和善人"领导阶层已经瓦解，美国社会中一个新的阶层（工薪阶层）开始在自己的阶层中寻找领导者。他们开始组建工人党派，但在大多数情况下，工人在这段时间都只是处于防守状态。

1830 年至 1850 年，美国外来人口增长约 250 万，他们主要集中在中部和新英格兰各州，使得自治和男性公民选举权问题呈现出完全不同的局面。成群收入微薄和未受教育的移民，他们几乎没有接受过任何形式的政府培训，以其长期在城镇会议和政治活动中积累的经验取代了早期美国的做法。"老板"可以带领新公民去投票站投票，于是乎，大城市很快就出现了道德滑坡；只要立法机关能像工厂一样给予他们想要的结果，这些富人关心的就只是其"手下人"福利而非选民素质。人们思考问题时所关心的不是政治才能或社会的未来，而是私营企业利益和当下利益。前几代人几十年来所主要关注的宪法问题，现在被视为已经得到解决——奴隶制除外，只要没人提起，人们一般都会选择忘记。

在这段时期的诸多情形下产生了一些我们认为是典型"美国人"的特征，实际上这些特征都起源于这个时代。这一时期，这个国家以惊人的速度发展起来。无论何时，只要细察其人口增长、制造业、商业、财富增长或其他方面数据，我们都会为每年发生的巨大变化感到震撼。这个国家似乎充满了可能性，几乎不受任何限制。据1850年联邦人口普查估计，如果维持前十年的增长率，到1930年美国人口将会达到2.69亿。在一份美国人口与外国人口增长情况对比表中，1790年至1850年，普鲁士、英国、俄罗斯和法国的平均年增长率仅为1.7%，而美国则是8.17%。

美国不再惧怕地球上任何国家。整个西部都是我们的，无人能挡，未来似乎一片光明。巨大的乐观主义浪潮席卷全国并在接下来大半个世纪的物质发展中得到加强，这将成为美国人的一项持久特质。美国一直是一个充满希望的国家，但直至18世纪中叶之前，想在这里生存下去终归不大容易。当时只有部分沿海地区脱离了蛮荒境地，除此以外的其他所有地方都有敌对的法国人和印第安人。作为当时大英帝国一部分的殖民地，力量非常弱小，严重依赖宗主国。正如吾等所见，及至1750年，沿海地区出现了大规模的文明社会，但在随后一代人的时间内，充满了令人焦虑的冲突、战争，以及新独立政府的弱点。因此，迄今为止，人们认为美国充满了希望，但它面临的形势依然严峻。而自19世纪30年代起，这种态度开始转变为一种无处不在的乐观主义。

鉴于本章开头描绘的那种略显晦暗的情景，人们难免心生疑惑：这种乐观主义如何能在所有阶层变得如此普遍？其实答案并不难寻。一方面，无论这群新移民有多么穷困潦倒，无论他们在美国经济阶梯中处于多低的位置，他们已经习惯了低生活水平，而且在几乎所有方面而不仅仅是在这种独立的政治氛围中，他们发现自己现在的状况比在本国时要好得多。比如，德裔移民大都去了西部并得以发家致富。爱尔兰裔移民初到美国时一贫如洗，但一到美国便如鱼得水，他们的生活很快就有了起色，开始从事工头、警察、政客等职业；几年后，后续移民中有很多人都攀升到了具有影响力和经济实力的地位，此等地位在他们原来的国家是无法想象的。对那些在东部拼挣过一番却一无所获之人而言，他们还有充满希望的西部可以期待。

但可能最重要的是，美国完全没有任何法律所规定的阶级界限。机会似乎对所有人开放，这一事实令人们一直坚信"美国梦"。杰克逊上任之后，每个男孩都被告知，他日后也有可能成为美国总统。在旧世界，运气或天分可能会将一个没有什么社会地位的人变成地位显赫之人，但对一般人而言，想要超越其出生时所处的地位几乎毫无希望。在早期的美国，品格和勤勉可能会为你带来一些财产，但在农业经济中，财富的积累是一个极其缓慢的过程，只有少数人能够获得财富。相反，在19世纪30年代和40年代沸腾的美国，无论新移民还是早期移民都认为，只要有一点运气，财富就近在咫尺。阿斯特不是赚了2000万美元而吉拉德不也留下600万美元，每个社区的人们即使不大富大贵，小富即安不也行吗？阿斯特是一位外国移民，几乎目不识丁，却富甲一方，甚至能左右政府政策。无论本地人或外国人，富人或穷人，有学问或没学问的人，追逐财富的比赛对所有人都是公开的，而且奖金超出了前一代人或欧洲那些大亨的想象。除了脑力（脑细胞的神秘结构）之外，没有任何因素能让一个人低于他人。但是，如果一个人想要超越自己的同伴，想要在几年内就变得非常富有，他就必须抓紧时间。城市的地价随着人口逐年增加而攀升，企业一直在发展壮大，你要是仔细听就会听到机会的敲门声越来越响亮，越来越急促，而人生苦短，必须奋起直追。为了自己，为了家庭，你必须抓紧时间。

古老的美国文明一直显得悠闲自在。许多旅行者都发现美国人相当迟钝，而且经常还很懒惰。工作是必要的并被奉为美德，但当改变自身位置的可能性很小时，人们有的是时间和安稳。现在，这两者都已不再有。

更好的公路、铁路和汽船已稍稍加快了现有生活节奏，但仅凭这些还不足以解释，为何从现在开始紧张匆忙成为美国人的另一项突出特质。1840年，一位旅行者写道，纽约是"任何人都想在那里生活的最繁忙的社会。街上的一切都显得匆忙而喧闹；牵引马车的马匹不是慢慢踱步，经常都是飞奔而过"。他又补充道："街上行人似乎很享受这种匆忙，并禁不住加快脚步，也加入这种快节奏中，仿佛……总是在担心自己会迟到。"紧张成为一种常见的身体特征。这一时期的所有观察者都注意到，美国人吃饭时狼吞虎咽，一吃完就匆匆离开餐桌。美国人的下颚也开始了其永不停歇的运动，咀嚼烟草（口香糖的前身）变得再常见不过。另一位观察者在描述新英格兰人时写道："当他的脚不动时，他的手一定在动，他一定在削一块木头，在椅背上刻画，或在桌子边缘刻槽，或者是他的下颚不停地在动，咀嚼烟草……他总得有事做，总是忙得一塌糊涂。他适合从事各种各样的工作，除了那些慢工细活。如果你要他慢工出细活，他非被吓死不可。"当年有位美国人评论道："我们生来就匆匆忙忙，我们匆匆忙忙地上完学；我们急急忙忙地结了婚；我们顷刻间发了财，跟着又以同样快的速度垮下来。"

《纽约太阳报》上1838年刊发的一篇长文指出，这种普遍的狂热已经蔓延到了孩子们身上。"尝试"（try）是第一个其意思被完全掌握的单词。男孩子还没学会走路就已经成了男子汉。他们被灌输的观念是，每个男人都必须靠自己去创造积累财富；要有雄心壮志，要对财富抱有梦想。不要手推铁环，而要用脚踢球。他们的玩具就是股票。要有交易的本能，就像幼鸭初次下水一样自如。从那时起，凡是有勇气的小伙子，在刚刚学会将最简单的想法联系起来时就会为自己描绘出一条通向财富的捷径，这条道路模糊而不确定，但却是真实的。他读了吉拉德及其他发财致富者的故事。他看到了这场比赛的两个终点：一端是贫穷，另一端是富裕，中间那些年月则被一掠而过。他幻想着积累财富的过程会跟想象它一样简单。他幻想通过一些幸运的投机一夜暴富。所谓知足常乐在他看来是一种懒惰的恶习。变得富有，当然还要受人敬重、有影响力、有权有势，这些都是他所渴求的目标。

外国游客已经注意到，美国人并不像欧洲人那样热爱金钱本身，也不像欧洲人那样爱攒钱，而是一旦获得金钱就不放在心上，花起钱来挥金如土，或是随手相赠，他们似乎主要是把赚钱当成一种活动去享受。美国人一直在"冒险"。朝圣者和清教徒中最虔诚的一些宗教领袖，在离开舒适的荷兰和英国来到这片荒凉之地时就承担了极大的风险。而每次选择新定居点也都是一次冒险。在成千上万的移民中，每个人（德国人、瑞士人、苏格兰人、爱尔兰人、英格兰人、法国人等）拿着他们仅有的一点钱跑到这一"应许之地"，同样是为自己和家人冒了一次极大的风险。当殖民地人藐视大英帝国的威力时，这依然是在冒险。然而，不管怎样，一百次中有九十九次骰子都落得很好。直到19 世纪中叶我们发现，冒险已经融入美国人的血液，正如诗人兼作家吉卜林在近一个世纪后写的那样：

> 他迎接那让人窘困的神，毫无畏惧
> 摇撼命运的铁腕
> 或者与命运之神抗争。

这种冒险精神和与命运抗争的精神逐渐累积，代代相传，但西部使赢得抗争的机会变得如此之大，就连东部人都觉得眼花缭乱。正如我们前面指出的那样，如果当年美国人没有越过阿巴拉契亚山脉，沿海文明就可能会沿着18世纪中叶清晰划定的轨迹发展。然而实际情况则是，美洲大陆更古老的文明几乎被彻底消灭。由这一新兴影响所塑造的美国文化和性格自是完全不同。种植园主、政治家、牧师、当时人所谓的"绅士"、崭露头角的诗人或艺术家，这些人终将被一代又一代日渐崛起的企业家所取代。

这种新兴文明主要受两个因素影响。因素之一是新兴美国领土之广袤与富饶，在这片土地上所获回报如此巨大，乃至最保守的东部人士也禁不住转首西顾；另一个因素则是，由于这里不存在任何不可逾越的社会障碍，成功便成为对任何人士都开放之竞赛；于是乎，社会竞争也就变得愈发激烈。男性热衷于在其同胞中脱颖而出，成为提高整个竞赛水平的主要因素之一。与欧洲形成鲜明对比的是，至少从理论上来讲，每个人在美国都有可能从社会的最底层升至最高层。在每个社会中，财富很大程度上都代表着权力和机会。因此，无怪乎开拓阶段结束后，财富在美国社会中也起到了同样的作用。欧美之间的区别在于：在美国，通过财富所获得的奖励要大得多，能够更快和更轻易地赢得，并且此等奖励对所有人开放。而这自然也就意味着每个人都觉得自己有赢得奖励的可能性，就像当今之英国，人们无论地位高低都去赌赛马，每个人都在谈论赛马，或者像在拉美国家人们都在谈论彩票。在美国，赛马场和彩票由大企业掌控，奖金高达数百万美元，人们张口闭口都在谈论这些内容。赚钱成为一场盛大而令人兴奋的博弈，人人都积极参与其中。诚然，运气是其中最重要的因素，然而这里面也有技巧和能力因素；因此，除了博弈本身就会让人兴奋，以及财富会给人带来权力和快感，如果发了财而且是通过个人努力发的财，那么在公众眼中财富就会成为其个人价值的徽章，这是我们社会中替代贵族身份的唯一标志，它能凸显一个人杰出的才能。

如果说是奖品的规模和比赛的开放度引发漫无目的的"忙乱"，以及纯粹身体上的紧张，那么可以说，这些因素同样也让人释放出大量能量，并利用这些能量去实现个人抱负。正如《纽约太阳报》刊文所载，"尝试"这个词不仅是孩童最先完整掌握其含义的一个词，而且每个人，不论有无文化，不论是最初的美国人还是新登陆的移民，也都被他人期望去"尝试"。这一现象具有深远意义。尤其是对数百万外来移民而言，被期望去尝试并且有值得去尝试的事情，这是一种能够释放出巨大能量和资源的挑战。

当然，也有一些影响并不是那么好。想要快速赢得财富，需要精神高度集中。尽管理想主义犹存，但我们已经看到，美国下层阶级的生活，特别是边疆地区者的生活往往专注于对生活物质基础的追求。在早先已开发地区，追求财富虽有其理想主义的一面，却也更倾向于物质主义。1834 年，一位旅行者指出，对美国人而言，风景毫无意义，瀑布"是其机器的动力，是建造磨坊的绝佳所在；一座古老的建筑物不过是一堆砖块和石头，拆掉它他一点儿也不心疼。……美国人做事，归根结底都是为了金钱；美国人说话，也是句句不离金钱"。虽然比起欧洲来，美国人更愿投资于有用的或公共的物品，但"解开他钱袋的既不是热情，也不是激情，而是出于对政策、行为规范、效用及公共利益的考虑，他认为他的私人利益也包含在公共利益之中"。

美国人的生活水平，除了穿衣明显奢侈，在某些方面还是低于欧洲的。当时美国尚未普遍铺设下水管道；一位英国旅行者在 1840 年来到美国，可能会抱怨，就连大多数一流酒店（如纽黑文的唐提酒店）都缺少冲水厕所；客人想要方便，不得不去后院尽头一个臭气熏天的地方。然而，随着财富快速增长，生活水平迅速上升，美国人开始陷入家庭成本不断上升的困境。随着大调整持续进行、社会上出现无限多的可能性，以及新的收入标准的确立，他必须成为一个勇敢或不切实际之人，刻意做出不是努力赚钱，而是对其他事情感兴趣的样子。

此外，在美国的赚钱方式中还有一个因素对美国社会的生活和特性具有深远的重要性，这个因素从一开始就存在，但在这一时期则变得更加显著。在或多或少具有稳定人口和资源的社会里，财富积累非常缓慢，而人们在美国致富的速度则由人口大幅增长及对这个大陆无与伦比资源的开发所决定。在老牌国家，企业扩张或城市建设都会受到明显的限制。而在这片"应许之地"却似乎没有任何限制。为国家物质发展奉献的人越多，国家就发展得越快，每个人就会有更大可能从中得到回报。因此，在早期清教徒思想和将工作提升到一种美德的基础上还叠加了一种新的商业理念，并将其视为一种社会和爱国责任。积累财富的能力或积累的财富是罕见的。广大民众在其能量得到释放的情况下，渴望改善自身地位。他们的欲望合在一起，加之他们认识到：国家发展得越快，个人实现愿望的机会就越大——这种意识塑造了一种大众观念，即每个人都有责任协助国家发展，也就是从事某种商业或"做生意"。这与赚钱的渴望、社会乐趣的缺乏，以及文明社会的资源相结合，构成了一种事事都要从商业角度去考虑的压力，而且这一压力强大得几乎让人无法抗拒。

19 世纪 30 年代的一位观察者告诉我们，就连那些年轻的财产继承人，"尽管他家中很富有，也从未想着去过一种无所事事的生活，因为他在自己周围没见过不做任何营生之人"。不从事营生之人逐渐不再享有公众的尊重或社会地位。一个富有的年轻人"厌倦了孤独的闲暇时光……他会发现，除了开一家卖奢侈品的高档店，别无更好解脱之法"。就连常对公众情绪抱有同情心的牧师也会怒斥那些致力于培养自身艺术才能的悠然自得之人，将其视为国家的政敌，以及贵族习气和懒散恶习的始作俑者。世界各地都有大批人涌向欧洲，少许有能力这样做的美国人因其品位和气质无法适应美国新的商业规则，也开始作为流亡者出现在巴黎、伦敦或罗马。

然而，这些都是较为少见、无足轻重的例外。对其他人而言，私人欲望和公众舆论中每一个可能的动机都会使他们跃跃欲试。这场比赛向所有人开放这一事实，以及这一竞争的激烈性质，再加上做生意和赚钱由于上述原因已被抬至宗教义务和爱国美德这种高度，进而又将另一个因素引入国家的道德状况中。商业行为不再只是一种必须按照道德准则进行的职业。它本身就已成为这一道德体系的一部分。赚钱本身正在成为一种美德，不再为德行所控制，而是与各种美德并列，而且当它与各种美德发生冲突时，它完全可以与之相抗衡。工业或土地的快速发展，赚取百万美元来增加国家的资本资源，都可视为伦理道德和爱国美德的表现，从而弥补其他品德方面的缺陷，如正义或诚信等。正是这个国家的巨大发展，以及为所有人打开机会之门，才带来了这一切的变化。如果不是将赚钱本身作为一种美德上升到道德层面，那么与之有关的一些不法行为就可能与其他违反道德准则的犯罪行为等量齐观。尽管这很遗憾，但事实可能正是如此，并且曾经也是如此。

　　正如吾等所见，在殖民时期，远在4828千米外的英国议会针对殖民地通过了一些不切实际、不明智、徒增麻烦的法律，反而使美国人形成了一种目无法纪的态度。殖民地人逐渐养成一种习惯，就是由其自行决定遵守法律与否。随着国家不断向西扩张，西部边疆的境况更是强化了人们对待法律的这种态度。1830年至1850年，美国违法行为泛滥，对此我们将在下一章细述，但在这里我们可以讲述一下另外一个影响美国人对待法律态度的因素，这一因素微妙而深刻，因赚钱被提升至美德层面而产生。这一点，加之美国新生活的快节奏，使个人很容易卷入各种道德诡辩。这些诡辩当然可能是错误的，所以他可以说服自己做出虚假陈述，甚至是在给政府的报告或申请中作伪证，贿赂立法机关，欺诈竞争对手，取得不公平的优势；但另一方面，如果这样做他就可以完成交易，如果他一年就能赚100万而不是十年，那么他的爱国行为难道不是超过了为实现这种爱国行为而产生的个人过失吗？难道教会的声音和公众的赞誉不是联合起来在向他保证，快速赚钱和"发展"这个国家就是爱国，就是履行道德责任吗？如果赚10万美元是一种有着高尚道德的行为，那么赚100万美元必然是一种更崇高的美德和爱国行为。在这样做的过程中，如果一名华盛顿警察或一位土地管理局官员或国会山的一些立法者阻碍了他，那么用最简单、最便捷、最可行的方式去除这些障碍也就很难说是不道德的。正如老富兰克林所言"诚信方为上策"，但这意味着它只是一项策略，如果另一项策略施行起来效果更佳，为何不用？如果诚信是一种美德，那么"发展国家"也是一种美德。它们在性质上可以相抵，如果做此分析之人碰巧获得了上百万美元的利润，那便是他的运气或上帝的眷顾。

至于诚信的政府、市政府或州政府，幸好"祖先们"为我们造好了所有的机器。当然，这套政府机器也必须像工厂机器那样持续运转，但这是一项收入很低的工作，可以留给低等级劳动者去做，就像让外来者去操作工厂机器一样。只要政府运转良好并且花费也不高，一个爱国者最好还是待在自己办公室一年赚100万美元，而不是作为州参议员去挣500美元。如果机器运行不畅，如果其成本太高或立法机关的成就并不那么令人满意，可能有必要为此烦恼；但与此同时这个国家必须得到"发展"，而一个讲求实际的爱国者则要忙于处理比立法更重要的事情。至于在全国范围内变得日益猖獗的犯罪行为，为此着急上火徒劳无益，商人有他自己的事情要处理。一般的商人都是这样想的。

事实上，由于有着无限的机会和激烈的竞争，这种新的快速致富的爱国主义也给美国人带来了沉重的压力。就像在早期殖民时期那样，或者在不断向前推进的边疆地区那样，人类文化中有相当大一部分不得不被抛弃，所以现在在发达的东部事情也必须如此。为了满足竞争之需，这些文化信条要一一抛弃。时间就是金钱，不能浪费在无法赚钱的事情上。在美国西部，先驱者将文化蔑称为柔弱无用之物，因为它无法帮助他们砍倒树木，清理空地。而在美国东部，在与西部人完全不同的阶层中，文化也开始遭到贬低，因为它降低了赚钱的速度。阅读和音乐慢慢成为女性的专利。男性退出了社交圈，或者即使他们参加某些活动，他们也可能独自待在房间的一侧，对女性的谈话不感兴趣，反过来自己也无法使女性感兴趣。赚钱成为一种具有男子气概的德行和爱国美德，对艺术和文学的兴趣则往往成为女性的小爱好。这便是边疆产生的根本性影响，尽管它是以镀金和洛可可（浮华而过分修饰）的方式出现。

当我们对比1850年的东部与1750年的东部时，我们可能会发现，最重大的差别是在道德领域和价值尺度方面。指责1850年的男性是没有用的，因为他们为当时的条件所困。考虑到先驱者在生活中所承受的压力，我们不能因为他们抛弃了一些文明生活的标准又建立了一些其他标准而指责他们。与此类似，对比1830年和1850年美国东部的男性，他们也承受了新的、巨大的压力。美国西部拓荒时期在美国人心中留下了一些优秀的遗产，同时也留下了创伤（早先的东部时期也是如此）。在这些创伤中，最主要的是道德混乱，也就是将工作视为美德的思想扩展到将赚钱视为个人美德兼爱国责任，进而导致它与其他美德、社会价值观和道德观的关系相混淆。它直接源于国家的快速扩张，我认为我们必须将其视为美国生活中最有利的邪恶影响之一。然而，我们越是充满怜悯地去研究并想要理解它，也就越是无法弄清当初如何能避免它。毫无疑问，美国人民并不是天生即有弱点，更不是天生就有罪孽。我们并不像欧洲人那样，而只是喜欢金钱本身。我们接受了工业革命，但却从未像英国制造业那样出现那么可怕的状况，尽管我们自身也是状况欠佳。杰斐逊和约翰·亚当斯都曾预见到过快发展之中的罪恶，所以他们想要保护西部土地，希望用几个世纪的时间徐徐发展。但是，面对以令人难以置信的速度激增的人口和他们无限的热情，只有专制政府才能强制推行那样的政策。由于机械的引进、西部的快速扩张、无限的资源和人口的倍增，财富的快速积累不可避免。在没有各种人为设置藩篱的社会中，也就没有既定的社会身份区别，竞争将会空前激烈，但这只是"美国梦"的一部分。这是机会均等的必然结果。这是一笔无价的遗产，但当它在我们这个国家传承时，也受到了道德价值观混乱的阻碍，幸运的是，这一混乱并未持续太久。很可能，上述二者都无法持续很久。

在强调上述主题的重要性时，我对北方文化的处理一直较为简略，而实际情况则并非如此。那一时期的北方文化不仅充满活力，也充满混乱。在欧洲，也如在美国一样，这一时代，各种新的或明智或愚蠢的"运动"和"主义"纷纷涌现；但不幸的是，除了从大洋彼岸吸纳的怪力乱神之辈，我们不必交智商税便可自行收集到大量奇谈怪论。然而，此等"运动"和"主义"杂以各种不循常理之尝试，或于书籍和讲座中坐而论之，或于短暂存在的"团体"中推而行之，旨在从社会和经济方面改造世界，而其影响亦可谓久远。这些尝试包括废除债务人监禁，改革监狱制度，改善精神病人治疗办法，禁止鞭打，提供盲人教育，开始禁酒运动，维护世界和平和妇女权利，废除奴隶制。

其中最重要的运动之一是在教育领域展开的。在新英格兰，此前这里的儿童接受免费教育的机会就比其他地方更多，此时的法律变得更为完善，实际施行起来裁量也更为自由。主要是因为税收问题，几乎每个地方的富人都反对免费教育，所以免费教育运动是从工人阶级发展起来的。美国的教育体系是"美国梦"付诸实践的成果之一。1830 年在费城召开的一次工人会议上，与会者一致决议："如果没有真正广泛的智力传播，就不会有真正的自由……除非所有人都能拥有平等的教育，否则自由只是一个没有意义的词汇，平等也只是一纸空文。"接下来 20 年，现有的低年级免费教育体系得以建立，大学免费教育也在增加，到 19 世纪中叶已有 150 所小型宗教性大学。不幸的是，正如我们的现代制度起源于人民并在很大程度上由人民所控制一样，现代教育制度也带有其主办者的一些特点。正如上述引言中所体现出来的那样，教学和智识不仅或多或少被视为同义词，而且教育的目的和内容也受制于文化标准，受制于创造这一教育体系的阶级之观点。教育的目的是维护经济和政治民主，而不是推动个人发展，因而教育的内容也依照这一目的而加以选择。在很大程度上，因为就连我们自己也尚未明了我们国家的目标，所以教育体系中最初的混乱也就一直未能得到解决。

在这几十年间，无数的呼声似乎都是来自北方，他们要求改进各种商业体系，敦促推行各种社会改革，并为这一时期疯狂的个人主义提供疗救良方。这种个人主义开始要求建立一个社会和一个国家。这些呼声混杂着怒吼声向我们呼啸而来，就像剧院一侧的乌合之众那样。这里我们无法对所有的"主义"和"运动"进行详尽分析，但是来自马萨诸塞州的三个声音，超出众多喧嚣声之上，表达了这一时期的三个主要特征：爱默生的乐观主义和自立观，加里森反对奴隶制，韦伯斯特主张国家主义。

仅凭我们当下有限的知识就想详尽地解释任何特定时间和地点所出现的艺术，可谓徒劳无益。前面我们已经看到，一群由欧文和库珀领导的知识分子涌现于纽约，现在更重要的一些知识分子，其中包括爱默生、霍桑、惠蒂尔、朗费罗、梭罗等人，开始在波士顿附近崭露头角。这个时期诚为清教徒精神的繁荣期（同时期也出现了许多无意义的东西）。我们很容易被文字所困惑，但有个明显事实是，我们不知道在波士顿至此 300 年的历史中，为何不早不晚竟有几十年时间会突然出现一个不同寻常的文学团体。关于这个问题，我只能提供一些有限的个人见解。加尔文派的清教徒神学理论，不论有何其他成果，至少教会了新英格兰人如何去思考——在任何地方这都算得上是一个非凡的成就。思其所思，智为其具，在新英格兰比在其他任何地方都受到更高的推崇。大部分人在很大程度上对旧神学的堕落都是无动于衷，但当人们从"地狱"的概念中解脱出来之后，并未去除旧神学对人们思想和本能行为的枷锁。然而，在波士顿的一个小团体中，神体一位论已经成为耶和华和"造福人类的力量"之间的合理化桥梁。这种抽象的"造福人类的力量"由于西部资源的实际开发而得以加强，使得这个世界也就是波士顿及其周边地区变得更加适宜人们居住。如果上帝是善的，如果美国肯定能成为地球上最伟大的国家，那么这里就有充足的物质可供波士顿那些训练有素的智者使用。

尽管如此，所有这些因素都无法解释，为什么这些杰出人物会同时出现在这里。其中最纯粹的美国人是爱默生（如果我们能将梭罗排除在外的话）。爱默生并没有任何完备的思想体系，而也许正是这一点使得美国人更加亲近他。他满怀美国式乐观主义的新精神，相信普通个体具有无限多的可能性。他问道："今天，个人的功过得失不仅凭借对过往伟人的学习与追随，更取决于其个人行为，那为何还要顺从于过去的伟人？""人要胸怀大志"，他如此劝诫美国人。一直以来他最受欢迎的文章可能就是《论自立》，毋庸置疑，他激励了无数青年。在美国思想的历史长河中，印第安人被驱逐到越往西的地方，魔鬼就会变得越遥远。在爱默生看来，魔鬼（或邪恶问题）几乎完全消失了。牧师钱宁及现在离我们渐行渐远的先驱们在这方面做得很彻底。

"美国梦"（相信普通人的价值并希望为每个人开辟机遇坦途）并不是一个合乎逻辑的思想概念。就像每一个激发和提升人性的伟大思想一样，"美国梦"是一种宗教情感，是一种伟大的信仰行为，是一种敢于探索未知世界的精神。只要这个梦想能持续增强人的信心，爱默生就会继续被视为"美国梦"的一位预言家。另一方面，尽管他本人生活高尚而简单，但他的学说中却有很多东西过于先入为主地强调了那些在边疆反复形成的美国特性。比如此语："勿耽于幻想，无论身处何处，均须身体力行。生活不是知性的或批判性的，而是实实在在的。"他相信自然观和直觉而不是深思熟虑，这种思想是一种边疆开拓者的思想，而不是清教徒的思想。在其他任何作者的作品中，我们都无法像在爱默生的作品中那样接近整个美国精神。在他身上我们感受到了生活无限的活力和美好，感受到了对失败、邪恶或罪恶可能性的无视，感受到了对个人的高度重视，感受到了你我每个行为的重要性，感受到了对能力的渴望和地球属于我们的坚定信念，感受到了对文化的崇拜和相信自然灵性无与伦比，感受到了对坚韧个性的坚持，感受到了号召我们努力塑造思想和性格的震天号角，感受到了在我们脆弱的时刻他所给予的箴言"人人都很明智"[1] 和"文化止于头痛"的力量。他的作品是美国精神的一面镜子。美国精神的每个轮廓都在他的作品中得以再现。但美国的情况已经发生了变化。爱默生毕生都生活在康科德和波士顿，但他的思想却是由于西部开发而形成的。他属于我们的乐观主义世纪。对他来说，一切都是善的——上帝是善的，生命的可能性是善的，人类的心灵是善的。但时至今日我们对此就不太确定了，而且今天的人们也不再像我们那代人一样去读爱默生的作品。

在这个时期的乐观情绪中，人们的目光尽可能地避开了他们所看到的那些不祥的乌云，拒绝看向在南方缓慢升起的奴隶制乌云。南方已经发生了变化，他们现在大量购买北方的制成品，因为北方的工厂需要南方的棉花。一切都在《密苏里妥协案》中得到了解决。虽然北方在 1812 年战争中谈到了分裂，南方后来也曾谈过它，但我们美国每年都在变得越来越大，越来越富有。"看在老天的份儿上，请实际一点（当时最流行的思想即是如此）；管好自己的事，不要管南方人。他们需要黑奴种棉花，棉花是我们最大的资产之一。我们很久不用奴隶了，我们也不想再有奴隶，但这是南方的事而不是我们的；如果你让他们发狂，你会毁了生意，甚至会毁了联邦政府。过去一直以来美国的事

---

[1] 这句话的完整意思如下：替别人考虑人人都很明智，轮到自己却总是当局者迷。换句话说就是"当局者迷，旁观者清"。——译者注

情都解决得很好，只要那些讨厌的激进分子能够变得理智些，闭上他们的嘴，奴隶制问题说不定自己就解决了。"当时99%的北方商人都是这么想的。

但是，1831年在波士顿"邦克山（自由的诞生地）"，威廉·加里森的激进周刊《解放者报》创刊号正式发行。"我要为我们的奴隶立即得到解放而努力奋斗。我会教促自己不要在捍卫人权这项事业上适可而止。我是诚恳认真的，我不会模棱两可，我不会找借口，我一步也不会退缩，我要让人们听到我的呼声。"他的呼声的确被人们听到了。他的思想被称为废奴主义，这种思想激起了这个国家南北双方民众的热情。这种热情之高涨，在此前或之后都未曾一见。接下来十多年间，破坏印厂、暴民闹事、谋杀废奴主义者等经常发生。废奴运动从长远看是否真为黑人谋取到了利益，人们对此的看法总是存有分歧。但毫无疑问，北方人和南方人之间对于保留奴隶问题本可欣然搁置一边，而废奴运动的出现则在两派人心中播下了苦涩的种子。

就我们的亲身经历而言，我们曾通过《禁酒令》体会到了激进改革因素所激发之民意的力量。想象一下，在《禁酒令》中，改革者是基于道德理由，威胁剥夺我们人口中相当一批人社交习惯上的某种乐趣，那么我们就能更好地理解废奴主义者所激起的情绪，他们是威胁要剥夺一批人大部分的财产，在经济上毁掉他们。有关奴隶制的话题将在后面讨论，但在这里我们可以指出，南北双方在这个问题上的分歧越来越严重。正如每个文明一直在做的那样，也正如每个文明可能必须做的那样，南北双方的富裕阶级都在剥削劳动力。虽然有"美国梦"，但剥削问题却一直未得到解决。南方人以合法奴隶制形式剥削劳动力，北方人则以雇佣工人形式剥削劳动力。他们都适应了自己的由其所在地区经济状况所塑造的社会结构，他们都没有意识到自己有何道德罪责。

南北双方新财富的迅速增长，使一些新人进入社会最高层。北方人从一无所有，缺乏家传，到变得富有，成为银行家、商人、制造商或股票投机商等身份显赫人物，恰可与"棉花王国"中的大型种植园主相比。种植园主并非都有古老的血统，出自古老的南方世家。但另一方面，南方的社会传统与北方的社会传统截然不同。南方种植园主会将北方商人视为狂妄自大、傲慢粗鲁的新贵，觉得他们缺乏绅士风度。这样的看法有时合理，有时也不尽合理。他们还不喜欢靠土地赚钱的城市商人，以及钱到手太容易的商业骗子。这些北方佬每天驱使工人在通风极差的工厂辛苦劳作12～14个小时，却只付给工人几美分的工资，而且还丝毫不为他们生病、年老或失业负责，这些人竟然跟南方人说三道四，指责其奴隶制不道德，他们如此装腔作势，真是岂有此理。南方人说，他们都没去干涉北方雇主与受剥削劳工之间的事情，北方人又有什么权利发表威胁性言论，去反对一种在国家宪法中得到保障并完全合法的经济制度呢？对南方人来说，这又是一次不可避免的清教徒迫害狂潮的爆发——是萨勒姆女巫案的续集，是马萨诸塞州历史上发生过的放逐和绞刑的重现。

每一个发展出同质形式的文明，都是滋养并依赖于某种文化价值观。南方有着独特的文化类型，其文化价值观也珍视这种文化。那些富有竞争力而复杂的工业文化必然会与它有极大不同，而且随着北方完全投身于废奴运动，南方本能地觉得自己受到了威胁。同样，许多最理智的美国批评家今天所反对的也并非美国的生活体制，而是由此所产生的扭曲、贫瘠而低劣的文化价值观。

随着北方人口和财富的增长，南方认为北方是为了自身利益而在不断开发国家剩余土地，扩张其工业体系。南方强烈反对关税就是一个很好的例子。当1828年关税法案通过时，南卡罗来纳州威胁要脱离联邦。迄今为止，北方和南方的力量一直还算比较均衡。为了在实力上超过另一方，双方都必须争取来自西部的支持。权力的平衡，沿着坎伯兰大道，越过重重山脉。南北双方都抛出了自己的诱饵。争夺职位的明争暗斗，以及参议院内无休止的演讲，不断上演。

1830 年 1 月 26 日，韦伯斯特对南卡罗来纳州参议员海恩做出了很好的答辩，高潮终于到来了。他表达了对新国家主义的支持，并尝试扫除所有关于脱离联邦或废除联邦法令的州享权利原则。他否认联邦政府仅仅是主权州之间的契约，他道出了后来每个美国小学生都耳熟能详的一段话："此乃人民之宪法，人民之政府；为人民而设，被人民所立，对人民负责。美国人民已经宣布，这部宪法是最高法律。"这个伟大的演说家所在之州曾在不到 20 年前威胁要脱离联邦，而在那天，他则用当时盛行的华丽辞藻慷慨激昂地请求大家团结一致。"当我转过目光最后看向天空的太阳时，但愿我不要看到它照耀在曾是一个光荣联邦的破裂而可耻的碎片上，照耀在彼此伤害、矛盾不和、互相交战的各州土地上，照耀在一片为人们的仇恨所撕碎的土地上，或是一片浸染着兄弟同胞鲜血的土地上！让他们最后微弱而依恋的目光看到共和国的光辉旗帜，这面旗帜现已举世闻名并受到举世敬仰，它依然昂扬向前，其武功与胜利依然熠熠生辉，每一道条纹从未被抹杀或玷污，每一颗星从未暗淡其光辉，其承载的信条并非'这一切何所值？'之类的卑劣疑虑，亦非'先自由，后联邦'之类迷乱而愚蠢的词句。当星条旗飘过大海，越过大地，在整个天空下每阵清风中飘扬，宽阔的褶皱间闪耀着生命的光芒，将美国人心中别样的真挚情怀传遍四方——自由与联邦，自此至永远，永不分离！"

在几周之后杰斐逊的生日晚宴上，人们又一次辩论起这个话题。杰克逊总统的一句祝酒词"我们的联邦——必须保全！"使得赞成各州可以拒绝执行联邦法令者为之一惊，随后副总统卡尔霍恩立即说出了一句具有挑战性的话："联邦——仅次于自由，是我们所珍视的。"随后两年人们在这个问题上一直摇摆不定，当西部各州被好处收买宣布支持新的关税法案时，这立刻引起南卡罗来纳州的强烈不满。他们通过《联邦法令废止权条例》并威胁武装抵抗联邦政府。但是，整个国家都不愿进行武装斗争。最后双方达成妥协，北方向南方承诺未来十年关税将稳步减少。然而，在此法令通过之前，废奴主义者通过马萨诸塞反奴隶制协会宣布，制定南北方奴隶制契约的宪法"是一个死亡公约，是一个与地狱达成的协议——它让双方犯下了残暴的罪行——应当宣布无效"。几个星期后，新英格兰反奴隶制协会以250∶24票通过一项决议，每个废奴主义者都有责任鼓动立即解散联邦。

南方受到的刺激日甚一日。当地人放出狠话，邮件被抢劫一空，有些人的生命也受到威胁。这不再仅仅是奴隶制问题。这是一个该如何解释各州之间基本契约的问题——就像在关税争议中表明的那样，本国的一个地区是否可以成为另一个地区的附庸；如果北方反对一种与其自身不同的经济制度，宪法所保障的财产是否安全；南方种植园主是否应该被迫接受北方商人的道德观；农业文明是否能够保持其性质，还是应该被迫顺从他们所不喜欢的工业文化；本国的某一地区是否被允许保持其自身特有的文化价值观，还是因为武力或投票数量而被要求去顺从一个不喜欢的地区或者是一种外来的文化价值观；如果联邦意味着强制统一，那么自由将会变成什么样。当我们今天再来回顾这些问题时，我们往往会用奴隶制这一简单术语去思考南北双方的冲突，这是因为，就像我们将在后面章节中讲到的，从这场冲突中的军事需要出发，奴隶从法律上获得了自由。然而，仅仅从奴隶制角度来看这个问题，就会误解在这一过程中起作用的不同力量。实际上当时引发争议的问题要多得多，而且也并非表面看上去那么简单。在当今的国家生活中，我们已经完全被工业主义所征服，上下一致，"美国梦"深受其害，但这些问题仍未得到解决。

与此同时，观察家们仍然拒绝看向蔚蓝天空中聚起的乌云。如果说南方存在焦虑和怨恨，那么北方则是工业蓬勃发展，这里的商人竭力掩盖废奴主义者的呼声，甚至对他们的生命进行威胁。美国西部（我们现在必须转向美国西部）已经进入壮年，并在西部的群山之巅，在夕阳下的天空中瞥见"天定命运论"五个大字。各地民众都感受到一种令人兴奋的自由和权力感。在一次政治游行中，一位走在队伍前面的绅士朝挤得太近的民众喊道："为人民代表让路！"他得到的回应是："你为我们让路！我们就是人民！"

# 8

## 国运正隆

"让开！我们就是人民！"这一用西班牙语和英语（而非法语）发出的呐喊已在这片大陆上回响了近三个世纪。然而，那些给普通人波澜不惊的生活带来巨大冲击的喊声都是用英语发出的。大海里，每年都有数百万条鱼屈服于它。树林间，野兽们早在它穿越半个大陆前就已仓皇而逃。天空中，不计其数的野鸽也在它抵临前四散而去。森林里的树木听到它，也只能俯首帖耳，无助地倒下。这片土地的主人印第安人听到它，他们要么与之抗争，要么远遁他乡。有钱人听到它，则更加坚定地支持政治特权和被司法裁决逐步修改的联邦宪法，捍卫财产权以对抗人民的要求。

当美国人第一次在这里定居时，英国人就已经是一个航海民族。那时，这个民族的祖先已在日耳曼和不列颠的广阔森林住了好几个世纪。然而，当他们的后代越过大海，他们面对的仍是原始森林。自从他们在弗吉尼亚建起第一个永久定居点，之后200年他们学会了在森林里生存和生活的技巧。美国西部的开拓者在这片荒凉寂静的森林中生活得自在从容，就像他们的祖先在面对波涛汹涌的大海时那般闲庭信步。这片荒原从大西洋延伸出去，跨过山脉，一直到密西西比河谷，止步于开阔平坦的大草原。慢慢地，美国的文明在那里扎下根并发展起来；由于这一文明之根源于长时间的森林生活，所以当它再次出现在西部地区时，面对广阔的土地，它显得不再那么自信，就像一个常年在海上生活的人被抛到了陆地上。此外，每个来过这里的探险家都宣称，这一大片荒原完全不适合人类居住。于是，不可避免地，就像是大海一样，这个地方阻挡住了白人西进的脚步。

在整个西进的历史中，边疆的界限一直跟土著人退却的后防线相接触。有时，就像南方的切罗基人和塞米诺尔人一样，大量印第安人坚守自己的家园，他们的家园被白人和无法同化他们的文明所包围。英国人有着很强的种族优越感，不愿与印第安人融合。紧密的关系和人性的仁慈，并未改善一个种族对另一个种族的影响。黑奴被白人当成"家畜"使唤；他们偶尔也会受到虐待，不过大多数时候还是会得到善意乃至友爱的对待。但在白人眼中，印第安人就是林中野兽，生来就是要受剥削和被灭绝的。本书对我们的历史进行了广泛的回顾，我们无法详述这种不间断的地区间的联系和冲突，但这些联系和冲突对于白人的种族偏见和白人对他们眼中低等种族权利的漠视却是不无影响。白人与印第安人签订了一个又一个条约，但这些条约却是一次又一次地被贪得无厌的白人打破。每当白人要扩张土地时，他们就会毫无愧疚地撕毁条约。两个世纪以来，我们几乎每年都会征服那些弱小的敌人，这让我们深信没有什么能阻挡我们。对我们来说，我们所知道的"外国人"就是贫穷的欧洲人和美洲印第安人。而这两者都助长了我们的优越感。

最后，这个被叫作"大平原"（又译"大荒漠"）的地方似乎在要求我们停止向西扩张；政府制定了关于印第安人的永久性保护政策，这一大片平原被保留下来，作为他们的保留地。虽然他们备受战争和疾病折磨，甚至连狩猎地也被强占，但他们在落基山脉以东仍有三四十万人。南方的切诺基人和塞米诺尔人被整体迁走，大平原上的印第安人，如苏族人、肖尼人、波尼人、堪萨斯人则被迫在条约上签字，承诺他们不会越过这两个文明之间的新界限。杰克逊总统在1835年的国情咨文中宣称，终于有了一个可以给予印第安人保护的屏障；他还宣称："国会承诺，美国应永远让生于这片土地的人有安全感，得到保障。"但很明显，白人想要什么，想做什么，无人能挡。1825年条约的签订，解决了密西西比河边界东北部地区印第安人的问题，但是因为在这里发现了铅矿，以及新移民的涌入，马上又带来了新的麻烦。白人在印第安人的土地上定居下来，无理地抢占了他们的玉米地。土著人在"黑鹰"的领导下发动起义，却被当地民兵和斯科特将军率领的联邦军队镇压，并被打退回密西西比河西岸，条约被践踏。如果没有人发现大沙漠的价值，印第安人也就不会面临生死存亡的危机。与此同时，由于西部土地的荒芜和印第安人的野蛮，向西扩张的势头朝南转向得克萨斯，朝西北则转向俄勒冈。

墨西哥的得克萨斯地区位于萨宾河以西和红河以南。1821年，墨西哥从西班牙手中赢得独立，但不论是组成墨西哥庞大人口的印第安人，还是少数的西班牙和克里奥尔上层人，都没有表现出任何自治能力。从墨西哥城到路易斯安那州的纳基托什、新墨西哥州的圣菲和加利福尼亚州的圣弗朗西斯科，这些地方道路通达，但因这些省份面积太大且地处偏远，即使政府比当时的情况更强大、健全、有能力，也很难对其进行有效管理。西班牙人从来都不是真正的拓荒者，而是扮演着探险者和剥削者的角色，这一点部分是他们的民族性格使然，部分则要归因于他们在新大陆所遭遇的文明的特性。

当时得克萨斯几乎无人居住，所以一开始墨西哥政府很欢迎美国人前来殖民。墨西哥政府把大块土地都赠送给了康涅狄格州的美国佬摩西·奥斯汀。摩西死于墨西哥独立前夕。他的儿子斯蒂芬继承父业并于 1822 年在墨西哥湾海岸建起一块殖民地。新的墨西哥殖民法案规定，每个已婚移民都可用不到 200 美元的价格购买 1792 公顷土地。墨西哥人口迅速增加，移民主要来自美国南部。墨西哥有意让这些移民成为墨西哥公民，斯蒂芬也很忠诚地遵守了这一点。1831 年，他在给朋友的一封密信中写到，他已辞别祖国，打算"严格履行墨西哥公民的所有责任和义务"。

直到 1834 年斯蒂芬都信守承诺并成为得克萨斯两万多人口的绝对领导者，这些居民中约有 2000 人是奴隶。墨西哥境内禁止蓄奴，但与所有边地一样，在那里几乎找不到白人劳动力，而且这里跟墨西哥内陆不同，在得克萨斯没有可供剥削的温顺的印第安人。所以，除非移民愿意继续做农民，剩下的唯一办法就是实行黑人奴隶制，对此墨西哥政府睁一只眼闭一只眼。然而，由于墨西哥政府自身的统治并不稳固，奴隶财产状况充满变数，美国人继续殖民的做法受到抑制，再加上新近移民大都有鲁莽乃至违法的性格特点，这些因素使得得克萨斯无法继续对墨西哥保持忠诚，毕竟这里大多数人都是美国移民及其后代。圣安纳于 1835 年宣布实施墨西哥新宪法，废除了得克萨斯人之前拥有的某些国民权利，局面一下子就变得不可收拾。移民马上宣布成立临时政府并将墨西哥驻军逐出圣安东尼奥。圣安纳带领一支 3000 人的军队来到阿拉莫要塞，发现这个小镇只有 200 余人守卫，并且守军孤立无援。1836 年 3 月 5 日，墨西哥军队进攻阿拉莫要塞，守军尽遭屠戮。其实在墨西哥人攻入要塞之前，这些得克萨斯守军就已负伤或战死。死者中包括戴维·克罗克特和著名的詹姆斯·包威。

3 月 2 日，55 名得克萨斯人起草了独立宣言，他们的平均年龄不到 38 岁。4 月 21 日，山姆·休斯敦以"勿忘阿拉莫"为口号，率众在圣哈辛托打败墨西哥军队，并于当年 9 月当选得克萨斯共和国总统。

一个将奴隶制合法化的宪法获得批准；得克萨斯要求美国要么承认它的独立，要么将它并入美国。美国很快就承认了得克萨斯的独立，但将它并入美国意味着美国要与墨西哥开战，并会增加美国蓄奴州的数量（得克萨斯的面积可以分成五个州）。叛乱是自然而然发生的，不可避免，但北方人立刻抗议说整个事件是南方为了扩张其权力而耍的一个阴谋。在当时紧张的局面下，得克萨斯想要加入美国也就不得不等一等了。

与此同时，大平原的北边也遭到袭击。长期以来，毛皮商的生意已经远至俄勒冈，到1831年美国毛皮公司已经拥有一艘轮船，可以沿着密苏里河向北一直开到康瑟尔布拉夫斯，并且每年航行路线都会再向前推进更远。毛皮商为了得到当季猎物而进入蒙大拿山谷，他们对落基山脉西北部和东部的地形有了完整的了解，到1830年第一次有大篷马车到达那里。捕猎者、探险家和传教士继续往西北方向推进，到达斯内克河和哥伦比亚河。俄勒冈州是否属于英国尚有争议，那时候人们只能乘船绕过好望角才能到达俄勒冈州，而现如今它与美国已经通过陆路有了密切联系。

俄勒冈小径始于密苏里州的独立城，沿途经过密西西比河流域的平原和普拉特河，跨越落基山脉，它是一段时间内美国商业在西部边疆最偏远的"贸易中转站"。此外，圣菲小径穿过西南方向的平原抵达定居点圣菲。虽然韦拉克鲁斯的西班牙人都很富有，但从这里出发2414千米的距离所产生的运输费高得让他们难以承受，而那些善于冒险、率先驾着马车跨越平原的美国人则找到了一个适合他们的市场。1821年，美国人首次到达那里；之后每年春天圣菲的商人们都会穿越大平原，他们组成车队以抵御印第安人的袭击，直至平安到达圣菲城的边界；他们一路快马加鞭，比赛看谁最先到达。到了晚上，人们会解下马具，把马和牲畜围在畜栏的中心，外围停着马车。政府也帮助扶持这些贸易商。1827年，莱文沃思堡建成；1829年春，莱利少校带着部队乘坐大篷马车行进到阿肯色河的墨西哥边疆，等待着秋天返回莱文沃思堡。随后一两年，虽然印第安人已经得到足够多的教训不再进行袭扰，从而使得商队沿途行进已较安全，但仍有武装人员继续为其提供保护。

用美国人现在开始崇拜的统计数据来衡量，所有这些活动本身，无论是捕猎、移民俄勒冈州还是与圣菲交易，都不是很重要。它们的重大意义在于，人们从各个方向穿越大平原，慢慢地再也没人说这片土地对白人没用。后来政府的测绘员为了绘制这一地区的地图做了大量工作，但在更早之前北部的皮毛商就已非常了解这整个地区，而与圣菲做贸易的人也很快便意识到，从南往北至少有1100千米纵深的土地非常适合发展农业。当卡特林以国家的荣誉向印第安人承诺时，当他说整个印第安人保留区"对培育文明毫无用处，不管是现在还是未来"时，人们相信他说得没错。然而，定居者们现在发现卡特林错了，而这对印第安人来说可不是什么好消息。把大平原作为印第安人保留区的整套理论悄然瓦解并逐渐消失。如果远西地区的人们一直保持其捕猎生活方式并每年坐着大篷马车去跟远方的西班牙人做些贸易，印第安人便可能不会遭难，但在沙漠的中西部和东部，事态的发展很快就超出了印第安人的理解和控制。

美国人口急剧增长、西进扩张、制造业和机械快速发展，都给人们带来了巨大的希望，营造出一派"繁荣"景象。虽然真正的铁路时代始于1848年，但早在30年代初人们就已开始规划线路。凡有货物交换需求之地，就有运输之需。由于人们对宪法的顾虑日益增强，国家政府不愿提供运输设施，而私营公司也尚无力承建运输设施，因而更愿顺从选民呼声的美国各州开始大肆建造道路、运河和铁路。随之而来的就是对货币和信贷的需求，新建的银行像五彩纸屑一样散布全国各地。越是"繁荣"，物价就越是飞涨，信贷需求也随之飙升。1830年，人均纸币发行量仅为6.69美元。到1837年，这个数字涨至13.87

美元。土地及其他商品的价格就像鲸鱼喷出的水柱似的不停蹿升。1830 年，西部的放款人可能还会对借出去 1000 美元犹豫不决；而到 1837 年，让他们借出 2000 美元都没问题。失去理智的并不仅仅是西部。就像 1928 年时金融顾问蛊惑那些容易受骗的公众——他们再不购买股票就可能再也没有机会买到美国"股票"，1834 年到 1835 年，谣言四起。比如，有人说缅因州的木材已接近枯竭，于是某些地方的林地价格便从每英亩 5 美元攀升到 50 美元。在班戈，建筑用地的价格从 300 美元飙升至 1000 美元。在南方，物价涨了一两倍。1830 年至 1835 年，纽约市房地产的评估值从 2.5 亿美元跃升至 4.03 亿美元。给予移民者和投机者的政府土地的销售额，从 1834 年的不足 500 万美元增至 1836 年的 2500 万美元，其中大部分巨额资金都是借自银行，而银行对这笔生意的估价和期望显然都很荒谬。

经济泡沫已经膨胀到就连最小的胸针都能将其刺破的地步，更别提杰克逊总统发动的针对合众国银行的战争和国家金融的不良表现了。1837 年 5 月，经一致同意，银行暂停硬币支付，公众开始恐慌。西部和南部各州及东北部一些州为了发展在没有考虑自身经济价值的情况下也卷入巨大的债券问题中，公共信贷和私人信贷相继崩溃。价值迅速消失。在北卡罗来纳州，农场的卖出价仅为其应有价值的 2%。在密西西比州，刚以 1200～1500 美元买进的奴隶，转手便只值 200 美元。据说，在阿拉巴马几乎整个州的资产都被易手，在全国则有 50% 的人有这样的经历。银行惊人的亏空报表导致民怨沸腾，人们对银行心生怨愤。纽约变成一座死城。船只闲置码头，所有施工作业全都停止。在西部，又过了两年人们才感受到这次危机的全部威力，而且那里直到国家元气恢复五年后才开始恢复。富人眼睁睁地看着自己的财富被一扫而空，穷人则陷入赤贫境地。在纽约，有 6000 名建筑工人被解雇。在停止硬币支付后的五个月里，东部各州 90% 的工厂关停；在马萨诸塞州，制鞋业有 5 万名员工无活可干。在费城，有半数到 2/3

的职员和推销员都失业了。在新贝德福德市，40 艘捕鲸船闲置岸上。在国家整个工业领域，工人阶级遭受的苦难极为深重。在南方，种植园主不得不出售奴隶来换取一点点钱，购买食物养活家人和剩下的奴隶。土地所有者，无论是投机者还是真正的农民，都负债累累，似乎永世无法还清，如果尚有地方居住那就是万幸了。情势恶化到了极点，整个国家都萎靡不振。

就像海底地震会引发潮汐，1837 年恐慌与 1819 年恐慌一样造成大量人口向西迁移。流民涌出大西洋沿岸，散落各地，就像流水退去后留下的沙砾。基本上每往西 160 千米，人口就会变得稀疏一点。人们从一个地方迁至下一个地方，这似乎为他们提供了更多的机会；而那个地方的定居者则迁往另一个地方。

但在西部遥远之地，在真正的边疆，这股浪潮击垮了印第安人本就凋敝的家园，带来了移民者、房屋和农场，印第安人的宿命随之到来。例如，为了保护印第安人的权利而建立的温尼贝戈堡，成为白人入侵铅矿区、涌入大草原、进入威斯康星州阔叶林的起点。没人说得清这些年究竟有多少美国人从无数乡间、村庄、城镇和城市加入西进大军。1830 年密歇根州人口为 3.1 万，十年后便增至 21.2 万。在十年左右的时间里陆续有蓄奴州和自由州成对加入美国：密歇根州和阿肯色州、爱荷华州和佛罗里达州、得克萨斯州和威斯康星州。新州的宪法在很大程度上表达了对银行的敌视和对民主稳定的需求。

恐慌发生前后建立的小镇迅速发展为城市：基奥卡克、伯林顿、达文波特、芝加哥、密尔沃基和迪比克。在整个边疆地区，西部都处于动荡中。每个新成员都认为自己肯定会成为自己地域的中心，但又有谁能保证呢？大约在 1840 年，一名男子在芝加哥郊区以 1000 美元六亩地的价格购得一片土地，后来他抱怨说，他现在六亩地连 100 美元乃至 50 美元都卖不出。

美国一直是一个充满梦想与希望的国度。大西洋是一个巨大的忘川，能把过去的影响洗涤殆尽。向我们招手的只有充满希望的未来。恐慌一个接着一个：1791年、1819年、1837年、1857年，这些年的恐慌如同西部的龙卷风一样造成毁灭和破坏，但希望也一直在用力向我们招手。19世纪中期有段时间我们意识到美国被重山包围，那年夏天我们停止扩张，在锡安山休息整顿。但在越过山脉之后，越来越广阔的美国大地展现在我们面前，那里一片荒芜，动荡不安，于是领土扩张又一次暂停。然而，我们内心依然激情澎湃。

从一开始，价值的衡量在美国人心中就很重要。如果一个人在树林里建造了一所房子，那么印第安人可能很快就会用战斧斩杀那个人和他的家人，但若有十几户人家一起在这里定居，他们的情形就会变得相对安全。在古老的早就有人居住的英国，如果一个人发达了，那么他可能会在人口已经相当密集且稳定的地方投资买下更多土地、租赁房屋，或是找寻其他机会。但对前往美国的第一批人来说，他们没有机会出人头地，除非有更多人加入，如移民或新生人口。如果最早在詹姆斯敦或马萨诸塞湾附近定居的人口从未增加，那么他们的地产价值也不可能增加。他们可能会通过与旧世界交易赚点钱，但在新世界并没有什么可供投资的。此外，新移民意味着新的利益和更广泛的社会机会。所有的动机：安全、利益、社交、教育机会，都在刺激美国人口增长，而且他们也都着眼于让自己的生活变得更加富裕和愉快。

一波又一波边疆地区的美国人都曾反复经历这些。除了真正开拓边疆的先驱：捕猎者和职业的边疆居民，美国人一直希望看到自己的社区发展壮大。在每个边疆社区，这种发展都意味着安全、社交生活、更好的学校、教堂、道路、财产增值和家庭生活水平提升。那个在芝加哥买地的人当初花了一大笔钱，他很清楚，回本的唯一办法就是让芝加哥发展起来。如果它发展得足够好，他可能会收回他的钱；如果它发展速度快，他可能会变得富有；如果它能持续发展，他的子孙也将变得富有。旧大陆的土地所有者没有在十年内将其土地价值增加十倍的机会；在那里，商人或制造商的市场不会随着人口每20年翻一番。只有在美国普通人的美好梦想才有可能实现，如果他运气不错的话。

我们每个人都可能是自己宇宙的中心。对我们大多数人来说，任何可能给我们带来财富、机会和报酬的东西本身并非对我们全然有益，这是很难被否认的。今天的情况与往昔完全不同，我们开始认识到规模与质量不一定相匹配，并更易看出美国典型的"更大更好"这一理念是如何形成的。在上一章中，我们指出美国人如何专注于商业，以至于排斥艺术乃至排斥生活，这种排斥在19世纪开始发展起来；我们还提及商业如何成为让他们着迷的游戏，而不仅仅是积累财富。同样，把乡村变成小镇，把小镇变成城市，这种让一切事物"变得更大更好"的渴望，自然而然也就变成一种游戏。美国人忽略了赢得财富的真正目的，同样也容易忽略增加人口的真正目的。就像扑克筹码一样，一个人的金钱象征着他在商业上的技巧与成功；同样，人口的增长，以及商业统计数字的上升，也变成衡量他的远见和成功的另一种方式。像财富一样，规模也成为"成功"的象征。社会的定性观迷失于定量观，精神观迷失于物质观。

在边疆地区，规模，就像房屋、农场、道路和商店等物质发展一样，的确是文明生活的支撑；无数边疆地区的人们都已将这种观念深深烙印于不断发展的美国灵魂中。不幸的是，它留下的影响使得终极价值转移到了这些支撑物而非文明之上，人们推崇商业和商业规模，而不是把商业视作追求文化价值的手段。一名职业运动员如果不把身体锻炼视为健全心灵的基础，而是把其全部精力都投入体能训练，他就是不理智的。与之类似，全体公民在商业活动中也迷失了自我。"更大更好"在某一时点的确意味着切实的东西，但在一片充满无限机会的土地上，人们更容易将事情做大，但却不一定是更好，而且在我们追求"大"的时候，很容易忘记人性价值的最终目的。

1830年至1850年美国像杂草一样野蛮生长，"更大更好"这一理念就是在这一时期在我们心中深深扎根，尽管在这之前人们心中就有这样的种子。与此同时，另一个美国特征也成长起来，即"推进"和"反批评"。这是人们对于持续快速增长这一需求的必然结果，无论这种需求是真实的还是想象的。"推进"往往有助于发展，"批评"则有可能阻碍发展。因此，推进就像建立商业一样变成一种爱国美德，批评则像休闲一样被当成一种罪过。

在我们成长的某个阶段，一切想得到的东西似乎都依赖于并在很大程度上确实依赖于规模的稳定和快速增长。一个人加入一个社区，尽其所能促进社区发展，那么这个人就不仅仅是这些人口中增加的一员，虽然即使不把他算在内该社区也一样幸福繁荣；他会被认为增加了这个社区的财富，增加了那些在这个社区投入资金并辛苦工作的其他成员的财富，增强了他们的雄心。另一方面，每个离开社区的人都会降低其他人成功的概率。对错误的批评，哪怕是对事实一个冰冷的评价，都可能拒他人于千里之外。特别是在西部开始发展之后，几乎每个定居点的建立都是一场赌博。一簇房屋既有可能发展成为下一个匹兹堡、克利夫兰或芝加哥，也有可能在经过十几年艰苦努力和移民的金钱投入后重归一片荒芜。尽管这些移民都是个人主义者，但在很多时候成功建起一个州只有通过合作才能实现。那些高喊"更大更好"的人于是便开始合作。那些提出批评或重回东部的人不只被视为"爱唱反调者"，还被视为国家发展的敌人，他们应该被人们的嘲笑淹死。正如一份报纸在 1841 年所说，这些人是"背叛者"，"他们比寄生虫还糟糕，因为他们妨碍了辛勤者的劳作"。那些否认在任何方向能够取得成功的人，"应该接受国家的蔑视和嘲笑，这个国家声称它在知识和艺术上没有高高在上者"。

这个完全由一代又一代移民组成的国家，对那些放弃这个国家国籍的公民有一种奇怪的厌恶情绪，而这种情绪就来自边疆地区上述之偏见。离开这个国家的人为人憎恨，因为他是人口中失去的一分子，而这个国家的人口本应不断壮大；而且他还是一个批评家，即使他保持沉默，他也会给这个国家带来坏名声，从而也就阻碍了他人移民到这个国家。西部发展的巨大可能性使得经商成为一种美德，我们不断向西推进的边疆需要增加人口，随着我们价值观的物化，上述二者导致至少三代人对"更大""更好"这两个概念混淆不清，并让批评者成为"背叛者"。

另一方面，边疆地区让我们学着不去看我们不想看的东西则给我们带来了危害。18世纪早期的边疆地区仅仅是一些"更远"的房子，而且那些房子还是永久性的。例如，康涅狄格河流域起初是马萨诸塞湾的一个"边疆"，但不久人们就开始在这里耕种，毫不夸张地说，经过了几代人新英格兰早已没有了原始景象。然而，人们却是越来越习惯扩张，边疆也一再被推进开发，艰苦的劳作，以及无常感，让人们开始不注重他们生活的环境。对移民来说，最初几年异常辛苦，在打下根基的同时人们既不想也没有精力去改善环境，比如打理花园，植树造林，保持室外洁净。这些事情都是到后来才会顾及；并且随着不断向西推进，一点一点地，人们习惯于快速开发利用任何一个移民地和周边地区，也就越来越不在意整体面貌。像知识和文化这样的东西被视为愚蠢的装饰，充满了女人气，不是一个男人该去研究的。这种忽视周边环境的态度构成美国人的性格底色，这可以从今天美国的各个方面看出来。坐五个小时火车从纽约到华盛顿，从我们国家最大的城市到首都，一路上所见到的风景因为边疆时期特征的存在而显得丑陋不堪，我们国家的公路也是一样丑陋。另外一个例子则是，价值观在边疆地区被贬低到功利主义的最低标准。

除非我们找到它们的根源，否则我们也就无法理解这些特征，只要边疆仍是我们国家生活中的主要塑造力量，我们就不可能超越这些边疆特征。正是西部将美国文化从19世纪的僵滞中拖拽出来。正是西部地区的人们在东部建起了制造业，给东部创造了财富；尽管波士顿权贵和船东、纽约银行家和南方棉花巨头都很自以为是，但却是西部主导着美国人的思想和愿景。美国人的生活像一股洪流，任何人都不可能不湿脚，不被改变。尽管如此，在物质主义沸腾的水面上，穿过未来将不得不面对的问题之云的裂缝，依然闪耀着理想主义的光芒。

美国人并不认为他把自己的灵魂卖给了玛门[1]，他认为他现在只是在向玛门抵押，他已经准备好抵押他所拥有的一切以期获得最大增益。在商业成为一种美德之前，美国人并不愿意全身投入商业，但他却一直期待能有这样一个未来：这个未来能够证明他当下对物质的强烈关注是正当的。就连超验主义者爱默生也为当时风气所影响，他写道，无论如何，艺术会以一种新的形式出现在我们面前，它将"服务于铁路、保险公司、股份公司、我们的法律、我们的议会和我们的商业，这将成为它神圣的用途"。我们享受着快速致富的最好时机，这是上帝赐予我们人类的，但是作为文明价值观的继承人，在尚未受到以心灵和精神的名义的祝福之前，我们不能享用我们的财富。我们太忙了。我们必须在这个新国家仍存在机会时发财致富。总有一天你会实现这一点。上帝行事神秘，如果我们能让保险公司和股份公司有利可图，它们就会被上帝变成精神上的有价值之物。为何与华盛顿的 50 万美元或者约翰·亚当斯的农场及其他极少数几样东西相比，阿斯特的 2000 万美元能成为国家精神财富，人们无暇细思。只要我们永无止境地向西扩张，想看清这一点就不太可能。真正的财富掌握在我们手中。彩虹的尽头是精神财富。

与此同时，西部的村庄、城镇和城市也在发展。歌曲《老人河》传遍人口众多的社区并将它们联系在一起。东部已经建成一些小段小段的铁路，西部也有少数几段，但水路和马车仍是当时的主要交通方式。纽约的富尔顿 – 利文斯顿 – 罗斯福联合体试图垄断西部水域的汽

---

[1]　玛门 (Mammon)，财富邪神，诱使人为了财富而互相杀戮。——译者注

船业，但是船长亨利·施里夫打破了这一垄断。施里夫建造了第一艘双层汽船"华盛顿"号。1834年，内河航运已经变得非常重要，于是政府就雇用施里夫利用他发明的"清障船"清除河流里的障碍物。到了40年代，西部河流港口的吞吐量比整个大西洋沿岸还要高；1843年，仅新奥尔良港的吞吐量就是纽约的两倍。

到19世纪中叶，密西西比河上可能有1000艘班轮开行。即使在这个阶段初期，1834年的时候，密西西比河上的船舶吨位就已达到3.9万吨，这几乎是整个大英帝国的一半，并且它还在16年内增加了5倍。在探险家德·索托丧生的那片水域，现在有许多大船在相互竞争，每艘船的造价都高达十几万美元，夜晚的船上灯光闪烁，上面载着几百个我们可以想象到的各色各样的乘客：赌徒、商人、奴隶、移民、毛皮商、棉花种植者，当然还载有各种货物。河道上交通事故频发。即使船上没有装树脂或油浸的木材，但若安全阀被非法固定住，船也会起火。汽船之间喜欢比赛速度，然而水中的突出物、沙洲、爆炸和轻薄的船体上层突然失火都会导致严重的生命损失。为了保证航速足够快并能通过浅水区域，船只必须要轻。事实上，这些船已经轻到可以浮在一个航次船员喝掉的威士忌上。这个伟大的时期一直延续到内战，从而孕育出一种丰富多彩的生活。马克·吐温已经让船只引航员永垂不朽，但尽管他们很重要却也只是参与内河运输各色人等中的一分子。

每当汽船从新奥尔良缓缓起航，就会有一些黑人站在码头上向船上的黑人同胞（船员主要是黑人）高唱：

> 远航的兄弟们，再见。
>
> 再见你之时，我们会泪流满面。

码头工人，就跟所有与船上工作有关系的人一样，也有自己的劳动号子。从东部来的旅行者会饶有兴致地看着他们唱起东部人伐木取火时唱的歌曲：

> 鸭子打牌，小鸡喝酒，
> 猴子在葡萄树上长大。
> 玉米布丁和木薯馅饼，
> 哦，灰猫抠出了黑猫的眼珠！

在那些狂欢的日子里，打牌的可不仅有鸭子，喝酒的也不仅有小鸡。几乎所有人都在打牌喝酒，河上一道独特的风景线就是专业赌徒，他们几乎和船长及船员一样成为汽船公司的一部分。在船上，就像在整个西部一样，他们形成了自己的特色，哪怕他们并未穿着那些华丽的职业装，单看他们的脸庞也能一眼认出。打牌之余，人们也会做些别的事情打发时间。如果说凭借其他特征很难认出一个人来自哪个地区的话，那么在酒吧，你往往可以凭着对威士忌的热情，辨认出喝酒的人是来自东部；可以凭着冰镇薄荷酒，猜他是南方人；可以凭着喝完威士忌不会赶快饮一杯水这种女人气的做法，判断出他是西部人。

赌徒们经常滥用他们的特权，"私刑"这个词似乎是在1834年左右被造出来的，主要就是为了对付他们，特别是需要在维克斯堡对某个赌徒执行绞刑时。想要找到一个相关的法律案件可能很难，但不要忘了，当时我们所处的是一个最无法无天的时期。我们已经注意到长期以来美国人不尊重法律的各种原因。不过，到1830年左右我们进入了一个新阶段。在那之前，几乎所有违法行为都与商业交易有关。与欧洲形成鲜明对比的是美国一直没有针对个人的犯罪行为，个中原因很难说清。恐慌造成的巨大痛苦可能是一个很小的影响因素，但肯定不是原因。这个问题事关整个国家，虽然我在本章中有所提及，但我们也不应将西部生活视为其中一个原因。没错，近几十年来个人暴力犯罪大肆泛滥，席卷整个社会，这一新现象与向西的迅速推进同时发生，也与大规模移民潮的涌入发生在同一时期，但我认为这两者也不应被视作原因。边疆在开拓的早期肯定会滋生目无法纪问题，但在两个世纪的时间里边疆线不断向前推进，而这个时期西部地区的非法活动并不比南方和东部更严重。此外，尽管移民和美国人在工业领域发生了很多群体暴力冲突，但在绝大多数情况下都是后者是施暴者，所以我们也不能把这个时期的暴力归咎于移民。南方或西部地区几乎都没有这种暴力冲突，而东部的人在谈及这种暴行时往往会轻蔑地指指点点，嫁祸于人。

事实上，这个国家的任何人都不能自诩为正人君子。当《费城纪事》上讲述费城一位立法机构成员对另一个成员实施严重暴力伤害的事件（众议院议长在议政厅刀刺发言人），阿肯色州的人读了这一报道肯定不会从中受到什么教益；另外，国会议员也曾携带武器进入华盛顿国会大厦。那个时期不仅南方和西部出现了谋杀、私刑和暴乱，中部各州和新英格兰也是一样，而这些事件则主要针对移民、黑人和天主教徒。波士顿附近乌斯林修道院被焚事件只是其中最臭名昭著的一件。普罗维登斯的修道院受到攻击，新罕布什尔州的一些天主教堂被烧毁，缅因州一名牧师身上被人涂满焦油并插上羽毛，而在纽约、费城、巴尔的摩和其他北方城市也发生了严重骚乱。1840 年 4 月，纽约一家杂志指出，虽然纽约人口只有 30 万，而伦敦人口则有 200 万，但两者发生谋杀案的比例居然是 17∶1。1838 年，费城一家报纸也指出，南方各州一年间发生的谋杀案比意大利五年间发生的都多。

即使我们考虑到了恐慌、奴隶制问题上的激烈争辩和其他影响，我们也无法否认的是，显然我们的国家出了问题。林肯痛苦地写道，"纲常溃败，法律崩坍"，"野性和愤怒的激情"取代了"法院的清醒判断"，"暴力犯罪成为日常新闻"，"举国上下，莫不如是"。

通过对我们国家生活中一种最邪恶力量的源头之苦苦探寻，我认为以下三种影响是关键性因素：错误的教育理想，把公民作为统治者的政治理想，以及把商业成功视为美德的道德混乱。

在美洲殖民地，旧学徒制已基本消失。在那里，正如在所有新生国家一样，完成工作（甚至是对付完成工作）比工作质量更重要。大量人口的持续迁移破坏了家庭的规矩和训练，而新的教育体系则并未弥补这种缺失。那时有位明智的外国观察者指出，比起欧洲儿童，美国儿童被教授了更多的知识，但是接受的技能训练却很少。教育制度由人民制定并为人民所用，它并不旨在培养思想或性格，而是要灌输对谋生有用的知识。

美国的政治哲学起始于革命时代的讨论，它探讨的是公民的权利，而不是臣民的职责。"臣民"这个词让人憎恶。然而，很明显，即使人民是国家的统治者，个人仍然只是臣民。我们身为"主权人民"从而成为自己的臣民。在获得独立后，普通美国人喜欢将自己称为"国王"，但若我们都是国王，没有人是臣民，那唯一的结果就是无政府状态。于是就出现了一种现象：成年男子获得选举权后，尤其是刚获得选举权时，会反对对他的同胞施以法律制裁。

这一时期巴尔的摩发生了一起典型的骚乱事件，整座城市都任由一伙暴徒摆布。一群公民在交易所会面忙着制定一套有利于公共秩序的决议，与此同时，一群醉汉和小混混则威胁着这个城镇的秩序，这是一幅多么荒谬的景象！一位 84 岁的老兵最终喊道："什么狗屁决议！给我一把剑和三十个人，我会让这里重新恢复秩序。""但是，史密斯将军，"提出决议的那个人说，"你会向你的同胞开火吗？""那些违反法律的人，那些把自己的邻居赶出家门、掠夺他们的财产害得他们妻离子散的人，不是我的同胞！"这位老兵怒吼道。随后他当选巴尔的摩市长并确实恢复了秩序。正如我前面提到的那样，在殖民时期，美国人养成了只按自己意愿选择是否遵守法律的习惯。当人民成为国家的主人时，对当局来说最简单的做法就是仅执行那些受民众欢迎的法律。甚至是北方、南方和西部的一些州也一直藐视国家法规。

前文我已说过，将赚钱上升到一种爱国情操和美德只会引发道德混乱。这种观念就像癌症一样会严重危及国家的生命。这意味着，为了追求利润我们可以打乱秩序：比如，有个州在计算了雇用足够警力和建造运河的成本之后投票决定建造运河；这还意味着，我们对待法律和公共生活的态度会变得更加缺乏道德观念。

由于认为赚钱是一种爱国美德故不惜违法，而努力维持清廉的公共服务又是一种爱国美德，所以在这两者之间求得平衡时，以完全量化的方式进行衡量也就完全搞乱了我们的道德良知。从西部的行政司法长官到联邦国会成员，每个官员都没有做到有法必依，这也让问题变得混乱不堪。我们已经看到，国会未能执行有关支付西部土地的法律，这种巨大的不公严重地破坏了西部人的经济完整性。在优先购买法中这类事情再次上演。移民的速度已经超过了政府地产商的发展速度。于是在拍卖土地时问题也就出现了，人们不知道应该如何处置那些以先买权获得土地的移民。他是该放弃苦心经营的土地，还是不得不支付高价来对抗某些投机竞标者？为了保护移民，仁慈而软弱的政府规定他们在拍卖时不该有竞争对手，允许他们以最低的政府价获得土地所有权。而在另一方面，真正的新移民也会自问，他们比那些擅自占用土地的移民更加守法，为什么还要被迫向投机者支付高价？针对这种情况，人们使出了各种非法手段，包括暴力或威胁，以最低价获得土地，消除拍卖中任何的真实竞争。政府再次表现出无能，它无法明智而强硬地去处理一个具有深刻影响的问题，而这个问题对我们广大公民来说可谓至关重要，政府的这种无能彻底瓦解了公众的良知。

但是，这些问题就像一个充满活力的年轻人生了病，他身体中的病灶会因受到抑制而被忽视。除了一些个人和期刊出来发声，违法和腐败都未得到重视和严惩，只是草草处理完事。不幸的是，人往往要到成年以后，早年疾病带来的影响才会显现出来，并会给其带来伤痛。

年轻的时候，他只是感到血液在血管里流淌，他正以无限的激情全心投入到创造未来中。西部边界以保护印第安人保留区的堡垒线为标志，但这一冲动想法转瞬即逝。得克萨斯州不断要求加入美国。敞篷马车每年都会从独立城出发前往新墨西哥州进行交易，它们将我们的思想带到了西南地区和加利福尼亚。其他进入毛皮交易地的道路或者是经过"俄勒冈小径"去往太平洋海岸的道路，也都承载着我们的思想。移民正在从俄勒冈州沿着海岸线向加州北部迁移。就像巨型龙虾的螯，我们从南方和北方夹住了太平洋沿岸，连同其间的沙漠和山脉。命运的手指从各个方向都指向了西部。有人创造了"命定扩张论"这个词，每个人都知道它意味着不惜一切代价向太平洋扩张，而且这种扩张是必然的。当然，美国曾以国家荣誉向印第安人承诺将大平原分配给他们，而墨西哥人则拥有山脉和海岸，但是种族自豪感将墨西哥人和拥有印第安人血统的人区别开来。两个世纪以来我们不断撕毁与他们签订的条约，这使得我们习惯于漠视与我们的扩张欲望相冲突的印第安人的权利。1763年英国曾试图将我们限制在阿巴拉契亚分水岭以东，但是人潮已经涌过了那一想象的界限，就像洪水冲破堤坝一样。美洲大陆上人口的扩张及西进运动是人类历史上最伟大的运动之一。它是一场涉及数千万人的运动，它是一场没有经过周密考虑的、集体的、打破道德规范的、快速推进的运动，它就像冰川前行一样不可避免。

　　美国人的生活越来越多地呈现出一种群众现象的特征。直到1840年前，所有当选总统都是全国性的杰出人物。但是，这样的日子已不再有。美国国会党团会议的提名制度已经被我们现今的全国大会所取代，所以如果不是职业政治家或是和政党机器没有密切关系，任何一个候选人都不可能获得提名。此外，局部利益和大部分民众也开始要求一个能将所有人团结到一起的人，这意味着这个人的知名度要低并足够无趣，这样才不会遭到强烈反对。1840年，人们在西部发现了这样一个人选，他就是曾与印第安人作战且战绩平平的哈里森将军，他一路过关斩将入主白宫，他在竞选演讲中并未假装讨论什么原则，而只是喊了一些当时盛行的口号。"苹果酒"和"浣熊皮帽"竞选运动成为政治历史中的一个里程碑。而那些生活在大平原上的印第安人要是对此有所了解的话，可能就会好好考虑一下他们的命运了，尤其是当他们得知"老蒂帕卡努"（哈里森的绰号）当选美国总统时——因为帮助他参选获胜的民粹思想就是觉得他打败了印第安人，而那一战也是美国人诚信破灭的一个标志。

虽然"老蒂帕卡努和泰诺"赢得大选，但这位老将当选一个月后就去世了。四年后，一个更加名不见经传的人物：田纳西州的詹姆斯·波尔克，获得民主党提名。可能每个人都会感到困惑，禁不住问："谁是波尔克？"然而，他支持西部扩张政策，并在大选中击败才干出众的亨利·克雷。波尔克毫无才干。他的兴趣也极为有限，对于历史、文学、艺术或者是生活的乐趣，他既不懂，也不关心。他执政期间，白宫里禁止跳舞，也没有什么社交活动。虽然波尔克性格沉闷无趣，但他绝不是没有魄力。他能够坚定地执行他制定的政策，他的政策为美国增加了129万平方千米的国土面积。由于缺乏文化修养和个性，他的思想狭隘平庸，不考虑道德良心，他把扩张运动称为自然的力量。他认为无须政府许可就可大胆向西扩张，践踏印第安人保留地。尽管移民对墨西哥人和肖尼族印第安人都没有好感，但当西进步伐越过墨西哥边疆，国际纠纷也随之而来。"命定扩张论"要想传播到圣弗朗西斯科，必须经过华盛顿。这是一场群众运动，但最终它只能通过某个个人来完成。这个人就是波尔克。

扩张运动除了要与英国解决关于俄勒冈的纠纷，还要把得克萨斯州并入美国。波尔克与后者毫无关系，因为在他上任前一周国会就通过了国会两院的共同决议。在他成为总统的前一天，前任总统向得克萨斯共和国宣告，欢迎它加入美国。波尔克一上任就把注意力放在了俄勒冈州的问题上。英美两国都声称俄勒冈是自己的领土，并且这两个国家都有移民在那里居住。波尔克的竞选口号是"要么是54°40′，要么就战斗"（俄勒冈的边界位于纬度54°40′）。在这个问题上，美国和英国之前曾多次进行谈判。两年后波尔克宣称与英国达成妥协，结果对美国方面非常有利。由于妥协，我们得到了哥伦比亚河，在北纬49°处划分了界限。波尔克对英国既不爱也不怕，并且从未因为抽象的权利而有所顾虑，若不是他想拿到更大的土地（加利福尼亚），他可能会要得更多。

墨西哥反对我们兼并得克萨斯，它从未承认得克萨斯独立并将其部长从华盛顿召回。这是一种很正常的反应，并不预示着战争。欧洲国家和我们自己都已承认得克萨斯是美国的一个独立州，而依据宪法我们是否有权利兼并他国（很多人都认为我们没有），这纯属我们的内政。墨西哥无意宣战。然而，对波尔克的计划而言，战争却是必要的并需要强行发动。1845年6月，海军太平洋舰队指挥官接到命令，如果他听说墨西哥采取敌对行动就立即攻占圣弗朗西斯科。美国派驻蒙特雷的领事也接到命令，提及虽然我们没有任何影响力可以让加州反抗墨西哥，但若她自愿加入美国我们热情欢迎。此外，波尔克还制订了其他计划。

波尔克接下来开始向墨西哥索赔，额度不到500万美元，这是墨西哥欠美国公民的债券价值，当然，此外自然也少不了其他一些为了此类目的而拼凑起来的理由。如果墨西哥承认格兰德河是得克萨斯州的南部边界，波尔克愿意取消索赔，尽管一个世纪以来得克萨斯都以更北边的纽埃西斯河为界。他表示他愿出价500万美元购买加利福尼亚。他的态度就像一位欲将相互竞争的工厂合并的大公司的法律顾问。毋庸置疑，墨西哥政府不可能接受这样的提议，这分明是对墨西哥自尊心的羞辱，而扩张者则认为墨西哥人无权拥有这样的自尊心。此外，波尔克还派出一位部长代表他与墨西哥进行交涉，而按照外交惯例这位官员应当是特使级别，尽管墨西哥提出抗议，波尔克依然委派部长为代表。墨西哥政府拒绝接见这位代表，波尔克立刻命令泰勒将军率军穿过纽埃西斯河前往格兰德河。墨西哥领土遭到美军入侵，但即便如此，她还是提出与我们谈判解决问题。泰勒率兵攻击马塔莫罗斯城时，只有一小支墨西哥军队越过格兰德河，双方发生了小规模的摩擦。两周后，波尔克致信国会，要求宣战，理由是我们的耐心已经耗尽，墨西哥军队入侵了我们的领土，使得美国人在自己的国土上流血牺牲。具有讽刺意味的是，这片土地的所有权其实是不明确的，而且波尔克本人刚刚还向墨西哥表示愿意支付 500 万美元来购买这片土地。

当然，战争最终还是打响了；一个月后，也就是 6 月 14 日，在加利福尼亚的萨克拉门托山谷，一些美国定居者举起反抗旗帜并宣布独立。我们无须了解这次征战中发生的所有军事事件。在斯科特将军的率领下，美军取得出色战绩，如果战争的起因是正义的话，我们完全会为我军的壮举感到自豪。1848 年 2 月 2 日，根据《瓜达卢佩–伊达尔戈条约》，我们同意了墨西哥的诉求，后来又改为 300 万美元；然后又额外付给墨西哥 1500 万美元，换得大片土地，包括得克萨斯州到格兰德河之间的土地、新墨西哥州、内华达州、犹他州、亚利桑那州、加州和科罗拉多州。仅仅几个月之后，加州就开始产出大量黄金，就算是阿兹特克人的金库里也没有这么多黄金，这里的黄金产量大得让科尔蒂斯的战利品都相形见绌。除了后来边界上发生的一些微小变化，今天美国大陆的轮廓基本上在那个时候就确定下来了。我们大陆 1/4 的土地都是在"命定扩张论"的支持下获得的。那几十万印第安人只不过是肉上的胡椒，微不足道。

我们在那两年里增加的国土面积占到现今国土面积的近 1/3，它包括从墨西哥湾到普吉特湾、从美国大平原到太平洋之间的土地。然而，早在那之前就有相当多的美国人在"远西"地区定居。1847 年，摩门教徒在密苏里州中西部和伊利诺伊州惨遭迫害，他们长途跋涉进入墨西哥的蛮荒之地，在大盐湖附近定居，5000 多人在杨百翰的带领下在几个月内就为一个新州的建立打下了基础。太平洋沿岸也有大量移民和流浪者，1846 年到 1849 年他们的人数迅速增加。除摩门教徒外，他们都是普通的拓荒者，但在 1848 年年初有人在萨克拉门托附近科洛马山谷的水沟中发现了金子，这不仅改变了加州的历史，也改变了美国历史。这一发现就发生在我们从墨西哥人手里获得"黄金城"埃尔多拉多一周之前。除此以外，在此期间还有多个巧合。人们很快就发现这里好几个点的黄金储量都很丰富。历史上最伟大的"淘金热"开始了。"圣弗朗西斯科四十九人"（第一批淘金人），与他们的清教徒移民前辈、拓荒者和西部牛仔一样，迅速在我们的历史画卷中占有一席之地。这些淘金人来自全国各地，有的通过陆路过来，有的穿过巴拿马地峡过来，有的绕过合恩角过来。到 1850 年加州已有近十万美国人，一片人声鼎沸，而在三年前这里还是一个独立的国家，那里有墨西哥牧场主、西班牙教士，以及零星的美国农场主。

　　捕猎者和印第安商人是第一批在西部边远地区定居之人，此后一直以来美国边疆地区全部住着农耕者。除了南北双方之间的巨大差异：蓄奴与废奴、种植园与农业经济，这些地区在社会及知识生活上都有明显的一致性。在这方面，加州的移民则表现出了明显的差异。不管这些人处于哪个社会阶层或者从事哪种职业，他们来到这里不为砍伐森林、建造农场、创建家园，他们只想走大运快速暴富。文员、水手、律师、医生、农民乃至神职人员，所有喜欢冒险或相信运气的人纷纷来到这片希望之地，投入到"淘金热"中。而在东部，人们也是大批离开，前往圣弗朗西斯科。几个月后，圣弗朗西斯科就从一个原本只有几座房屋的小城，摇身变成一个拥有两万多人的城市，整个城市充斥着恶习和奢侈之风。没有哪个地方会比圣弗朗西斯科更加蔑视它的守护神！

　　最初几年，寻找黄金的狂热生活、暴富及突然破产造成的鲁莽行为、缺乏体面的女性，成为这个城市的独特之处。1850年，采矿的县里只有2%的人口是妇女，而且很难确定其中有多少人符合我们体面的标准。大多数男人都无意留下，他们打算一旦获得财富就立即回到自己的家园，他们坚信那些财富在等待着他们。第一年，人们发现了价值500万美元的黄金；到了1853年，当年淘得的黄金价值上升到顶峰约6000万美元，之后便开始下降。在治安维持会于1856年开展工作之前，这里没有任何维持法律和秩序的国家机器。圣弗朗西斯科的《上加利福尼亚日报》指出，从美国人接管该市到治安维持会正式开启这段时间，这里一共发生了1200起谋杀事件，但只有三次杀人犯被处以绞刑。当然，每个人都随身带有武器，而且相当一部分美国人都有将法律掌握在自己手中的习惯。

黄金的发现使得我们在太平洋新占土地上的人口迅速增加，要不是这样，人口要花很长时间才会增长起来。第一波"淘金热"过后，很多人都选择留下，并且陆续还有一些人赶来，因为这里的气候和商业机会对他们来说很有吸引力。然而，太平洋沿岸始终与其他西部边疆地区保持着一定差异。这里不仅呈现出多元化特点（它融合了各种不同的边疆文化），而且它的特别之处还在于，突然涌入的人口不仅来自附近还来自远方，其中很多人都来自东部。由于这里的人们在出身和职业上比较多元，所以在思想上也比较多元，进而在社会和政治上也就少了一些平均主义。

还有一点明显不同是，在其他边疆地区，资本积累非常缓慢，不得不从老定居点借款；而在加州，它的资本就是金子，人们从地下挖金子的速度比找到用金子的方法都要快。基于这一原因，人们对待财富和财富拥有者的态度也就有明显不同。在这里，人们也没有那种心理，把问题的根源归结于缺少资本家。气候、不同形式的农业，以及太平洋沿岸地区与美国其他地区之间数百英里的山脉屏障，也强化了它们不同的地域特征。

到 1850 年，我们国家四个区域的划分逐渐变得清晰起来：北方、南方、中西部和远西。我们将在下一章具体讨论吞并得克萨斯所激发的感情，以及奴隶制与经济的整个问题，它们正在迅速导致地区差异矛盾恶化。这里我们只需提及一点，在远西地区，作为新社会结构的一部分，资本主义制度及其前景几乎是在一夜之间就出现了。在北方，工业主义完全征服了旧的农业主义。在南方，奴隶制建立了一种与1776年的美国完全不同的文明。古老的美国精神存在于中西部，那里几乎都还是小城镇、小农和拓荒者。可以肯定的是，东北部和南部的影响已传至山谷，但在其北部也就是今天所谓的"中西部"，旧日的美国梦想依然存在，因为它在人们的经济和社会生活中根基犹在。

尽管越来越深的阴影已经笼罩整个国家，但我们只顾忙于自身事务而无暇顾及。我们比以往任何时候都要更加狂热地投身工作。加州的黄金为商业注入了活力，并为另一个重要的信贷结构奠定了基础。年复一年我们变得越来越有钱，人口变得越来越多，我们也变得越来越忙。在东部，赫尔曼·梅尔维尔写有一部经典《白鲸》，但在当时却没人知道也没人关心"白鲸"到底代表什么，或者宇宙中是否有恶魔存在。我们更喜欢爱默生，显然他并不知道也不关心这个问题，他只是告诉我们要重视精神生活和教养，他希望我们的精神可以从物质中解放出来，希望我们的铁路能有真正高尚的用途。然而，美国天空中的乌云却是越来越黑并在飞速扩散。它呈现出种种奇异之状。它是北方工厂烟囱里冒出的黑烟，还是黑奴的巨大化身？接下来十年，乌云夹着闪电笼罩着上百个硝烟弥漫的战场。与此同时，《老人河》则经由大峡谷传至墨西哥湾入口。南方的种植园从大西洋扩张至格兰德河。没有西部，北方就无法生存；而若墨西哥湾没有出口，中西部也就无法生存。乌云倒映在密西西比河宽阔的河面上，但老人河仍在继续前行；而且无论宪法如何改变，只要这首歌仍在传唱，美国大陆就一定会保持统一。他强大的臂膀环抱着我们所有人。

老人河，啊老人河！
他明了一切，却并无一言，
只是滚滚奔流，
始终浩荡向前。

# 9

# 兄弟喋血

一直有两股对立力量在影响美国人的生活和性格。正是因为民主强调个体价值并倾向于使所有人的经济和社会地位相等，所以我们在上一章看到，尽管在边疆地区人们产生了强烈的个人主义，但建国先贤们发现，他们必须依靠所有人的合作才能为每个个体提供获得利益和幸福的最大机会。为了让个体能够获得成功，他们发现，需要强制所有其他个体付出一定程度的努力，并且还要持有特定的观点。在我们的政治哲学中，同样也是始终存在着相互对立的力量和理想。《独立宣言》向全世界宣布的不是"这些联合的殖民地是自由和独立的**国家**"，而是"自由和独立的**各州**"。当旧联邦制度被证明过于松散而无法实现任何有用的目的时，我们通过了联邦宪法，让联邦变得更加紧密；但与所有妥协性文件一样，它也保留了多个悬而未决之处，留待合适时机再去触及。"主权各州"是优先于还是从属于联邦政府就是上述遗留问题之一，建国先贤们小心翼翼地规避了它。

大规模向西扩张以通常的双重方式进行。它给宪法带来了越来越大的压力，但也证明宪法是我们历史上最关键时刻团结统一的主要力量。在美利坚合众国诞生之前，最初 13 个州是各自拥有主权的独立州。这一点毫无疑问。当得克萨斯加入联邦时，它也具有同样的属性。所有剩下的州，显然都是由国会创造的，不过它们在被接纳时也都被赋予先前各州所有的权利。我们若是没有通过各种手段获得阿巴拉契亚山脉以西领土，宪法和其他问题就会变得简单许多，我们在一个联邦国家内所度过的岁月也会轻松得多。主权州联合在一起后也会觉得自己可以相对自由地退出，尽管对单个州来说分裂出去或许不够便利或不太明智，但当南北双方在 1860 年出现如此明确的利益分野，分裂就显得相对简单而且似乎无法避免。然而，西部的存在加剧了这个问题。实际上，阿巴拉契亚山脉以西所有领土都由合众国获得。这是一项巨大的共同财产，如果说涉及这一财产的宪法问题不止一次险些造成联邦分裂，那么也是大峡谷的团结力量最终拯救了这个国家。

宪法中没有提及我们有任何权力去获得外国领土，以及获得之后如何管理这些领土。当杰斐逊面临是否将路易斯安那州纳入美国时，他需要立即做出决定。他最终同意接纳它，但他认为这一行动违宪并希望能为此制定宪法修正案，使这一领土的获得合法化。约翰·亚当斯同样相信：我们没有任何宪法赋予的权利，可以让我们的政府能把像得克萨斯州这样外来有主权的州纳入进来。这两位政治家和那些相信他们观点的人似乎都是对的，除非宪法措辞过于宽泛，能把我们在世界上渴望得到的所有东西都包含在内。正如我早先指出的那样，我们关于如何将无组织的新领土发展成独立州的一般理论非常明智，但因为它完全违宪所以也存在许多危险的漏洞。

到 19 世纪 40 年代，奴隶制问题给南北双方带来了越来越多的痛苦。北方废奴主义者的煽动，南方议员在国会中试图"通过投票反对与奴隶制有关的请愿、废除宪法中保证公民的请愿权"，以及其他因素，激起了双方的怒火。在北方的一个重要政党看来，吞并得克萨斯及随后与墨西哥爆发战争，这是南方企图扩张联邦中采用奴隶制领土的表现。1820年的《密苏里妥协案》禁止在北纬36°30′以北地区实行奴隶制，南北双方的政治家为了解决这一问题付出了巨大的努力，但这个问题还是很快就失控了。

与墨西哥的战争结束后，战利品被安全带回美国，政府通常会出现的问题也随之而来。波尔克希望将36°30′的老分界线向西延伸一下，对此没有出现任何问题，但国会中的宾夕法尼亚州代表戴维·威尔莫特则有不同意见，而这很快就引发了危机。贪得无厌的波尔克试图让国会通过一项法案从墨西哥购买一小片土地，对此威尔莫特再次试图加入一项条款，即奴隶制不应存在于从墨西哥获得的领土上。由于新获得的领土位于南北分界线很远的地方，南方成员立即发起了一场激烈的辩论。所谓的"威尔莫特限制条款"是完全没有必要的，它更像是一根火柴，被投进了这堆易燃物中。这项提案一直没有获得通过，它之所以重要，在于它重新开启了事关国会对领土拥有的权力的全部问题，过去几年的痛苦经历现在导致南方提出新主张，即国会不仅不能用权力禁止奴隶制，相反它还有责任把奴隶制视为一种财产权加以保护。争论激化了。

几个月过去了，双方的怨恨愈发严重。由于北方反对奴隶制、南方保护奴隶制，双方的分歧一点点地扯断了联系双方的纽带。三大教会教派也分裂成独立的北方和南方派别。在1849年12月召开的国会上，各派系之间的辩论无比激烈，直至经过63轮辩论才选出众议院议长。三位年迈的政治家虽已年老体衰但仍到会，他们是韦伯斯特、卡尔霍恩和克雷。他们在风烛残年之时坚持参加激烈的争论，试图拯救联邦。加州已经把自由写入她的新宪法，而且对新墨西哥州来说，不论是其土壤、气候还是这里的职业，都无法适应较大程度的奴隶制扩张。但就像北方人倾向于认为在这场斗争中南方计划扩大奴隶制，南方人则认为北方试图将自由延伸到保留奴隶制的领土。人们公开讨论分裂，不论何时只要南北任何一方感到不满就会提起这个话题。不同的是，如今人们争论起来情绪更加激动，威胁意味也在不断升级。显然，分裂意味着战争。年迈而憔悴的韦伯斯特大声疾呼："和平分裂？先生们，不论是你们的眼睛，还是我的眼睛，绝不会看到这个奇迹。把这个辽阔的国家分裂开而不引起动乱，就像深渊涌出喷泉水面却毫无波澜！"

他的言辞虽然略显沉闷乏味，却充分展示了新英格兰人的雄辩；不过，为辩论提供建设性思想的是西部代表。克雷提出了一些措施，作为一种新的妥协，其中最重要的一点就是承认加州是自由州，而在把新墨西哥州和犹他州纳入联邦领土时则不提及争议的问题，同时通过更严格的《逃亡奴隶法》。新英格兰人并不会顺着西部代表的意见办，而是追随自己的领袖。但是现在由于这位领袖支持南方人有权力把逃入北方领土的奴隶追捕回来，许多人已不愿再视他为领袖。惠蒂尔是一个强烈反对奴隶制的人，他在诗作中表达了大多数人的感受：

> 如此堕落！如此迷失！曾经笼罩他的光芒
>> 已经褪去！
> 他的白发也丧失了荣耀
>> 永远永远！……
> 我们所有的爱和荣耀，消失殆尽
>> 余下的力量，——
> 堕落天使骄傲的思想
>> 身负枷锁但依然强壮。……
> 然后，向过去致以崇敬
>> 向他逝去的名声；

向后转身，躲避视线，

掩饰羞耻！

　　两年之内，克雷、卡尔霍恩和韦伯斯特相继过世；尽管北方难以接受《逃亡奴隶法》，但是 1850 年通过的新妥协方案却是将摇摇欲坠的国家又维持了十年，这一时间恰好长得足以确保即使开战也不会毁灭联邦。美国西部用新的妥协方案拯救了我们。

　　同一时期，南方和北方都非常繁荣，投机活动盛行。加州出产的大量黄金无论在何种情况下都会带来更多的商业活动，欧洲克里米亚战争也帮助我们的农产品拓展了国外市场，而南方和西部也都分享了这一市场。此外，像往常一样我们的人口也增加了，它不同于旧世界那样缓慢的增长；人口增加提供了迅速扩大的产品市场，也让房地产价格迅速上涨。例如，芝加哥人口从 1850 年不足 3 万增至 1860 年约 11 万。我们总是低估未来，而这一次我们由于习惯上的乐观主义态度更是过度低估了未来。随着欧洲战争结束，1857 年出现了周期性恐慌。新发明的电报将每条坏消息瞬间传遍各地，对恐慌起到了推波助澜的作用。危机虽不像 1837 年那么严重但还是很糟糕，而且就像以前一样人口开始向西部迁移。在一个人口稠密、人们长期定居的国家，遇到金融或农业危机，人们能做的事情很少，只能困守他们祖居之地，默默承受。但在美国，每逢此时就会促使相当一部分人向无人定居的地区迁移。

　　在我们的叙述过程中，我们已经看到数次外来移民浪潮，也见过多个边疆地带，从詹姆斯敦和普利茅斯，再到伊利诺伊州和加州的边疆地带。也许我们看得太多了，以至于会产生另一种危险的以偏概全的认识。在移民问题上，就像在美国生活中的许多其他领域一样，有两种相反的力量在起作用。我们自然而然地喜欢强调我们国家建造者的勇气、勤劳和能力。这样做毫无问题。但另一方面，如果我们不去考虑硬币的另一面，也就无法完全理解我们民族的思想和品质。几乎每一个从欧洲迁移到美国的人，从旧居住地到新居住地的人，从东部迁移到西部的人，在表现出上述品质的同时也表现出一种怯懦。之所以这么说，是因为他认为自己无法应付"老家"的事情所以才待不下去，而非坚守原地，通过奋斗获得成功。比如，来到美国的朝圣者和清教徒领袖只不过是英国这类人中的少部分而已。移居者宁愿承受荒蛮之地带来的身体上的不适，也要追求这里政治和宗教上的简化。我们将其视作坚强之人，但那些留在英国的人面临着为宗教献身的可能，他们与斯图亚特王朝的暴政抗争直至取得成功，他们是不是要更坚强呢？对于这一点，我们无暇讨论其细枝末节，然而，毫无疑问，比起古老的国家或古老的美国定居点，边疆地区总是为个人提出了一系列更易于解决的社会和经济问题。正是那些在面对复杂的社会局面感到困惑之人，他们自己无法适应这些情况，而甘冒生命代价或承受身体不适，去选择边疆地区社会的简单生活，这些人自温思罗普以来便成为美国人的典型。这种想法在数百万人身上体现出来，在一代又一代移民身上体现出来，有可能使我们倾向于在事情变得过于复杂时抽身逃脱，而不是留下与之斗争。这也可以说是一种必然结果。

在那些情形变得过于复杂、个人无法应对的地区，另外两种心理特征会自然地从这种不间断的移民中产生出来。在其原先生存的社会，移民处于被压迫地位或是被迫接受低下的社会地位，他可能是宗教方面的反抗者，或仅仅是经济上的失败者。当他来到一个新社会，压制他自由表达权力的重压消失了，他会更加坚定地表明自身立场。新英格兰人所持有的荒谬的自我中心思想：相信自己拥有巨大优势，残酷迫害异己，其心理根源可能就在这里；许多后来移居这里的人所表现出的流氓主义，以及完全缺乏自我克制的现象，也可能根源于此。认为自己是上帝的选民和人类之立法者的清教徒，以及腆胸叠肚、挥动棍棒的爱尔兰警察，都是这种相同心理反应的受害者。这是一种从自我意识受到压迫，转而变成自我像气球一样膨胀的过程所带来的心理反应。那些受压迫或失意者在突然变得有钱有势后更易自以为是，把自身观点强加给别人，而不是像那些一直都拥有权势的人那样表现得更为克制一些。

另一种心理特征也来自我们的实际境况。无论是在旧世界的土地上还是在我们自己的旧定居点，绝大多数美国人都可能经历过不适应，缺乏成功，甚至遭受直接的压迫和暴政，这些因素使他们对任何在经济、政治和社会上"处于劣势的人"产生了非同一般的同情。这种同情处于我们潜意识的深处并经常转化为情感，这种情况已经出现了很多次。在国际关系上，这种同情让我们对其他国家的人有些感情用事，比如对希腊人、匈牙利人、爱尔兰人、古巴人和印度人等，以至于在处理起与他们的关系时不够明智或是不够实事求是。这种潜意识也影响了我们对待罪犯和政客的态度。国内的政治家在做事时自会将这一民族特性考虑在内，而国外的政治家则应认识到这一特性并加以考虑。这是一种本能的反应，而非基于理性选择的立场，它的产生直接源于数百万人的生活史。在任何时候，针对我们认为施行了压迫的某一外邦，或是过于无情地攻击竞争对手的政客，或是那些权势过大之人，都可能出现这种反应。另一方面，因为它属于我们的潜意识，属于情感和欲望的领域，故在与其他情感或欲望发生冲突时，我们无法指望利用它来做出正确的举动，我们对待印第安人的方式就印证了这一点。比如，对于印第安人的困境，废奴主义者冷血旁观，但他们却甘冒毁灭整个美国的风险去解放黑人。

1857年危机之后，就业减少迫使美国大部分人口从其原居地向西迁移；但我们再次大走其运，就在危机过后那一年，科罗拉多州发现了黄金，兴起了新的"淘金热"，其势头丝毫不亚于当年加州的"淘金热"。与太平洋海岸的矿区相比，人们更容易到达科罗拉多。1859年春，从独立城到康瑟尔布拉夫斯的密苏里河沿岸排满了淘金者的营地。

人们叫喊着"要么登上峰顶，要么一无所获"，许多人都是陆续或同时实现了这两个目标。他们或者骑马，或者赶着大篷马车，或者步行推着装有行李的小推车，穿过大片的平原。两年间科罗拉多就聚起了近 3.5 万人，丹佛变成一座繁荣的城市。所谓的西部一下子就跨越了1000 千米的大平原，这里诞生了新的边疆，再次给更多美国人的特性留下了印记。

如果我们从影响因素而非政治家角度去研究美国历史，我们就会一次又一次地发现，总是有双重影响在起作用，其中一些我们已经谈过。我们所认为的毒药往往也包含着解毒剂，这一点总是令我们惊讶不已。购并墨西哥西部就危及联邦存在，但这次收购却出乎意料地几乎瞬间就带来了价值几亿美元的黄金。除去促成了其他一些事情发生，这些黄金也给铁路建设带来巨大的推动力。当内战最终爆发时，南方原本指望靠"老人河"和出海口把自己与西部绑在一起，让西部支持自己；然而，西部与北方之间新建的铁路却是让那两个地区紧密团结在一起。这条河确实把大峡谷地区连为一体。西部地区不能忍受自己的南半部落入外来者之手，所以不惜任何代价坚持统一。如果没有铁路把这里的农产品运往东部，西部可能就会接受令人讨厌的国家分裂来实现自身统一。事实上，这些铁路修得正是时候；因为发现了黄金，西部保留下来，加入了北方；同样是因为发现了黄金，西部通过战争（而非国家分裂）实现了整个峡谷南北的统一。1849 年，西部地区尚无重要铁路。而到1860 年，西部地区的北半部的铁路就占了全国 4.8 万千米总里程的 1/3，不仅这里的铁路形成了网络，使农产品易于销售，而且还通过干线与东部保持良好的运输联系。假如当初西部加入南方一派，整个国家的分裂恐怕也就无法避免。而实际发生的情形则是，修建铁路让西部加入北方阵营成为可能，而西部自身也倾向于这么去做，反对奴隶制。然而，西部一旦加入北方阵营，南方的压制就变得至关重要，因为大峡谷地区本质上是统一的。36°30′ 线可能是公平地切分了两个文明，但"老人河"却将这两个文明联系在一起，不让它们分离。

　　然而，关于这条分割线的理论正在迅速崩溃。加州被划归自由州，而该州的一半则位于奴隶州和自由州之间那条神圣的分割线以南。新墨西哥州和亚利桑那州可能都会赞成奴隶自由，但它们却几乎完全位于这条线的南边。到通过克雷的 1850 年妥协案时，除了从得克萨斯州到加拿大、从密苏里边境到落基山脉的印第安人保留区以外，所有的国家领土都被划分为州或准州。铁路建设受到加州黄金和联邦政府慷慨的土地使用许可的刺激，人们正在积极讨论建设横贯北美大陆的路线。这条铁路线如果不穿过有政府神圣保证的印第安人保留区就必须穿过得克萨斯州，那它就会完全变成一条南方线路，而北方对此则绝对不会同意。已建成的圣菲铁路线、俄勒冈铁路线，以及迁居犹他州和科罗拉多州的人，已经破坏了政府与印第安原住民之间达成的条约所谓的神圣性。这些条约注定要被取消，这里我们无须了解悲剧中最后一幕的诸多细节。起初，印第安原住民是在海岸偶尔看到一艘帆船，他们或是欢迎第一批来这里定居的人，或是与其进行战斗；从那时起印第安人便只能节节后退，直到他们被聚拢在大陆内部的最后一个据点。在这个过程中不断有条约被撕毁，不断有战争爆发，但从一开始起印第安人的抗争就没有获胜希望可言。

　　1854 年，伊利诺伊州参议员道格拉斯完全不顾印第安人的利益，为了获得允许建造从芝加哥出发穿越西部中间地带横贯大陆的铁路，试图让国会通过一项法案，将印第安人居留地的中心部分划分出一个新的联邦直辖区称作"堪萨斯"，并且不排除在这里实行奴隶制的可能性，就像国会没有明确犹他州或新墨西哥州是否采用奴隶制一样。道格拉斯很快又改变计划，提出设立两个联邦直辖区，分别是堪萨斯州和内布拉斯加州；如果这里的居民在奴隶制问题上做出的决定不同，就可分别给北方和南方各一个州。这两个州将涵盖除了现在变成俄克拉何马州范围以外的整个印第安人居留地。道格拉斯和北方想要修建一条在北方横贯大陆的铁路，他愿意为此向南方做出让步——大幅增加北方向奴隶制开放的领土。

该法案于 1854 年 5 月 25 日获得通过。《密苏里妥协案》被明确废除。五个月后，林肯在皮奥里亚的演讲中告诉全国人民，尽管他并不质疑南方人在南方保有奴隶的宪法权利，也不知道他们在现有条件下能做些什么，但是"奴隶制建立在人天性的自私之上——他对正义的热爱让他反对奴隶制。这些原则永远是相互对抗的，面对奴隶制扩张带给他们如此激烈的冲突，冲击、挣扎和动乱也一定会无休止地产生"。我们为拟议中横贯大陆的铁路所付出的代价就是打破了与印第安人签署的条约，让这个国家浸没在鲜血中。在无尽的命运锁链中，道格拉斯只是其中无意识的一环，巫婆的汤锅一直都在煮着，我们无法分辨的原料已经投入了北方和南方、西部和东部这锅肉汤，而我们则被迫喝下它。

道格拉斯和他的同伙可能愿意向南方做出让步，但北方作为一个整体却不愿意。国会中的辩论极其激烈，这也揭示了双方的深切感受。北方刚刚还沉迷于反抗外国人和天主教徒的狂热中，但扩大奴隶制的威胁使它把此前所有的宗教狂热都抛诸脑后。一个新成立的政党采用了一个旧名字即"共和党"，它的第一个政纲就是宣布，国会有"权利和义务"在直辖领地禁止推行奴隶制和一夫多妻制，当然后一道禁令针对的是犹他州的摩门教徒。弗里蒙特是这一新政党的候选人，尽管资质不够，但他却获得了北方和西部的大部分选票，不过，最终还是民主党人布坎南获得南方支持并赢得大选。

与此同时，堪萨斯州正在形成一个全新的边疆地区。在废奴主义者、移居者协助公司及其他社团的支持下，移居者带着《圣经》和后膛炮一起被送往新领地，他们去那里不是为了建设家园、寻找黄金或是养猪，而是为是否实行奴隶制而投票。奴隶主并不介意在没有奴隶的情况下定居下来，而且因为黑人既是宝贵的财产又是多变的财产，他们也不在乎冒险让黑奴前往枪林弹雨的新领土。但在选举日当天，他们却骑马挎枪从密苏里出发去投票。这些所谓的"边境歹徒"经常发生冲突，人们关注更多的是子弹和选票而非耕田。"流血堪萨斯"的鲜血并不都是在这里流出的。在华盛顿参议院，马萨诸塞州参议员萨姆纳发表了激情洋溢的演讲"针对堪萨斯州的犯罪"，他证明了自己是一个热心的党派主义者，但绝非一个绅士。面对南卡罗来纳州参议员布鲁克斯的抨击，他险些丧失理智，当然布鲁克斯也证明了自己跟萨姆纳一样狂热。这个国家的热度已经上升到发烧的地步。一年后，1857 年 3 月，最高法院在德雷德·斯科特案的判决中宣称：黑人不能成为美国公民，国会在没有适用法律程序的情况下不能剥夺公民财产，也就是奴隶。与此同时，参议院无视堪萨斯州大多数公民的反对也接受了堪萨斯州的宪法，该州的奴隶制被合法化。南方表面上赢了，但实际上却是它输了。

1859 年 10 月，堪萨斯州的约翰·布朗带着 18 个狂热分子（其中 5 人是黑人），依据一个十分出色的作战计划，在弗吉尼亚州的哈珀渡口夺取了联邦军火库并囚禁了一些市民。这位老人强壮而威严的形象令人印象深刻，他被捕和绞死时表现得英勇无畏，让那些热血有余而理智不足的北方人无比钦佩。事实上，即使没有这样的闹剧，冲突也在整个国家迅速蔓延；看到武器落入黑人手中，南方愈发感到愤怒。奴隶举行起义屠杀白人这一可能性，就像海地发生的那样，在奴隶主的脑海中挥之不去。他们要对居住在分散的种植园中的妇女和儿童的生命负责。布朗带领一批人武装起来向南方进攻，其党羽中还有一些黑人，显得既孩子气又缺乏理智。在美国历史上，可能没有人比布朗更配不上其被捧上的英雄主义神坛，但在当时北方立即将他奉为圣人，这样一来就更加让南方相信，不存在和平解决两种文明之间冲突的方法，除非是双方都不反对分裂联邦。

与此同时，1858 年，林肯在伊利诺伊州的参议员竞选中与道格拉斯进行竞争。他在获得提名当晚，用现今每个美国人都熟悉的话语将这一问题摆在了全国人面前。"不和之家难长存"，他先是转述了圣马克的话，然后接着说道："我相信这个政府不能永远忍受半奴隶半自由的生活。我不希望国家解体——我不希望房子倒塌——但我的确希望它能停止分裂。"林肯以其政党名义发言，声称奴隶制在道德上是错误的，不过他无意干涉南方的奴隶制，但他又相信奴隶制将会在南方逐渐消失。道格拉斯则宣称问题的道德性与任何人都无关，每个州都应独立确定自己的立场。道格拉斯赢得了竞选。

事实上，由于土壤和气候等因素的限制，奴隶制在美国境内扩张的可能性很小。然而，此时南北双方都已失去了理智。北方看到的是：南方试图重新引入奴隶贸易，并将这一贸易往南延伸到西印度群岛，同时坚持将其黑人财产带入北方，或者如果这些黑人逃到对面，就让北方人帮他们抓住这些奴隶。南方看到的则是，自己的制度和自己一半以上的财产都受到了威胁。南方宣称，就算共和党赢得 1860 年总统大选，南方也不会屈服，尽管在 1858 年林肯竞选失败而南方赢得了国会选举。

现在共和党真的获胜了，林肯成为总统候选人。除了把南方和西部各州联合起来，民主党从未领导过这个国家，现在这个党派因为奴隶制问题而分裂为两派，而且没有任何一方能跟新的共和党匹敌，因为共和党代表所有自由州，尽管南方没有人投票给他们。现在，这场巨大悲剧核心一幕的帷幕正在被拉开。党内选票上明显的地理差异，显示了南北地方偏见最终造成的全部后果。实际上已经确定无疑的是，林肯赢得选举意味着南卡罗来纳州将会分裂出去，而且之后至少可能还会有其他一些南方州分裂出去。

随着分裂主义变得越来越明显，全国各地愤怒情绪沸腾的真正原因是什么？一些年长的历史学家会立即答道："奴隶制。"而现在，一种视野更广的观点正被大家接受；不过，我们新近的历史学家，他们更多是书斋沉思的学者而非这一专门问题的政治家，却持有更守旧的观点（即认为奴隶制是原因），因为在有关这一危机的"文件"中除了奴隶制极少提到其他因素。然而，我们很清楚，公开的理由或政治斗争中的呐喊，即使它们不去刻意隐瞒某一特定斗争中真正复杂的影响因素，通常也会简化事实。当然，毫无疑问，每个人都会考虑到奴隶制，而且奴隶制对于现在已经变得致命的分裂主义中所有模糊的情感基础来说已经成为最佳焦点。然而，仅仅是有关奴隶制的抽象道德意识，并不足以使国家陷入战争。

或许正如我们之前提及的那样，思考一下当前与《禁酒令》有关的情况，将会有助于我们这一代人更好地去理解 1860 年分裂背后的复杂因素。在今日美国，我们并未因为饮用酒精饮料是否符合道德标准而使国家分裂。与之混杂在一起的是有关社会福利、国家经济、根深蒂固的利益、立法中的阶级区分、城市对农村社区的反对、个人自由、联邦宪法的实际功能、一部分人强迫另一部分人的权利、不同生活观产生的冲突、不同生活方式等问题。在相当大的程度上，如今对立的党派在整个国土上不可避免地混合在一起，把饮酒作为一种社会习俗或个人习惯，不受土壤或气候的限制。如果是这样的话，那么通过地理边界就可更加明确地定义冲突。

从在美国定居开始，土壤和气候就造成了一种相当强烈的社会和经济生活的地方主义。

世界上普遍存在的奴隶制在清教徒聚居之地从经济上看并无利可图，而且很大程度上在中部殖民地也是如此，因此奴隶制主要存在于南方。正是由于土壤和气候差异，有着大型种植园并以农业为主的南方与工业化的北方发展出两种完全不同的生活形态。南方并非全由传说中的南方绅士组成，正如北方也不都由康科德圣人组成一样。这两个地区都有各色人等，但在南方，人们几乎已经形成了对悠闲乡村生活的热爱，有着自己的习惯和价值观，并且不喜欢北方那种忙碌、精明、商业类型的人，虽然未必鄙视北方人。另一方面，北方人同样看不起南方人的生活方式，他们不能也不愿试着去理解南方人的生活方式。

奴隶是南方人的运营资本，这是事实，就像现金和贷款是北方人的运营资本一样；废奴主义者对保有奴隶作为财产这种做法的道德攻击激起了南方人的愤怒，正如南方广泛宣传的没收北方人的银行账户同样引燃了北方人的怒火。但除此之外，南方人对于自己的整个生活方式受到另一地区人们的攻击变得越来越不满，正如今天我们中的许多人对于自己应该喝些什么、应该如何娱乐，如果这个国家有一部分人强迫我们接受其观点，我们都会产生反感。无论是否正当，我们都会认为这一部分人偏执且狭隘，他们在许多情况下都受到虚假的理想和唯利是图的欲望之驱使。如果有人告知我们，我们无法判断自己的行为是否符合道德原则，而且我们必须按照变成联邦法律的严苛标准来指导我们的行为，我们定会强烈反对。南方一直主张严格界定宪法，在对宪法的解释中南方的论点跟北方的一样有道理。为了避免出现争议，以及无法获得批准的可能，起草宪法的建国者们故意将其写得含混不清。根据南方人对它的解释，虽然他们的奴隶财产得到了保障，但是宪法现在却被用来威胁他们的整个生活方式，而在半个多世纪以来的大多数时间里，最高法院的决定一直在修改宪法，以便稳固地加强北方人拥有的特定形式的财产和资本主义制度。

到1859年，由于接纳了新州，现在共有18个自由州，奴隶州只有15个，因此南方在国会两院都成了少数。废奴主义者大声疾呼立即解放所有奴隶，这很容易，但要说清如何做却并不容易，就像说清如何清除我们工业管理体制中现有的严重且可耻的不公正权力一样不容易。就连林肯都表示，他并未因为"自己不知道该如何做而没有做到的事情"责怪南方人，"如果给予我所有世俗的权力，我不知道应该如何处理现有的制度"。在凡尔赛和会上，美国坚定地支持种族和文化群体自决权，即使在涉及荒谬的国界问题时。南方是一个地理、经济和社会的统一体。如果存在自决权的案例，似乎这一地区便是恰当的一个。在经历了超过一代人不断的攻击和国家统一精神的损耗之后，1860 年大选使南方完全处于只有北方人参与的政党的绝对政治权力领导下。由此不难看出，为何大部分南方人民会认为，除了和平分裂，别无他法。

另一方面，这种影响在北方也发挥了作用。长期以来废奴主义者一直都在宣传奴隶制是不道德的，其痛恨程度远比我们这个时代反对饮酒的"反酒吧联盟"更甚。他们谴责与南方的联盟是与地狱的联盟并极力想要将其摧毁。另一种类型的人，如批评家詹姆斯·洛威尔，他认为墨西哥战争只是南方拓展奴隶制领土的阴谋，并通过谈话和写作强化了人们对南方的敌意。他用一首诗结束了其深受欢迎的《比格罗诗稿》：

> 如果我按自己的方式行事，
> 　我们就该分道扬镳，
> 他们走他们的，我们走另一条路，
> 　估计这不会让我伤心；
> 人们要把它分开
> 　上帝无法将他们联合
> 我不应该疑惑
> 　尽管内心有万千思绪

无论如何，马萨诸塞州的煽动者和文人都为人们心头涌现的成千上万种想法尽了最大努力。马萨诸塞州在我国历史上占有独特的地位。弗吉尼亚州的建立证明殖民切实可行，马萨诸塞在其后晚几年建立，一直是新英格兰的中心，这里的人对我国的发展和品格的形成提供了一些最好和最恶劣的影响。不幸的是，最恶劣的影响中就包括狂热和褊狭，而也正是在马萨诸塞废奴主义者建起了自己的堡垒。清教徒的精神在许多其他方面有着高尚的属性，但在这件事上却成了一种毫不妥协、狂热并具教条主义的东西。这个州的人从不会花太多精力去理解其他地区的观点，即使他们完全知晓他人的观点。另外，他们也很少质疑自己的观点。马萨诸塞州总共出过两位美国总统，但都是在一个多世纪以前，而且这两位总统尽管都品格出众，却都没有获得连任。在这个州和整个新英格兰地区，有着高尚道德信条且狂热的居民对奴隶制问题都采取了不屈服的态度，而且这是早就已成定局之事，只不过他们也提不出什么解决办法。此外，在整个北方和西部，热爱自由的人和失败者情结都很容易被加以利用，就像小说《汤姆叔叔的小屋》里描述的那样。

但是，此外还需要更多的这些因素。如果说南方人不喜欢北方人的嘲笑，那么北方的小农场主或商店店主、职员或工人也不喜欢南方人对建立北方工业文明者其身上特性的嘲笑。城里人和乡下人旧时的针锋相对与城镇本身一样古老，并流传于所有的文学和历史叙述中。这种针锋相对在工业与农业类型之间以高度强化的形式重新出现，就像它曾一次又一次地在东部和西部出现。此外，共和党演说家也利用了北方劳工和技师在种族和经济方面的担忧，他们反问这些劳工和技师：当南方人每天在一个奴隶身上只花费 10 美分时，你们又怎能指望每天挣 2 美元？当然，这纯属无稽之谈。奴隶制的主要经济劣势之一是它的成本和浪费。演说家没有考虑购买奴隶要花 1500～2500 美元，也没有考虑到他可能死亡，在他生病、非生产季节、年老的时候需要有人照顾，需要有人供他吃穿和治病，也没有考虑奴隶做工效率低下的情况。但是，他们引起的恐惧起了作用。北方人并不关爱黑人，黑人在北方受到的待遇比在南方还糟，就连南方的麻烦制造者（"自由黑人"）在路易斯安那州也比在纽约州或康涅狄格州有更好的机会获得高于劳工阶层的待遇。但是，北方劳工却是开始害怕来自黑人的竞争。

事实是，在我们的政治和地理大统一中，我们一直在发展两种相互对立和对抗的文明类型，同时又有许多有力的因素决定了我们的国情和观念需要具有一致性。像铁路、电报、人口流动性增加、交通便利、货物和思想交换这些因素及其他许多因素，都使不同个体的生活变得更加紧密相连。国家每个部分的行为和想法对其他部分的影响也是越来越大。正如吾等所见，即使在崇尚个人主义的边疆地带，生活、欲望和理想也会在不知不觉中被强制获得一致性，因为它意味着所有人都能生活得更好，所以在国民生计中人们也能或多或少感受到这种无意识强制获得的一致性。从两个方面可以看出北方与全世界的发展处于同一路径，即废除"奴隶制"，转向高度工业化社会中对男人和妇女的剥削。

就像美国独立战争一样，南北双方的冲突也必须从理论上加以解释。正如我们现在可以看清楚的那样，大西洋两岸人对生活持有完全不同的态度，而导致美国独立战争的并不是缺乏代表性的税收政策等单一因素；所以说，50 年来让南北双方走向灾难边缘的也不仅仅是奴隶制之道德问题。但也正如我们所说，整个局势必须简化并找到一种合理解释，而北方（特别是新英格兰地区，这里是对南北问题进行合理化解释的中心）的特点就是把整个压力放在一个可以道德化的单一问题上。大多数北方工人都把黑人视为竞争对手，而非上帝创造的同样享有生命、自由和追求幸福权利的人。正如康涅狄格州的情况那样，在大多数北方社区，黑人想要追求幸福，能做的事情非常有限。

1860 年 5 月在芝加哥召开的共和党大会提名林肯竞选总统，大会起草政纲，宣布不允许将奴隶制延伸到新加入的州，不过对于蓄奴州的政策，他人也不应有任何干涉。但是这次大会不仅仅是在西部举行，会上还充斥着各有自己主见的西部人。伊利诺伊州和其他一些西部地区的人们并不像东部人那样热衷于奴隶制问题。西部地区有很多人觉得，即便是黑人也不应该成为南方资本家的奴隶；同样，他们也不明白自己为何要成为掌控货运、利率、铁路和银行的东部资本家的奴隶。1819年时地域仍很狭小的西部就已开始仇恨金融家，1837年地域更辽阔的西部吞下了苦果，1860年西部刚刚经历了1857年危机的恐慌。1800年平民百姓投票选出杰斐逊，以此来反对坚持汉密尔顿主义的资本家；他们出于对资本的恐惧于1828年选举杰克逊将军为总统，后者成功地摧毁了国家银行。经济危机的恐慌刚过去三年，房屋贷款还未偿还，他们无心提名纽约州州长兼东部资本主义的代表西沃德担任总统。南方可能是有奴隶，但资本家们不也是在尽力把白人变成奴隶吗？难道他们没有把优秀的美国人赶出我们的商船吗？难道他们没有在很大程度上把优秀的美国人驱离我们的工厂吗？难道他们没有要求西部农民支付高额税费和偿付离谱的债务吗？难道他们没有挥舞廉价的外国劳工和"黑名单"的大棒来伤害美国人吗？他们会在没有任何推荐的情况下雇用外国人，却不会接受美国人，除非这个美国人的上一个雇主同意。他们在东部难道没有拒绝给已被辞退或自愿辞职的工人一张卡片，上面写着他有"在其他地方工作之自由"？当"工作之自由"取决于某个工厂经理是否同意时，美国变成了什么样？"美国梦"又变成了什么样？

换言之，不断的迁移、异常艰苦的工作、没有钱，以及社会的整体情形（这种情形极少能使有文化者的社会地位超出普通人），对西部没有任何知性上的好处。就连成为一名好的长老会成员的想法也在很大程度上被抛弃了，而是选择信仰过程不那么艰苦的浸信会和卫理公会，这不是没有原因的。但西部仍然担心狡猾、精明和唯利是图的东部，而且这种担心也不是没有理由。因此，西部闯入国会大门并提名自己的儿子林肯竞选总统，这让波士顿、纽约和东部所有地方都陷入困惑和恐惧之中，因为他们觉得有可能身居总统高位的是一个从偏远地方而来的枯瘦、粗鄙、没有受过教育、没有良好品质的男人。东部代表例行公事地前往芝加哥，完成了提名西沃德的日常工作。然而，当他们回到家中却得知林肯赢得大选。此时的林肯还不为人熟知，还没有经历接下来四年将会落到他身上那些最沉重的责任和决定而成长起来。

选举后的几个星期，南卡罗来纳州立法机构于 1860 年 12 月 20 日通过了预期中的正式分裂决议，所有成员一致同意，宣布与美利坚合众国的联盟解散。佐治亚州、亚拉巴马州、佛罗里达州、密西西比州、路易斯安那州和得克萨斯州紧随其后；1861 年 2 月 9 日，在亚拉巴马州蒙哥马利市举行的大会上，杰斐逊·戴维斯成为新成立的美利坚南部邦联的总统，这比林肯在华盛顿宣誓就职早近三个星期。弗吉尼亚州于 4 月加入南部邦联，阿肯色州、田纳西州和北卡罗来纳州于 5 月加入。陆续的分裂至此告一段落。

正如我们已经指出的那样，自从 1787 年通过宪法，南方或北方每十年就会威胁分裂一次，就像夫妻吵架并经常告诉对方自己无法再忍受婚姻一样。然而，生命源于有机的生长，而不是文件和合同。许多夫妻在想到法律上可以终结的合同关系时都会意识到，他们的结合已因不知不觉间形成的千丝万缕的微妙联系而变得牢不可破。国家分裂也是这样。从宪法解释上看它可能是合法的也可能是不合法的，但当它被视为一种切近的可能性和现实时，许多人都在刹那间醒悟：无论发生什么样的争吵，都有千丝万缕的微妙联系使得各个主权州变成一个不可分割的国家。

这不再是成文宪法的问题。近三代人以来我们一直都在就宪法的解释进行争论。现实中存在一些更具约束力的东西：一种对联邦付出的深刻而充满激情的情感。北方的废奴主义者可能直到去世前都会一直高声呐喊，奴隶制如此邪恶，以至于主张国家解体。像洛威尔这样的二流诗人可能会唠唠叨叨，抱怨上帝为什么不把这些州联合起来。商人们可能会列出一串数字来判断是否值得通过战争来获取全国市场。

但当 4 月 12 日南卡罗来纳人向萨姆特堡开火，第二天驻守北军投降，星条旗降下，所有这些诡辩都被一股巨大的情感冲走了。数以百万计的普通男女，他们既不是诗人，也不是狂热分子，更不是资本家，而是工厂、商店和农场上的男男女女，以及那些生养在富裕人家的人都突然意识到，在他们内心深处，一个抽象概念和象征，即联邦和国旗，有着他们做梦也想不到的动人力量。政府的制度在那份书面文件中含糊不清，但在其公民静默的心中早已形成了一个国家。

对联邦的情感也不局限于北方和西部。旧的"梅森－迪克逊线"（马里兰州和宾夕法尼亚州之间的分界线）两侧的情况都很混乱。南方有很多头脑发热者，北方也是一样，他们为了分裂而欢迎分裂的发生；但是，很多人的感受都跟罗伯特·李将军相同——他在给儿子的信中写道："我认为，没有比国家分裂更严重的灾难。"但这些人也认为，既然事已至此，他们除了根据亲友，根据他们珍视的一切而选定立场之外，别无他法可想。许多人在这样选择自己的立场时都认为，唯一的出路就是离开联邦的庇护；在联邦中，他们盲目跟从北方并受其驱使，那个北方的工业发展已经远离了宪法中早期的"自己活也让别人活"的理念；现在的理念威胁着南方的财产、谴责南方的道德标准，而且似乎疯狂地渴望在我们伟大而辽阔的土地上创造一种统一的思想和生活。南方也曾热爱星条旗。它在国家建立之初投入巨大。最先殖民成功的殖民地也是在南方的海岸独立的，而不是在新英格兰地区。独立战争的成功所依赖的那个人曾是南方的一个奴隶主，也是第一任总统。在起草宪法及展示早期共和国政治家的风采中，没有任何一个名字比杰斐逊、麦迪逊和马歇尔更为闪耀夺目，而他们都是南方人兼奴隶主。南方认为自己并未改变，变的是北方，北方现在正试图利用数字、资本和工业化的新力量来强迫南方成为其思想和生活的附庸。南方和北方已经到了分道扬镳的时候了。

南方没有大城市，大城市是智识发酵并发挥影响力的中心。南方有土地和奴隶等财富，但这里长期缺乏自有资本。南方的大学无论在数量上还是在提供的机会上都无法与北方的大学较量。南方各州散落着迷人的家园，在那里，社交是一门艺术，男人和女人举止优雅，学识丰富。但在一个快速变化的世界里，南方正一点点地落在后面。从精神价值角度来衡量19世纪的力量为时尚早，但民主和工业革命正在创造一个新世界；尽管在这个新世界我们尚未找到自己的生活方式，但奴隶制已经变得不合时宜。没有人知道，如果取消奴隶制，南方该怎么办；当南方面对自己这种特有的文明类型的毁灭，或者是需要在道德和智力上对其进行捍卫时，南方几十年来一直被迫将精力投入到这种防御上并因此而深受影响。南方已经与不断进步的世界观念脱节了。它没有意识到，在如今的世界上到处都是消灭奴隶制的力量；它也没有意识到，存在建立国家意识的力量。南方声称有权不做改变，有权继续以自己的方式过自己的生活。但这恰恰是我们这个现代世界中那些盲目的力量所不允许的。像我们其他人（个体、民族、文明）一样，南方也陷入了我们既不能理解亦无法掌控的力量之中。

南方没有意识到民族主义的力量，而只希望和平分裂。南方人考虑运输时只想到船只和"老人河"，认为西部会因出海口而加入他们的阵营，却不了解新的铁路将会发挥的作用。南方一方面没有意识到欧洲棉花市场暂时积压的情况，另一方面也没有意识到英格兰棉纺工强烈渴望民主和自由的情绪，依然认为棉花为王，因此只要南方发动战争，英国和欧洲其他国家就会承认南方独立并提供帮助。于是乎，在没有工业组织，以及现金、信贷和银行机构的财政资源微不足道的情况下，南方600万白人却要挑战北方和西部的近2000万人。南方人需要向后看，需要为了捍卫奴隶制这一不合时宜的制度而付出其全部精力，这使得南方的政治家无法获得此前南方政治家所拥有的地位（那时的南方政治家热切地展望未来），也无法以开放和不偏不倚的心态去研究将要起到主导作用的那些力量。南方认为法律和正义站在自己这边。南方认为，民族团结是一种情感，而不是一种宪法义务；它还认为，600万拥有自己的文明和理想、居住在具有明确边界领土上的人们，不应仅仅因为敌人的数量远多于自己就被迫永久屈服。于是他们开始向萨姆特堡开火，而星条旗则像一只受伤的鸟儿一样飘落下来。

当时是1861年4月。详述接下来四年人们常说的那场血腥的战争故事不在本书计划之列，这场战争一直持续到1865年4月9日。那一天，这场战争中最卓越的将军、南方最高贵的绅士罗伯特·李将军交出佩剑，向格兰特将军投降。合众国战线上的士兵开始欢呼，格兰特下令不要这样做，他说："战争结束了，反叛者再次成为我们的同胞。"南方人希望独立，有权保持自己原有的生活方式，这个想法给他们带来了一场巨大的灾难。从人口上讲他们跟北方是1∶3，双方在资源方面差距更大。在这样的情形下，他们为了保卫南部邦联旗帜进行了四年英勇战斗，其间充满艰难困苦。如今，那些激情已从那些体验过它们的人热血澎湃的心中退去，成为历史的篇章。此时我们才意识到，南方各州男男女女的勇气和忍耐力，引领战士奔赴战场的纯洁和温柔，皆为我等共同民族过往中不可磨灭之财富。

战争期间约有62万美国人战死或死于枪伤和疾病；双方共有300万士兵参战，其中有6万北方人和26万南方人先后为南北双方服役。这是（第一次世界）大战之前人类所经历的最大规模的一次战争。第一次奔牛河战役是一次可耻的溃败，不久之后，双方那些原本不知该如何打仗也从未梦想过奔赴战场的男人和男孩，学会了像欧洲那些老兵一样冒着炮火进攻，甚至表现得比那些老兵还要英勇，因为在许多战斗中伤亡人数占参战士兵的比例比拿破仑战争期间的任何战役都高。这是一场平民战争，近一个世纪以来这个国家几乎不知战争为何物。征兵体系很糟糕；北方许多富人为了逃避服役而特意花钱买通穷人顶替他们，以及被人们称为"骗取赏金"的做法，都是征兵中的丑闻。

但在一个只要有机会更愿看到人性之恶而非人性之善的时代，很容易过分强调人性肮脏的一面。事实仍然是，一个伟大的民主国家通过坚持自己的法令，坚持作战四年多，并以顽强的勇气，付出了这个世界前所未见的伤亡人数，最终结束了战争。我们将在下一章详细讨论这几年经济方面的情况，但在这里可以先提一下，战争极大地促进了北方的繁荣，毁掉了南方的经济。如果北方失败，除了无法用武力将联邦维系起来，什么也不会发生。而在另一方面，南方则是在为自身生存而战，一旦战败也就只能向北方屈服。双方都付出了很多，但在南方，身处社会最高阶层的人们付出了所有，而北方则不是这样。

起初，双方都没有一支像样的职业军队。唯一的军官训练学校西点军校，是在北方；唯一的海军军官训练学校位于安纳波利斯，也是在北方；但在战争爆发时大多数毕业生都选择了追随自己所在的州，南方很幸运的是，李将军最终选择追随弗吉尼亚州，使它获得了最好的军官，并获得了像博勒加德、斯图亚特和两个约翰斯顿这样的军官。相比之下北方就没那么幸运了，它只能一个将军不行再换一个，直到格兰特将军优秀的品质盖过其他人。

即使在武装冲突发生之后，双方仍一如既往地认为这只是一场短暂的战争。在北方，新兵入伍后的服役期限为 3 个月。然而，1861 年 7 月 21 日的奔牛河战役彻底改变了人们对这场战争持续时间和规模的看法。下一批志愿者将服役 3 年。除了封锁南方港口，在近 8 个月的时间里没有发生任何重要军事事件，两军相互对峙并进行组织调整，直到 1862 年年初，格兰特在干旱的坎伯兰郡迫使唐奈尔森堡无条件投降，这实际上意味着占领了田纳西州。4 月，法拉格特准将成功占领新奥尔良并继续沿密西西比河向北挺进，然而他却无法肃清这里的北军并维持占领状态；一年之后，格兰特成功地夺取了维克斯堡。

李将军出身于弗吉尼亚一个名门望族；格兰特则来自中西部一个小镇的普通家庭，他的真名是海勒姆·尤利西斯，而不是尤利西斯·辛普森，这是由于西点军校入学登记失误所致。在墨西哥战争中他是一名年轻军官，表现卓越，但在 1853 年退伍后他一事无成。他成了个酒鬼，当他最初志愿参加南北战争时毫不起眼。在许多方面，格兰特完全缺乏对文化的任何兴趣；而且在其他所有方面，他的思想也有着奇怪的局限性，他是当时小镇（尤其是西部小镇）生活的典型产物。但他却拥有北方所需要的特殊军事天赋。

在东部，虽然麦克莱伦在波托马克的军队有 10 万人，但他却似乎没有取得任何进展。1862 年 9 月，李将军进入马里兰州，但在安蒂特姆河被击败；第二年，他又成功地攻入宾夕法尼亚州，但在格兰特围攻维克斯堡时，他再次在葛底斯堡被击败。尽管李将军被迫撤退，但麦克莱伦只是试图阻止南军攻入北方而且收效甚微。1864 年 3 月，格兰特被擢升为美国陆军中将，出任联邦军总司令。

在西部，由于密西西比州的清缴，南军被歼灭一半，"老人河"再次全程落入北方之手。格兰特来到东部，负责指挥对李将军和里士满的行动。谢尔曼将军负责从另一个方向将南军一分为二，他于 1864 年 7 月从查塔努加的南部出发，率军穿过南方，经过亚特兰大，并在一个月杳无音信之后，最终于 12 月出现在萨凡纳。他有句名言："战争就是地狱。"他自己也践行了自己这句话，刻意给南方造成最大范围的破坏，不过他并未骚扰南方平民。

这里没必要叙述接下来一系列作战行动，最终南军在阿波马托克斯投降。格兰特心里清楚南方军官的骄傲和士兵的迫切需求；他只是简单地声明，军官可以保留自己的随身武器，任何人需要申领马或骡子都可以领到一匹，将其带回家好耕田种地。这让我们油然想起 1918 年法德边境的一场会议，在一节车厢里坐满了胸前挂着饰物和勋章的高级军官。[1] 来自小镇名不见经传的格兰特，孤陋寡闻，见识狭窄，

---

[1]　此处指 1918 年 11 月 11 日德国政府代表埃尔茨贝格尔同协约国联军总司令福煦在法国东北部贡比涅森林的雷东德车站签署停战协定，德国投降。——译者注

但此刻展现在人们面前的却是一位有着骑士风度的绅士，一位宽宏大量的征服者，1865 年在那间小小的农舍里，他穿着破旧的制服，为赢得的和平疗伤。他的对手李将军看出这位身材魁梧、留着长胡子、穿着邋遢之人是与自己同样高贵的绅士，李将军刚刚签下了对方提出的条款。"这可以极大地安抚我们的人民"，格兰特说道，然后一切都结束了。

我们国家在许多方面及许多场合都非常幸运。一方面，这种运气或幸运以一种独特的形式有利于我们。我们曾经深度参与的两次大的军事斗争：独立战争和美国内战，给我们留下了一些战争很少能留给其他国家的遗产，比如一些品格超拔之人物，他们成为我们这个迄今为止历史极为短暂民族的英雄。独立战争时期，南方诞生了华盛顿；内战时期，西部诞生了林肯。战争常会造就一个国家的历史和军事英雄。偶尔也会出现伟大的政治家并永远留在人民的记忆中。美国的幸运是通过国内战争收获了两个人，在我们的心目中，他们既不是士兵，也不是政治家，而是具有如此崇高的品格，使他们在所有时代和种族中都拥有人类最高地位并为全人类所珍视，成为全人类的希望。

林肯是命中注定要拯救联邦之人，他直接来自于普通民众和西部民主。没有必要重述他祖先的故事，童年时他家境贫寒，住在小木屋里，他完全靠自学成才，早期做过律师和警察，最终入主白宫。这个未受过教育、未经过历练、粗鄙而没有文化（按照东部人对"文化"的理解）、居住在偏远地方的乡下人，只是朴素地认识到，他的职责不仅是要保持国家统一，还要维持相互间兄弟般的情谊，用同情、理解和信任，而非武力，作为这种情谊的纽带，尽管偶尔也可能会发生战争。

给予林肯权力的是普通百姓，他们非常信任他。但是，那些旧的联邦主义者（所谓的"富人和智者"）却并不信任他。比如，查尔斯·亚当斯作为美国内战期间的驻英公使为国家做出了难以估量的服务，并且在其子亨利看来他拥有亚当斯家族中最完美公正的思想，像他这样的人可以理解约翰·罗素勋爵或帕默斯顿勋爵的思想，却无法理解或欣赏林肯。与其他大多数富人和智者一样，他也是信任西沃德，因为西沃德是他们早已习惯的那种类型的人，有着他们所习惯的思想；他们无法相信，一个来自偏僻贫困之地和艰苦边疆地区之人能比他们所有人都更加睿智。

就职典礼前后几周，林肯表现出无限的耐心，在未来几年他将十分需要这种耐心。西沃德被林肯任命为国务卿，而在他自己看来，若非造化弄人，反复无常的运气和民主使然，真正的总统本该是自己，因为在他看来自己早就是名义上的总统了。1861 年 4 月他向总统递交了一份备忘录，提出了他的结束分裂方法。我们如今读到它时会感到不寒而栗，如果东部人选择提名的是西沃德而不是林肯，真不知道我们国家的历史会变成什么样。西沃德的想法是，由于总统尚未制定统一国家的政策，可以通过立即强制向西班牙和法国宣战，甚至有可能的话也向英国和俄罗斯宣战，并给加拿大、墨西哥和南美洲制造麻烦，来实现这一目的！如果总统认为自己没有能力履行其职责，西沃德提出自己愿意承担这些职责。林肯非常友好地回答说，无论需要做什么，他都会自己亲自来做。林肯的手段开始逐步施展出来。

尽管林肯认为奴隶制在道德上是罪恶的，但奴隶制受宪法保护，在许多州都是合法的，而且即便有一些州暂时分离出去，他依然是整个美利坚合众国的总统。林肯做事不疾不徐，由于他行事谨慎，边境附近几个摇摆不定的州留在了联邦，防止了进一步分裂；他宣布联邦政府不会采取任何攻击行动，是南方而非他主导着内战，但他也宣布这种分裂违背宪法，他必须在所有地方执行联邦法律。

当对萨姆特堡开火使国家陷入战争时，他坚持自己的观点，认为战争的唯一目的是拯救联邦，而不是用武力替代法律解决奴隶制问题。他在 1862 年 8 月写道："在这场斗争中，我的首要目的是拯救联邦，而不是拯救或摧毁奴隶制。如果我能在不释放任何奴隶的情况下拯救联邦，我会这样做；如果我能通过释放所有奴隶来拯救联邦，我会这样做；如果我能通过释放部分奴隶而保留另一部分奴隶来拯救联邦，我也会这样做。至于我对奴隶制和有色人种所做的事情，是因为我相信它有助于拯救联邦；而我所忍耐的事情，是因为我认为反抗它不会有助于拯救联邦。……我在这里是根据我对公务职责的观点阐述了我的目的，并且我不打算修改我经常公开表示的个人愿望，即所有人，所有地方的人，都应该是自由的。"林肯的每一个行动都由他对联邦的信仰所决定，他的心愿和职责不仅在于恢复一个强有力的联邦，还是一个心心相连的联邦。当林肯最终得出他必须解放奴隶的结论时，是因为他觉得"奴隶制必须消灭，联邦必须存续"，而且几个月后当军队在安蒂特姆河取得胜利时林肯发表了这项宣言，美国已经开始缓慢地意识到，人类自由事业的目标注定要和联邦事业的目标绑在一起。

战争展现出了人类悲惨、浮躁而卑鄙的一面，人们唯利是图、追逐私利、愤怒而疯狂。但林肯的两次演讲则展现出，人的优雅举止可以从民主制度的最深处诞生。他这两次演讲是当我们对民主心灰意冷时永远无法磨灭的财富。下一章我们将会看到民主处于最卑微低贱时的情形；而在民主展示出其最高贵一面时瞥其一眼，聆听民主选举出的最伟大灵魂的声音则会极大地鼓舞我们，带领我们投身战斗并实现和平。

1863 年 11 月 19 日，葛底斯堡战场的一部分建成了国家公墓。人们聚集到这里，在长达两个小时的时间里聆听当时最优秀的演说家爱德华·埃弗里特的演讲，埃弗里特的演讲代表的是文化人，其对手是民选之人即那位笨拙的总统，他之所以会出现在那里只因他是总统。如今早已没人去读这位语言华丽的演说家当时所讲的话，他的演讲对无论死者或生者都无深切之情感，而是充斥着对自己的考虑，以及他会给公众留下怎样的印象，他滔滔不绝地痛斥反叛的罪恶。据约翰·海伊记载，林肯优雅地缓缓起身，轻声地开始了他的演讲——他所说的话现在已经镌刻在我们这座最高贵陵墓的大理石墓碑上，那些话语可能比墓石的寿命还要长久。

　　八十七年前，我们的先辈在这片大陆上建立起一个崭新的国家，它在自由之中孕育，以致力于人人生而平等为目标。我们正在从事一场伟大的内战，以考验这个国家或者任何一个孕育于自由和奉行上述原则的国家是否能够长久存在下去。我们在这场战争中的一个伟大战场上集会。烈士们为使这个国家能够生存下去而献出了自己的生命，我们来到这里是要把这个战场的一部分奉献给他们作为最后安息之所。我们这样做是完全应该而且非常恰当的。但从更广泛的意义上来说，这块土地我们无以奉献，无以圣化，无以神化。那些曾在这里战斗过的勇士们，活着的和死去的，已经使这块土地成为神圣之土，远非我们微薄之力所能增减。世人很少注意，更不会永远记得我们在此地所说的话，但他们将永远无法忘记这些人在这里所做的事。毋宁说，倒是我们这些还活着的人，应当在这里将自己奉献于勇士们已经如此崇高地向前推进的未竟事业；倒是我们应当在这里将自己奉献于我们面前的伟大任务——我们要从这些光荣的死者身上汲取更多的献身精神，来完成他们已经完全彻底为之献身的事业；我们要在这里下定最大的决心，不让这些死者白白牺牲；我们要使国家在上帝的福佑下自由地新生，要使民有、民治、民享的政府永世长存。

　　埃弗里特谦逊地倾听着这位只知道布莱克斯通、莎士比亚和《圣经》的未受过教育之人的话语。火车在等待，人群已散去。波士顿贵族和西部民主人士各自做了自己的发言。贵族花了两个小时，民主人士花了两分钟；其中一人变得永垂不朽。

　　一年过去了，历史上第一次一个伟大的民主国家不得不在生死存亡之际选出一位最高行政长官。林肯再次当选。当他在3月发表第二次就职演说时，距离在阿波马托克斯的投降仪式只剩下不到一个月时间，只不过当时还不知道。林肯在就职演说中没有提出虚假的希望，而是始终为这个国家和即将到来的和平考虑，他用以下话语结束了他的简短发言："我们对任何人都不怀恶意，我们对任何人都抱好感，上帝让我们看到正确的事，我们就坚定地信那正确的事，让我们继续奋斗以完成我们正在进行的工作，去治疗国家的创伤，去照顾艰苦作战的志士和他的孤儿遗孀，尽力实现并维护在我们自己之间和我国与其他各国之间公正而持久的和平。"

　　4月初，总统前去看望格兰特并一直陪着他直到受降的前一天。有人强烈建议绞死杰斐逊·戴维斯，林肯则说："不要审判他人，这样你就不会被人审判。"4月9日，人们终于迎来了和平。14日，星条旗重又在萨姆特堡升起。早上，林肯在白宫召开内阁会议，商讨重建联邦。他说，会上有太多关于"迫害"和"血腥做法"的讨论。他不想绞死任何人。只要履行某些简单义务，分裂各州就可保留先前权利和特权回到联邦。"如果我们期望和谐和统一，我们就必须消除怨恨。我们一些非常好的朋友太渴望成为主人，用苍白的命令干涉这些州，没有把那里的人民视为同胞，毫不尊重他们的权利。我并不认同这些情绪。"事实上，他再次成为全美国的总统，就像在精神上他一直都是的那样。

　　到了晚上，林肯和夫人一起去剧院看戏。林肯坐在包厢里，幸福而满足，他所在一方使分裂的联邦再次实现统一，他结束了长期的守候，尽管这个国家还有伤口需要他去抚平。所有人都在聚精会神地观看演出。突然，枪声响起。林肯倒了下去，昏迷不醒。一个刺客挥舞着尖刀从包厢里跳上舞台，高喊"打倒暴政"，然后骑上一匹早已停在舞台门口的马逃走了。总统被紧急送到附近一所宅子，他躺在床上，没有恢复意识；形容憔悴的他，带着无比平和的表情，在第二天清晨离开了这个世界。

战争胜利了，联邦也保住了；但是，和平、友爱、诚实和兄弟之情，却随着林肯的灵魂一起逝去了。

# 10

# 边疆消亡

南北战争是一场巨大的动乱，它不可避免地对国民生活产生了深远的影响。但在考虑这些影响之前，我们必须先来讨论一下南北战争对我们国际关系的影响。

显然，在过去大半个世纪里，一个伟大的自治国家在新世界崛起，对贵族制和君主制欧洲统治阶级而言绝对非其所乐见。英国当时还未成为美国这样的民主国家，法兰西共和国则在拿破仑三世治下又恢复了帝制。从我们国家诞生那天起，这两个国家就对我们缺乏尊重。1812 年我们与其中一个国家抗争并战斗，最终赢得些许尊严，但这两个国家对我们的认同仍然微乎其微。我们与英国的外交关系一直十分紧张，尤其是在趾高气扬的英国外交大臣帕默斯顿任职期间，而在杰克逊总统在任期间，我们险些与法国开战。然而，尽管有华盛顿的"告别演讲"警励于前，我们对英法两国的不善之举依然感情用事，于英国一味夸大之，于法国则轻忽或无视之。

　　民主浪潮在世界各地涌动，1848 年遍布欧洲的革命运动使上流阶层和统治阶级不寒而栗。底层阶级将美国视为典范与庇护所，上层阶级则把美国视为异兆与威胁。如果美国一分为二，那就证明自治尝试至少是部分失败的，这个结果将对欧洲上层阶级有利；另外，他们也无须否认自己期望南方获得内战胜利。遗憾的是，欧洲上层阶级中曾经存在的支持美国统一的自由主义者很可能会因林肯的奴隶制政策而与美国渐行渐远。起初，我们认为这场战争是为了自由；但当林肯宣布它只为国家统一，这一主张就与我们的利益相悖了。许多国外自由主义者真诚地认为，这场战争若不是为了解放黑奴，而只为强迫 600 万人民生活在一个他们并不希望得到的国家中，那么便无关道德问题，北方也只不过是在打一场历史上发生过无数次的帝国主义战争而已。而且人们以为北方无法获胜，即使侥幸获胜，如果不是通过炮制一场自由政府的闹剧，也永远无法令南方人屈服。虽然《黑人奴隶解放宣言》对这一问题起到很大弥补作用，但坦白来讲，纵观整个战争，英国上层阶级强烈反对北方的国家统一观点，工人阶级则强烈支持国家统一。

　　但就整体而论，英国政府在其自身官方行为中采取了中立和正确的路线；而且英国造船厂将数艘驱逐舰降价卖给南部邦联政府，这一做法并无明显恶意，而只不过是当时法律有些自相矛盾且不完善、官方表现愚蠢而已。联邦政府就这些舰船给其造成的损失提出赔偿要求，并最终于 1872 年经过仲裁获得 1550 万美元赔偿。但是这些船只造成的破坏和英国上层社会的敌对意见所产生的影响，让北方人民产生了深深的怨恨并更加坚定了一种观念：英国曾经是、现在是并一直都会是我们永远的敌人。几十年来，心胸狭隘的英国人对我们轻视嘲讽，这让我们变得敏感而烦躁，西德尼·史密斯就是这样一个人，他在 1820 年的一篇讽刺文章中问道："谁读过美国人写的书？"战争结束时我们已经为英语文学增加了许多经典：爱默生的《论文集》，霍桑的《红字》，梅尔维尔的《白鲸》和林肯的《葛底斯堡演讲》；但当时的英国人除了认为武力是获得尊重的根本以外，什么也意识不到。这场战争的胜利让英国人第一次睁开眼睛看到下面这个事实：一股优秀的力量正在美国诞生。国际关系世界与现代商业世界的竞争一样，一直都是残酷而无情。即使有华盛顿的教诲，我们却不知为何竟然希望这是一个充满友好和同情的世界，而当一些具体事例证明它不是这样时，我们心中总是会产生双倍的怨恨。由于我们的出身和许多共同的纽带，我们期望从英国得到的认同要比其他国家更多，但另一方面，我们的学校演讲、通俗历史、同时迎合反英美国人和爱尔兰投票人的政治家们，以及像洛威尔这样的诗人，都还保留着自很久以前流传至今的愤怒。内战最终以下面这种方式结束，那就是：英国增加了对我们的尊重，我们则增加了对英国的敌意。

法国的情况则与此不同。法国政府毫不掩饰对我们的敌视，若非有英国的力量相制衡，拿破仑三世将会公开支持南方。事实上，他确实利用了我们忙于内战的机会入侵墨西哥并在那里建起一个以马克西米利安为统治者的帝国，这一举动比英国的任何行为都有轻蔑和敌视意味。但依照古老的传统法国一直是我们的朋友，这就让我们对他们的敌对行为进行了美化粉饰，并让我们在事后迅速忘记这些行为。

在某些方面，一些对我们友好的英国思想家是对的。一场用武力维持国家统一的战争只会对我们的自由理论产生深远影响。1776 年《独立宣言》宣称，政府从人民的认可中获得"其正当权力；亦即，任何形式之政府有违此目的者，人民皆有权予以改变或废黜之"，那么我们又该如何根据《独立宣言》来解释，我们使用武力让 600 万白人和 300 多万黑人与北方统一在一起呢？在一个世纪之前简单的以农业为主的殖民地时期，我们在反抗帝国强权时可以很自然地宣称，在造物主赋予的"不可剥夺的权利"中，所有人都不言而喻拥有"生命、自由和对幸福的追求"的权利，但当我们用炮火、刀剑和子弹强迫 1/4 白人公民接受一个政府的管理，而他们则认为这个政府破坏了他们的这些权利时，这种"自然权利"的信条又变成了什么样呢？

这场战争如果是为了解放 300 万奴隶并赋予他们享受这些权利的自由，尚可抵消使用武力这一矛盾行为，但北方政府明确否定了这一目的，用武力实现统一是政府宣布的发动战争的唯一原因。"自然权利"信条已被抛弃，尤其是在工业化的北方。对雇主来说，这是一种对他们不利的做法，因为他们希望保持较低的工资和控制工业机器。"自然权利"是杰斐逊主义而不是汉密尔顿主义，而拥有银行、关税和制造业的北方早已成为信奉汉密尔顿主义的政权。早期美国精神与现代工业主义之间的冲突在这个区域已经变得非常明显。我们努力权衡杰斐逊和汉密尔顿的治国思想时总是会产生某些混乱想法，而美国社会日益工业化则正在持续增加未来的此类混乱。这场战争给工业化带来巨大的推动力，同时也对美国早期的"自然权利"和基于人民认可的政府管理理论造成沉重打击。这一打击来自有关这场战争的理论，而且在和平之后的十年里它被另外一系列理论所取代。这些理论让我们保留了一种对美国各种早期思想的情感依恋；但当面对高度组织化工业主义的复杂问题时，我们的政府理论及职能则缺乏坚实的知识基础。

战争期间，北方和西部变得越来越繁荣，但在一开始也有一个严重危机。南方欠北方约 3 亿美元，无疑这对南方而言是一笔巨额债务。许多银行（尤其是西部的银行）不再兑付票据，并在 1861 年全面停止使用硬币付款。但是，一旦度过这一时期，各种因素合到一起，给南方带来了大规模的商业扩张。在人口方面，在北方和西部，男性服役者的比例要比南方低得多，而且移民在很大程度上弥补了人口损失。尽管外国人入境人数有所下降，但在 5 年内共有约 80 万人入境，其中约 8 万人直奔西部而去。1863 年到 1865 年，这个地区近 10 万公顷农田被人领取，根据 1862 年《宅地法》，任何有定居意向者均可免费获得 65 公顷土地。这场战争本身也要求提供大量补给，如鞋子、衣服、弹药等，这给制造业和新机械的发明带来巨大动力。农业也非常繁荣，部分原因是 1860 年至 1862 年英国农田几乎颗粒无收，而欧陆收成也普遍不景气。美国北方的小麦出口量从每年 2000 万蒲式耳上升至 6000 万蒲式耳。此外还有两个让北方和西部受益的幸运之处。1859 年，人们在宾夕法尼亚州勘探到石油；到 1864 年，石油就给这个地区带来了巨额收入。就在人们在东部发现石油的同一年，著名的康斯托克银矿也于内华达州建成，这座银矿在战争爆发时产值已达 5200 万美元，成为世界上最富有的矿山之一，而在科罗拉多发现的矿区则可能增加 2200 万美元财富。西部农业快速发展，它迅速取代南方成为东部最好的客户；铁路公司也在共同繁荣中获益。例如，伊利港的股价从 17 美元涨到 126.5 美元，向持股人支付 8% 的红利；哈德逊河的股价从 36.5 美元涨至 164 美元，向持股人支付 9% 的红利。城市发展迅速，到处都是一派欣欣向荣的景象；但是，劳动者的所得却比不上资本家和投机者。北方几乎没有发生任何战斗，也就没有遭受战争带来的破坏。不幸的是，李将军猛攻宾夕法尼亚州时，一个希图尽快致富之人的炼钢厂遭到破坏。炼钢厂属于萨迪乌斯·斯蒂文斯，此君可能是美国爬上权力高位者中最卑鄙恶毒和道德败坏之人。

战争期间，我们看到北方和西部发展繁荣：石油、金银、制造业和铁路都带来大量财富，两地乡村情况良好，城市发展迅速。再看看南方，我们发现了一幅十分不同的画面，令人感到悲伤和难过。南方没有移民进入，而且这里的 600 万白人中约有 100 万人当过兵。战争中的战斗都发生在南方，而北方将军的政策则是尽可能地制造大范围破坏。有人夸张地说，谢尔曼经过的土地再也长不出庄稼。到处都只剩下断壁残垣。在很大程度上铁路已被破坏，不敷使用。四年来，南方人为了反抗在各个方面都占据压倒性优势的对手艰苦奋战，直到所有资源都耗尽才放弃抵抗。大部分家畜都失去了。例如，佐治亚州和路易斯安那州失去了一半的马匹和骡子。这里缺少重建所需要的各种物资。直到 1880 年，亚拉巴马州的农场面积才恢复到 1860 年的水平。战争结束时，就是好地也仅能卖到战前 1/6 或 1/5 的价格。七个州的土地价值在 1860 年至 1870 年下降 15 亿美元。由于联邦债务和货币不再有价值，所有银行和保险公司都已破产。据估计，银行资本损失 10 亿美元，奴隶解放后又有整整 20 亿美元化为乌有。南方人只剩下贬值的土地，没有劳动力，也没有钱和信用来雇用劳力。1865 年年底，据说仅在亚拉巴马、佐治亚和密西西比三个州就有 50 万白人缺乏生活来源。

战前曾经富裕的农场主现在开始跟在骡子或牛后面亲自耕种。所剩无几的青年男子和尚未成年的男孩迫切需要靠自身体力劳动来维持生活，所以不得不放弃部分教育。黑人完全无法适应这种突变，不知该如何谋生。即使南方享受到了林肯当初所希望给予的待遇：如兄弟般亲切，哪怕是表面上装出来的，南方也需要一代人的时间来恢复。但正如我们将要看到的，南方并未受到如此对待，我们现在已经进入我国历史上最可耻的十年，这十年记录了史无前例的道德败坏，但愿以后再也不要有这样的情形！这发生在约翰逊总统治下和格兰特将军的两个任期内。

北方是影响产生的中心，它感受到了工业革命的全部力量，而且我们已经注意到北方部分商人的道德败坏。这种情况中固有的邪恶倾向又因战争总是会带来的道德观念松懈而得到加强。我并不是说所有人都堕落了，或者说众多大商人中不再有廉洁正直、头脑清醒的优秀榜样，但我此前分析过的这几十年来所出现的道德混乱，已经为战争所能滋养的野草准备好了疯长的土壤。如果舆论观点的核心是健康的，这种普遍的道德败坏就不会存在。在工业化的北方、农业化的西部地区和屈服的南方之间，从未有任何一个时期与那时一样存在如此明显的地方主义，所以我们要分别考察这几个地区，尽管这样做有时会打乱时间顺序。

战后各种各样的生意都在蓬勃发展，但这一时期基本上属于铁路建设时期。1865 年铁路运行里程为 5.6 万千米，到 1887 年就已增至 19.6 万千米。增加的部分中就包括横贯大陆的几条铁路线，以及无数条较短的线路。横贯大陆铁路线中的第一条，这是当时人类所尝试的最伟大的工程壮举之一，甚至在 1864 年战争期间就已开始建造；其中一部分（联合太平洋铁路）是从奥马哈市向西修建，另一部分（太平洋中央铁路）则从萨克拉门托向东修建。修建东段的主要是来自西方的劳工，修建西段的主要是华人，这突出地反映了美国土地上两个世界的相遇。1869 年 5 月 10 日，这两条线路在犹他州奥格登市以西约 80 千米处会合，电报向全世界发出消息称，美国已从大西洋连通到了太平洋，已由铁路纽带和能瞬间传递信息的高空电线连到了一起。其他路线也随之开工，如北太平洋铁路、大北方铁路，以及全国各地成千上万英里的短途路线；显然，美国人民进入了一个新阶段，其人口由 1870 年的 3800 万增至 1880 年的 5000 万，又增至 1890 年的 6300 万。如此庞大的人口居住在超过 777 万平方千米绵延不断的土地上，没有关税壁垒，所有人都接受一个政府的管理，这提供了一个规模空前的市场，进而提供了世界上最好的开拓国内市场的机会，并能帮助资本大量聚集，以公司企业的形式增长。

修建这样一个庞大的铁路网络，刺激了种类繁多的企业的发展，这很像下个世纪汽车工业崛起对产业的带动一样，只不过后者的规模要更加庞大。我们像往常一样急切地抓住每一个机会，分享这突如其来的发展机遇。整个国家的经济结构都在以惊人的速度发生变化而且成就无比巨大。人们开始张口闭口谈论数百万美元的金额，而在南北战争之前他们只敢想到数千或数万美元的额度。

我们的进步从来都不是保守的和有序的。经济危机之间的巨大发展时段更像是巨大"淘金热"中的起起伏伏。人们只考虑个人利益和结果，通常都不会停下来考虑其方法和影响。大西部铁路中有四条由政府资助建造，包括现金和赠地。几年之间政府给了这些私营公司约 5261 万公顷土地，相当于新英格兰土地面积的三倍多。建造者们得了这些便宜还不满足，仍旧大规模地向铁路股票注水，并由内部人士组建建筑公司以保证他们能够获利，避免把机会让给狂热的投机者和容易受骗的公众。比如，联合太平洋铁路公司建造的铁路全由政府和第一抵押债券持有人出资建造，总成本约 5000 万美元，而发起人通过子公司则获得约 2300 万美元收益。这条铁路的主要人物之一是马萨诸塞州国会议员奥克斯·艾姆斯，他把这个小金矿的股份利润分配给其他国会议员和公职人员，正如他所写的那样，它将"诱使人们对自己的财产负责"，"他们会给我们带来益处"。几年后，丑闻传开，就连詹姆斯·加菲尔德这样的人都名声扫地，最离奇的是他们中却没人认为自己有任何不道德行为。我们派驻英国的部长在圣詹姆斯法庭污名远扬，他利用职务之便将毫无价值的金矿股票出售给英国民众。

腐败的金融业者与腐败的公职人员之间到处都有紧密的联盟。这意味着美国商人（或者宽泛地说，几乎所有上层阶级选民）都采纳了这个计划，认可他的政府、地方政府和国家由雇佣的政治人物来管理，以便让他自己有时间去追求更多有利可图的事情。然而，在一个快速富裕起来的世界里，受雇佣者也想追求自己的财富。贿赂和腐败成为一种普遍现象。这个时代纽约出现了臭名昭著的"特威德集团"。这个集团在特威德老板的带领下，在 1868 年大选时其权势达到最盛，到 1871 年秋就已从市政工程中掠走约 0.45 亿～2 亿美元利益。这种公然盗窃的规模和明火执仗程度令人难以置信。建造一座法院的计划总开销为 25 万美元，结果花掉市政 800 万美元还未完工。这些情况已是众所周知，但约翰·阿斯托、摩西·泰勒和马歇尔·罗伯茨等人草草地查看了该市账本六个小时后却表示市政当局的管理井然有序。

1871 年 11 月，特威德担任董事长的卫士储蓄银行在纽约市经营失败，紧随其后倒闭的还有鲍林格林银行、国民银行和市场储蓄银行，所有这些银行都与当地政治圈有密切关系。其中一家银行是移民局官员特别指定的，让新来的移民在那里存入他们的钱，这些倒闭案例制造了多起丑闻。虽然涉案金额仅有 200 万美元，但随着时间流逝，丑闻不断传播，较贫穷的阶级越来越对所有城市储蓄机构失去信心，据《商业金融纪事报》估计，挤提存款金额超过 2000 万美元。

杰伊·古尔德、丹尼尔·德鲁和"船长"范德比尔特的故事已经成为美国商业中令人反感的范例，我们无须在此详述个中细节。在范德比尔特和另外两个人争夺股市利润和铁路控制权的斗争中，德鲁、古尔德和菲斯克印制了 1 亿美元假伊利港股票证书，破坏了股票价格，然后逃到新泽西。斗争转移到奥尔巴尼市的立法机关，古尔德收买了那里的议员（参议员们每人获得 1.5 万美元），将这个问题合法化。一位州参议员从范德比尔特那里拿了 7.5 万美元，然后又从古尔德那里拿了 10 万美元，于是他就把选票投给了后者。1868 年，古尔德和菲斯克再次伪造证书，他们在董事会不知情的情况下印刷了价值约 2000 万美元的证书，卖掉了其中约 1000 万美元。他们把这些股权证书存入银行，其中约有 500 万美元存入纽约的银行，然后突然要求将这些钱以钞票形式（法定货币）全部取出。银行为了保证有足够的储备金不得不疯狂借贷，致使股票市场崩溃，与此同时古尔德和菲斯克则回购了他们此前出售的股票。而到这时伊利港股票的投资者已是一无所有，犹如一条被剥了皮的蛇。

国家金融体系尚未回归金本位制，而某些金融交易又必须使用黄金，特别是在国际贸易中，因此黄金的市价高于纸币。在上一次诈术过后的一年里，古尔德和菲斯克决定利用黄金来搞一场国家危机，再大捞一笔。想要达到这一目的，必须确保华盛顿的财政部长不会出售政府黄金。古尔德认为这一点已经搞定。到 1869 年 9 月 24 日，他把金价拉到 162 美元，恐慌情绪席卷全国。就在那一天，成百上千家无辜的商业公司破产，自那时起我们便有了"黑色星期五"的说法；后来国会委员会宣布"整个国家的商业瘫痪数周","商业的道德基础"也被动摇。财政部抛售了价值400万美元的黄金走出了这一困境，但是贪官已经发展到格兰特总统周边。古尔德收买了一些法官，包括臭名昭著的巴纳德在内，然后通过百般抵赖，拒不承认合同来拯救自己。委婉些说，格兰特道德观念极强，几乎可以肯定他没有与古尔德共谋，但他在一些公开场合包庇高官的渎职行为，沉重地打击了公众的士气。修养较高的商界人士对上述行为提出严苛批评，但在全国范围内很多人对金融界的掠夺和欺骗行为似乎都无能为力。

一方面是我们的资源规模，另一方面则是我们的市场需求，都让我们进入了企业联合的新时期。铁路公司开始合并，而且某些行业已经开始出现占据主导地位的企业，像西部地区的肉类包装业和东部地区的石油开采业。在很大程度上，在像洛克菲勒和标准石油这样的案例中及在铁路行业，都是通过多种回扣和特殊优惠来消灭小竞争者，从而建立起现代美国的石油、煤炭或肉类等行业巨头。1879年，洛克菲勒集团搞了一种新的控制体系来取代被法庭宣布为非法的"垄断性联营"。公司股东收到请求将其证书转交"受托人"，在其所在公司放弃其表决权，并在"信托机构"（托拉斯）中获得参与证书，该托拉斯即可持有大多数新股份；在标准石油的案例中，四个"受托人"持有大部分新股。经过这样一系列运作，不出三年，全国90%～95%的炼油产能都被控制在这些人手里。在这之后很快又出现糖业"托拉斯"和其他行业托拉斯，但直到1890年左右公众才开始强烈反对这种做法。我们将会在后续章节中讨论托拉斯问题产生的影响。

在这一切疯狂的"繁荣"背后，劳工的日子却并不好过。由于纸币超发和战争，物价不断上涨；工人们的名义工资增加了，1866年的工资比1860年上涨60%，但他们的实际生活却并未得到改善，这是因为商品价格上涨90%，房租则涨幅更大。1873年恐慌更是加剧了他们的痛苦。89条铁路落入接收者手中，新里程的建造基本都被暂停，这导致 50 万工人失业。全国 700 家钢铁厂中约有 300 家倒闭。1873 年有 5000 家商铺关闭，1874 年有 5830 家，1875 年有 7740 家，1876 年有 9092 家，1877 年有近 9000 家，1878 年有 10478 家。

随着联合企业和托拉斯的形成（这为大企业获取巨额财富和近乎无限的控制工人阶级生活和财富的权力奠定了基础），工资被稳步压低，产业界出现了"一群疲惫而痛苦的失业者"。1877 年，由于工资减少 10%，巴尔的摩、俄亥俄和马丁斯堡发生了美国第一次铁路大罢工，在民兵加入罢工者队伍后，联邦军队对罢工进行了镇压。不久，政府又被迫派兵前往坎伯兰进行镇压；匹兹堡的罢工工人毁掉了价值 350 万美元的宾夕法尼亚铁路财产。这些罢工没有一次是工会组织的，但在这一时期，就像资本家组织起托拉斯一样，工会也开始在工人中兴起。工业化美国的问题越来越明显。汉密尔顿主义的国家正在成熟。

"如果我们期望和谐和统一，我们就必须消除怨恨"，林肯在他生前最后一个早晨曾这么说过。他很可能已经清楚地意识到，如果他希望实现国家统一并将仇恨降至最低，他就得想法控制北方那股腐败、狂热和怨恨的力量。由少数疯狂者主使的阴谋摧毁了站在国家与邪恶势力之间的那个人，并使我们所有人都陷入耻辱和痛苦的海洋。林肯的期许是，最终人们重建联邦时仅有最小的摩擦和内心的不满；在经历了许多宪法上和国际上的困难后，他仍然明智地坚持这样一种理论，即脱离联邦的各州不应该也不会存在，脱离联邦是宪法不可能允许之事；部分州只是暂时脱离与联邦的正常关系。战争结束后，他打算以最简单和最容易的方式重建旧有关系，让每个州正常运转。

不幸的是，林肯去世后，北方各种势力却是坚决不允许以他希望的方式维持国家的运行。这些力量可谓多种多样。一方面，北方清教徒们狂热的信念在废奴主义者的煽动下变成熊熊烈火。他们把南方奴隶主描绘成魔鬼的化身，让人们对南方产生了深深的仇恨。亦有商人、政客及其他行业之辈因惜命而设法苟全于战争，遂于战后借煽动谩骂的仇恨来弥补其参战记录之缺失。每场战争过后都会有这种情况发生。只有那些从未在公平的斗争中面对对手之人，才会刻意假装憎恨敌人或用粗暴的言辞掩盖自身行为。共和党人意识到，只要南方各州与联邦无法保持完整关系并对其服从，共和党就可掌控整个国家。没有南方和西部州的支持，民主党就无法获胜；如果南方一直找不到合适人选进入国会，或者通过操纵选举只有共和党人才能进入国会，那么无论他们做什么，共和党都不用担心。还有一些人则清楚地看到，如果国会能够控制而非重建南方，北方人就有机会获取大量的财富和无数的政府职位。

上述因素和其他因素结合起来，打破了已故总统让全国重新团结起来的希望。他的继任者安德鲁·约翰逊最初是民主党人，但当他所在的田纳西州选择脱离联邦后，他一直带领忠于联邦的田纳西人进行战斗并被林肯委以重任，负责在边疆各州赢得人们对联邦的热爱。他出身寒微，幼年丧父，靠母亲拉扯长大，直到婚后其身世才有记载。不过他苦心孤诣，独自打拼，为自己开创了光辉伟业。林肯遇刺身亡，约翰逊继任总统；虽然约翰逊不是林肯，但他是一个忠诚之人。在意外地成为总统后不久，他便着手执行林肯的南方及国家重建政策。

在林肯去世前，两位当时地位颇高、影响力巨大的人就曾发表演说，阐明了共和党人应该遵循的政策。一个是斯蒂文斯，他出生于佛蒙特州，身为众议院议员却是个满怀怨恨的狂热分子，他在宾夕法尼亚州的炼钢厂被南方邦联支持者烧毁；另一个是马萨诸塞州参议员查尔斯·萨姆纳。萨姆纳声称，南方脱离联邦等于剥夺了它在宪法中享有的所有权利，所以它应受到国会的绝对支配，言外之意就是南方要由共和党控制。斯蒂文斯宣称，国会必须把南方七州视为"被征服的省份，将新居民安置在这里，并把目前的流亡者当成反叛者赶出这个国家"。有这样的领导，也就确保了共和党在整整一代人的时间里完全掌控南方。斯蒂文斯内心的仇恨与萨姆纳的狂热合到一起，遂使林肯原本能为这个国家带来的和平局面化为乌有。然而，当时的选民却是给了他们充分的支持。接下来十年，南方一直受到军事专制统治，几乎每一个自治的痕迹都被抹去。

在北方或西部地区各州，只有六个州的黑人拥有选举权，而那里的黑人人口则很少。1865年，康涅狄格州、明尼苏达州和威斯康星州投票反对黑人在本州的领土上拥有选举权。第二年，作为使南方重新共和化的一部分，国会起草了《第十四条修正案》，大幅降低了禁止黑人投票的州在国会中的代表名额。该修正案于两年后付诸实施。1870年制定的《第十五条修正案》在毫无准备的情况下被强制实施，赋予占南方人口70%的黑人奴隶投票权。就像两党在北方大规模诱使移民选民投票，现在南方黑人亦沦入此道。

1867年国会通过了《重建法案》，该法案将南部划分为五个区，由联邦军队的将军们进行管理。法案还规定，投票选举制宪会议的代表，以前的奴隶也拥有投票权，制宪会议应通过规定黑人享有选举权的宪法。这些规定要同时提交白人和黑人以获得通过。在这些宪法条文起草、获得国会批准及通过《第十四条修正案》之前，南方各州仍应继续接受国会监督并由军队管治。约翰逊否决了该法案，但该法案依然获得通过。他充分证明自己捍卫了联邦宪法及林肯抵制国会激进分子的政策，结果国会却是毫无理由地弹劾他，反而让国家和国会都为之蒙羞。弹劾之举由斯蒂文斯发起，尽管这一举措很快就以失败告终，但国会的疯狂之举仍在继续。

在南方，情况基本上都在朝着预期方向发展。来自北方无耻的政府职员和掠夺者蜂拥而至。他们与被称为"发国难财"的南方白人和无知愚昧的黑人联合组成政党，选举立法机关，与特威德老大和他在纽约的帮派同流合污，盗窃公款。税收增长10～15倍，但仍产生了很多债务，不过不是为了改善当地设施或其他合法目的，而是为了填满这些政治骗子的腰包。罗德斯尽力为北方辩护，他注意到路易斯安那州在共和党统治下的四年间税收增加 400%，债务则从战后的 1.4 亿美元增至 2.4 亿～5 亿美元。新奥尔良市 2.2 亿美元债务中有 1.7 亿美元转换成债券，每 1 美元以 35 美分的价格发行销售。就在战争结束后的 1867 年这个城市的一个房地产项目尚有 7 万美元收入，但在五年后却因支付不起税款、保险费和维修费而无法继续租用。

如果不是最终彻底变成一场悲剧，那么各州立法大厅里的场景看起来都十分可笑。成群结队的北方黑人，包括不久前还是奴隶的黑人趾高气扬，挥霍公款抽烟喝酒，统治着南方。此等情形实为现代文明国家历史上绝无仅有，而在我们自己国家里发生简直令人难以置信。从未有任何文明的胜利者能如此心胸狭隘。战争使南方陷于瘫痪，重建则使它变得疯狂。然而，南方依然一点一点恢复起来。新宪法和《第十四条修正案》得到批准，而且从 1866 年的田纳西州到 1870 年的弗吉尼亚州，南方七州一个接一个重新成为联邦成员。

黑人问题被以三 K 党和恐怖主义的方式暂时控制住了。劳动力问题逐步得到调整，各种雇用先前奴隶的方式也随之制定并开始实施。该地区农作物仍较单一，但棉花因为高产优价而再次成为农作物之王。旧日种植园贵族风光不再，贫穷白人的境况则好转起来。在更往南的南部，农场数量在 1860 年至 1880 年翻了一番，说明了社会革命进行的程度。在这一时期，工业几乎没有得到任何发展，不过，统计数字则表明它在稳步增长。

当然，统计数据在很多方面都无法说明社会的文明程度。正如我们注意到的，在战前一代人的时间内，南方在对我们国家的治理方面鲜有睿智而有益的影响，因为南方不得不致力于守护其特有文化，虽然这种文化已经成为一种时代错误。接着，战争发生了，战后随之而来的则是重建和长期的恐惧；在美国历史早期，南方曾给这个国家提供了明智的领导；但现在来看，南方将会坚定地支持民主党，而这也不足为奇。看上去，在一段时期内，它无法再像早先那样给予这个国家有益的领导。南方的知识阶层和领导阶层要想大换血，显然需要很长一段时间，而且要经历苦难、贫困、战争、社会革命，以及新阶级从底层崛起等才能办到。任何追求专制权力的团体或政党都注定会堕落。共和党只有十年历史就面临这种考验并彻底失败。该党实质上是一个代表北方的关税和工业利益的政党。有两个政党必不可少，然而遗憾的是，在南方和西部地区，即我们的农业地区，囿于其自身原因，无法在下一场危机中涌现出我们所需要的政治家。共和党越来越成为依恃财富、特权、教育和权力的政党；相比之下，由于缺乏这些东西，民主党则代表了民众真正的不满，以及对国家生活和"美国梦"最具深刻意义的东西。

战争期间，西部地区迅速发展；这里的移民潮也是持续不断。随着国家重归和平，经过外国移民潮再次猛增、北方军队的聚集，以及1873 年后的艰难时期，西部各州和城市人口迅速增长。密西西比河谷的德裔人，北方各州如明尼苏达州的斯堪的纳维亚裔人，开始改变人们传承至今的盎格鲁－撒克逊人坚定的性格。内布拉斯加州整个地区发展极其迅速，虽然这里仍是人口最少的地区之一，这里在战争初期只有 2.5 万人，然而战后不久单是奥马哈市的人口就达到这一数量。到 1870 年，密苏里州在各州人口规模上已排全国第五，圣路易斯市的人口规模则在全国城市中排第三。人们能以宽松的条件获得大片土地，这进一步刺激了人口增长。根据《莫里尔法案》，所有州都获得了以建立农业和技工学院为目的的公共土地出让许可，依照（各州国会议员名额）每位国会议员 1.2 万公顷的标准分配，纽约获得近 40 万公顷土地。政府还提供了 5261 万公顷土地用于建造铁路，它试图尽快将其予以出售，这样既可获取现金又可进行交通建设。最后，《宅地法》给予定居者免费农场，使得人们在几年内就建起近 5 万个新农场。

然而，直到战争结束大平原上的定居者仍然很少，"大荒漠"阻碍了拓荒者的脚步。在几乎没有任何树木的荒地上铺满一丛又一丛的野草，受到炎夏热风和寒冬暴雪的摧残。在这片地区，往往是长时间的旱灾过后，紧接着就会遭受更可怕的暴雨，洪水淹没干涸的河床和低地。这里似乎永远都无法诱惑白人长期定居。印第安人和数以百万计的野牛不时掠过这里，渴望获得土地的农场主根本不看好这里。不过也有少数人在此坚持不懈地进行尝试，到 1867 年，堪萨斯州的阿比林成为一个遥远的据点，一些人想在这里建立一个农业社区。这些定居者被这里的环境搞得灰心丧气，仅能勉强维持现状。然而，有两条铁路从东到西穿越平原，连通东西海岸，为沙漠中能够产出的东西带来了市场。其中一条运输线最早在阿比林市建成，但却无农作物可供运出，因为此间收成尚不够定居者自身维持生计。

在这一时期，大平原上的生活非常艰苦，条件恶劣，就像不断推进的边疆生活一样，将其予以理想化毫无用处。一切都不安定，也都不确定。没人知道一个城镇是会失败还是成功。城镇的主街道时而泥泞不堪，时而尘土飞扬，只有未经粉刷的丑陋建筑矗立其间。出身于东部条件优越的家庭、跟着不安分的丈夫来到这里拓荒的女人们，在发现这里的生活如此艰苦后，慢慢也就变得懒散和邋遢起来，对生活也不怎么上心。这里水质很硬，很难洗涤衣物。在漫长而干燥的几个月里，大风呼啸，尘土飞扬。尘土会钻过窗户，透过家具上的罩布，往往是一小时前刚掸去很快就又铺满；沙尘还会钻入人的头发里，只有少得可怜的水来清洗。早期一个拓荒者斯图亚特·亨利说，在老家的时候那些妇女会定期清洗房屋窗户，而在这里她们往往半年也不会清洗一次。

没人知道，一代又一代开拓边疆的妇女们都经历了哪些艰辛和劳作。这些艰难困苦部分是西部地区特有的沙尘和硬水所致，另一部分则是所有妇女都要面对的生儿育女和体力劳动所致。她们的勇气和忠诚令人赞叹，但这样的妇女人数很少，由此产生了两个重要结果。一方面，她们的合法地位在财产权利方面逐渐得到改善；另一方面，她们逐渐获得了特别大的自由。在一些较大的边疆城镇，特别是那些能够吸引矿工或牛仔等尚有余财男子的城镇，自然而然地出现了妓女，而且在层次较低的边疆居民中，道德观念总是会有些松懈。但人们又总是认为女人要保持贞洁，如果她愿意这样（大多数人都会这样），她在实际和名誉上就都是绝对安全的。边疆生活条件经常迫使一个男子离家，有时又不得不在别人家过夜，而或许那家的男子也不在家。为了保护每个人自己的妻子，这个地区有一条不成文律法。没人会去招惹一个诚实的女人，而且这条不成文律法也得到严格遵守，以至于即使一个男人和一个女人（他们可能谁也不认识谁）在同一个屋檐下待了一晚，也没人会私下造谣传播任何丑闻，因为人们觉得没有任何根据。在边疆环境下人们所学到的自我控制力不可能不对他在这方面的一般行为产生影响。不过可以肯定的是，直到最近几年，特别是在（第一次世界）大战之后，两性之间的社会交往变得明显自由许多，并且不会被任何不道德的想法所玷污，这种自由对美国女孩和女人产生了显著影响，她们觉得自己可以随心所欲地去往任何地方，做任何让自己开心的事情，而不会觉得不安全。

在边疆和各地小村庄明显需要上述严格的行为规范。此外，这些地方也总是会有一小伙人在工作之余无所事事，就会不停地闲聊，而且他们住的地方又恰好可以看到其他所有人。在边远城镇，新闻匮乏，渐渐形成一种精神饥渴状态。任何事情都能让人谈上一个星期。在阿比林，亨利谈及："一大群印第安人绕过，一队大草原马车经过，火车晚点一小时，甚至连风向转变都会引起人们的兴趣。要是有两条狗打架，两个人谩骂，或是一个邻居从房上掉下来摔断胳膊，那简直是天大的消息。"这里单调乏味，风景和建筑缺乏美感；人们有时要辛苦劳作，过后又无所事事，这让人朝着不求上进和反复无常的方向发展；随着城镇发展的起起落落，人们希望几年后农场能变为"城市用地"，这样不管这块地种得好坏农场主都会发大财；人人都在想事，却又没有任何有价值的事可想——这些因素构成了我们所有边疆背景的一部分。假如说只有一个边疆，人们逐渐在这里定居，让这里慢慢变得文明开化，这种影响可能就会比较轻微，而且很快就会消失。但近三个世纪以来，这种过程一而再再而三地重复，其影响变得非常深远，以至于我们需要很长时间才能将其根除。

内战中的阿比林就是这样一个边疆小镇，它是从大平原向西推进建立的所有小定居点的典型代表。人们尝试在这里生活，看看在跟苍蝇、蝗虫、风雪、沙尘暴、奇怪的土壤，以及前景不明的作物折腾一番后会有怎样的结果。这里既有懒汉和勤快人，有虔诚的男人和女人，也有坏人和酒鬼；既有主日学校和沙龙，也有破败的房屋。这里既有可能成为一座城市，也有可能归于沉寂，重新变为大草原的一部分。

内战前，得克萨斯曾是我们的养牛大州，后因脱离联邦而与北方关系中断，又因密西西比河被占领而与南方其他州也中断了联系，这里成千上万头牲畜在本州内没有市场，养牛生意也就被毁掉了。1867年，阿比林的约瑟夫·麦考伊想出一个点子：可以将得克萨斯的牛通过古老的奇泽姆小径穿越平原赶到阿比林出售，然后就可通过铁路运至堪萨斯城。由此开始了美国工业生活中最引人入胜的阶段之一。

人们发现，虽然农民在大平原上过不好日子，但牛却能在此很好地繁衍生息，于是便有大量牧群被驱赶着从得克萨斯一路向北，蔓延整个沙漠地区，一直到达北边的加拿大边境。起初这些牛只是夏天被赶来，在不同站点赶上火车，但这样牧牛人就会受到东部买家的限制，比如来自堪萨斯城和芝加哥的买主。后来牧人们就自己在当地建起牧场，待价而售。人们曾一直认为得克萨斯州的牛肉太过粗糙坚韧，但在这些牛吃了平原上的牧草育肥之后，加上品种改良，解决了这个难题，不到几十年的时间这项业务就已变得利润巨大。"牛王"开始在"牛镇"出现，在那里，他们要接收牛仔赶来的牛群。一种新的方式使西部地区丰富多彩的生活变得更加朝气蓬勃，这种生活与采矿城镇大不相同。1871年有超过60万头牛分成不同的牛群被牛仔赶着沿着小路来到北方一个又一个站点。这种工作艰苦危险，困难重重。印第安人不时会制造点麻烦，而牛群本身也常常难以管理。晚上牛会聚在一起，但一丁点儿奇怪的声响就会让它们四散逃窜。牛仔们发现，当牛睡觉时在它们周围围成一圈唱歌给它们听，它们就不会因为惊慌而逃散，于是也就出现了一些新民谣来满足人们日常生活中的需要。

> 哦，静静地，小狗们静静地躺着，
> 让四肢在开阔的大地上伸展；
> 小狗们鼾声洪亮，淹没了荒野上的声音
> 让那些声音都远去，直到白昼来临——
> 哦哦！哦哦！

听着一些牛仔歌曲，我们的眼前会浮现出一幕幕生动的场景：牛仔们骑着马，左右摇摆，沿着小路，赶着牛群，淹没在成千上万头牛扬起的尘土中。

> 他们高呼、叫喊，驱赶随行的狗；
> 哦，狗儿，继续奔跑；
> 呼喊、冲刺，继续奔跑，
> 怀俄明将会成为你的新家。

边疆的尽头已在眼前，但牛仔和牛王并不知道；牛仔是最后认识边疆的人，因为他有着最为多姿多彩的谋生方式。他从西班牙人那里学到了很多语言和服饰，也学会了养牛。在大西洋海岸上还没有白人出现之前，这里长长的小径上就有牛群漫步，它们中有一部分就是来自西班牙的牛的后裔。

麦考伊把阿比林变成第一座牛城，与此同时另一个人也在尝试一件事情，他的所作所为是给草原带来变化的一个持久原因，并将引发两种生活方式之间的冲突。养牛卖牛产业给阿比林带来了一阵子繁荣，就像其他同类城镇一样，但这里到处都是牛仔、牛王、坏人、妓女、赌徒、左轮手枪和威士忌，这里一年中只有几个星期热热闹闹，其他时间一片死寂，在这样的地方真正的文明生活是无法建立起来的。在以矿业为主的城镇，大多数居民都是男性，但在铁路边上的这些养牛城镇，那些临时涌入的牛群与小镇上一年到头循规蹈矩谋生之人相比，的确足够刺激。

在西部的另一个地区，从伊利诺伊州延伸到明尼苏达州，小麦已经成为主要作物，就像南方各州的棉花一样。一个小麦王国正在崛起。1870 年，冬小麦卖出了市场最高价，阿比林的亨利试图在大平原最靠南的土地上种植冬小麦。他偷偷地播种，开心地种植他的庄稼。后来人们发现冬小麦也可以在位置更高的土地上种植。人们终于发现了这片沙漠的用处，农夫与牛王之间展开了较量。生产过剩、激烈竞争和其他原因已经让养牛城镇不复往日的繁荣，但是这里的土地主人还要与农民、家宅和铁丝网围栏斗争一番才会屈服。他们认为这片巨大的公共土地是上天赐给他们的牧场，但结局已然在望。到 1880 年，农民和稳定定居的文明宣告获胜，印第安人和牛仔也就渐趋消亡。

这一时期的西部已不再是农业一枝独秀。在包括圣路易斯和芝加哥在内的大城市里，大型商业企业乃至制造业让它们呈现出工业化的面貌，但整体来说西部仍是一个以农业为主的地区，这里的城市就像农民一样依赖农业，如大型肉类包装厂、农机厂、分布广泛的邮购商店、银行等。在任何情况下城市人口都只占人口总数的一小部分，而西部则是民主的、农耕的，在理念上信奉早期美国精神。数量越来越多的外来族裔只是让这种情况变得愈加明显，比如从四处分散的小殖民地，如瑞士裔的"河流兄弟"、俄罗斯裔的"门诺派教徒"和宾夕法尼亚的"荷兰城"，到数量众多的德裔、瑞典裔和挪威裔人。这些人都没有多大家业。大多数时候他们都要竭力应对可能出现的旱灾、蝗灾、瘟疫、虫害、债务，以及所有可能折磨农民的疾病。

世界已经变得非常复杂。西部的发展主要是靠交通，这些交通手段包括河流、马径、公路、运河，以及现在的铁路。美国作为一个国家正处于工业化和资本主义的鼎盛时期。对待财产，农民既没有激进主义心态，也没有无政府主义思想，他所希望的不过是能公平交易并有机会取得成功。工业主义与农业主义之间天生就有利益冲突。共和党占主导地位，代表的是工业化的东部，代表的是银行和铁路，以及资本的所有表现形式。不管怎样，对代表受剥削的农民和劳动阶级的反对党来说，比起那些有钱有势的政党，想要利用知识阶层的智慧是很困难的。这样的政党必须在东部的劳动阶级，以及南方与西部地区的农民中找寻自己的力量——尤其是在后两者中。它所要解决的问题和矛盾都是真实存在的，这是由于新工业革命对一个此前从未大规模工业化的社会产生的影响所致。由于开发资源的强度加大、那些能大规模利用资源者获利丰厚，所以这些问题也就变得更加突出。人们不可能指望一个有权制定关税并管理着银行、制造业及特惠政策的政党去做出有利于劳工阶级的决策。不用说，我们也不能指望在任何一个政党那里找到这样的主观意图；即使一个政党的意图十分纯洁，它的政策也必然会因其成员立场而有所偏袒。一个政党更有可能"挥动沾满鲜血的衬衫"宣称自己是联邦的拯救者，谴责南方的反叛，而不是去理解并竭力弥补他所统治以外其他地区所有人遭受的痛苦。不幸的是，正如吾等所见，原本有可能成为反对力量主力的南方受环境影响，在理智之路上已被远远地抛在了后面。而另一个地区，即西部地区，在同一条路上也行未及远。

西部的生活对所有新来者来说都很艰难，有时甚至可以说是异常艰难。获取一片土地并进行开垦意味着艰苦的体力劳动，让忙于此者没有多余精力去思考和接受教育。尽管有无数例外，但绝大多数拓荒者和移民都缺乏背景、教育，以及面对现代复杂工业问题的经验。在艰苦的社区建设中，边境定居地出现了不少反对教育的情绪。在阿比林的第一批定居者中有一位就告诉我们，人们认为在当时特定的条件下，过多的书本学习会阻碍一个人取得成功，并会让一个人与其同伴疏远。生活在边疆的人认为，仅仅是成为美国人这一事实就让他们有了优越感，而且他们知道如何解决日常生活中的问题就够了，这让教育即使不是变得有害，至少也是变得多余。遗憾的是，日常生活中的问题已经因为现代商业形式的出现而变得日渐复杂，边疆地区的农民能看到这一点却无法理解。

我并不是说在西部就没有人渴望获得教育。实际上是有这么一批人的，而且学校和州立"大学"也纷纷在这里建立起来。内战结束时威斯康星大学已经建成，但它只有几幢破旧的建筑和一个小图书馆，被认为只能算是麦迪逊村的一个书院。其实 1873 年美国大学生只有2.3 万人，其中大部分自然都是在东部。当我们谈到"西部"时，我们当然知道有无数的"西部"：从舒适、安逸的印第安纳州或伊利诺伊州的城镇开始一路向西，有一些西部城镇跟新英格兰和纽约的城镇看上去一模一样，而另外一些则只不过是有一条主街，两边是新建的棚屋，街道雨天一片泥泞，晴天尘土飞扬，外加几间酒吧，以及一些供人栖居的未粉刷的方盒子建筑。这里的生活鲜活而粗犷，但也让人视野狭窄，这里的人很少有机会了解群山另一边的东部情况。即使在今天，我们一进入大峡谷就会感受到这里是一个巨大的帝国，它本身就自成一个世界，而我们留在身后的那些世界，包括欧洲和美国东部，其意义都因已与我们相距成千上万英里而变得不那么重要。再次向西越过山脉，我们会到达太平洋海岸，这里是第四个有着迥异特点的地区，但在这一时期它对我们国家尚未产生重要影响。

西部必然会在智识成就和机遇方面落后东部，这是新疆土与更古老而富有的东部对比之下的必然结果。如果我们承认这个前提是合理的，我们就会觉得西部的荒芜也自有其合理性，因为两相对比，东部在 1870 年前不仅没有研究生学校或课程，而且就连一流大学如耶鲁大学也不教授政治科学和社会学，而哥伦比亚大学则几乎不教授任何历史课程。在哥伦比亚大学，一位不幸的教授不得不教授伦理学、心理学、英国文学、政治经济学和逻辑学。如果说东部一些最古老的教育机构所能提供的最好课程也不过如此，我们也就不难想象蛮荒西部新成立的州立大学又能教些什么。总体来说，要想出现一个能为大草原人民争取权利的反对党，就要靠南方和西部了。对下面这一点我们应该有充分的思想准备：在考虑复杂的社会和经济问题时，我们会发现其中包含许多错误，而且这些错误往往还会与大量普通的常识混杂在一起。

掌握权力的每一个阶层，无论是贵族、财阀还是民主国家中较低的经济阶层，都会自然而然地从其特殊需求和对致富的看法等角度去看待事物，而且要超越这种视角是很困难的。在内战期间及内战结束后，无论是新兴资本家还是老一代资本家，他们无不通过关税、成立公司及控制法院和立法机关迅速巩固了自身地位。西部立法机构中也出现了许多腐败现象，但在很大程度上真正的大公司（如铁路公司和新的"托拉斯"）都由东部人把持和经营，而且那里还出现了企业律师这一新型职业来协助这一进程。一个尚未得到解决的普遍问题现在正在逐渐变得明朗起来。

1873 年，威斯康星州首席大法官爱德华·瑞安在威斯康星州立大学毕业演讲中明确提及这个问题。他说："一种新的黑暗力量正在逼近。我无法详述其出现的迹象和令人震惊的预兆。自罗马帝国覆灭以来，当今个人财富的积累超过了此前任何时期。这个国家的企业聚集了大量的资本并有史无前例的企业组合，它们大胆地向前，不仅是为了满足经济需求，更是为了获得政治权力。在我们的政治生活中，金钱第一次成为有组织的力量，在这个领域大肆掠夺。这个问题将会在大家有生之年不断出现，虽然可能我已见不到那一天了，'何者将支配一切——财富还是人？何者将引领人民——金钱还是知识分子？何者将获得公职——受过教育的、爱国的自由人，还是企业资本的封建农奴？'"这是西部真实的声音，而且这种预言完全合情合理。正如我们在政治和立法中反复认识到的那样，被分散的力量只会变得微不足道。力量只有集中起来施加压力才能发挥作用，无论是铁路游说团体、托拉斯还是反酒吧联盟所施加的压力，无不如此；而且不可否认，某些资本主义利益集中在大公司手中也给我们的国民生活带来了新问题。

对西部来说有两件事至关重要：一个是运输，另一个是债务偿还。道路免费通行，驾车从农场到集镇的日子已一去不返。以前的马儿变成现在的火车头，以前的货车变成现在的一长串车厢，以前的集镇则变成现在的整个世界。不让农场主在运输费上公平竞争，就像放火烧掉他的庄稼一样。每个新兴之地当对发展速度的需求超过当地资本积累的速度时就会陷入债务危机。除了加州，我们每个边疆地区都是这样。在债务存续期间，如果支付需求增加了货币购买力而使货币购买力发生波动，那么在债务人眼中就等于是债务增加，而且这是在他不情愿的情况下增加的。如果买一蒲式耳小麦需要 2 美元，一个农民可以通过卖 500 蒲式耳来偿还 1000 美元的债务，但若货币价值上升，导致 1 美元就能买一蒲式耳小麦，农民就必须卖出两倍的小麦来偿还债务。当时西部的任何大学可能都没有提供经济学课程，但每个农民都明白这个简单的道理。如果"财阀"不对交通运输进行公平定价，或者要手段使金钱变得不那么"廉价"，那么这一定会从农民那里反映出来。

在铁路方面不存在公平竞争。在我们铁路发展早期，滥用权力现象十分普遍，小商人和农民深受其害。虽然修建铁路时有时要穿过农民的田地，而且政府也给了铁路公司 5261 万公顷土地和数千万美元，但铁路所有者却认为这些都是私人投资，不能提供公共使用。在很多情况下，修建铁路的过程中都存在很多不诚实的交易，而且股票也注水（虚股）严重。1867 年后，在不到两年时间里仅一家集团就将其股本从 2.87 亿美元增至 4 亿多美元，在此基础上该公司要求获取股息，但它收取的费率很高，很不合理。1869 年，小麦在东部售价 76 美分，但西部农民支付的运费高达 52 美分，仅剩 24 美分来支付他的劳动和承担的风险。对一个部门或一些企业来说，铁路既能成事也能败事。比如，在这方面洛克菲勒早期财富的积累可谓臭名昭著。铁路在为他运输石油时，要价要低于对他竞争对手的要价。在一次交易中，铁路公司向洛克菲勒要价 10 美分，而向其竞争对手则要价 35 美分，更有甚者，铁路公司还把从洛克菲勒竞争对手那里多收的 25 美分额外补偿给了洛克菲勒！

起初，西部试图通过建立志愿组织"农业保护协会"来应对这一状况，这一组织又称"格兰其"，到 1873 年其成员已达 160 万。通过格兰其成员的影响，西部一些州通过了设定铁路费率的法案，或是通过其他方式来遏制铁路乱收费问题。资本家则声称这破坏了私有财产的基础并竭力排挤格兰其成员，将其当成法律、秩序和社会的敌人，视为危险分子。当明尼苏达州通过规范铁路费率的法律时，芝加哥－密尔沃基－圣保罗公司董事长厚颜无耻地写信给州长，说公司不会遵守这项法律，除非它在法院获得通过。法院确实通过了这项法律，而且它一直到最高法院都获得通过。人们承认私人财产并非至高无上，人民和资本一样拥有自己的权利。1887 年，国会通过了《州际商业法》。西进运动是政府政策的转折点。人民的政治抗争与杰斐逊和杰克逊领导时期相比稍显逊色。民众抗争的理念是西部的，而且听起来像小麦一样可靠。

西部还有其他不足之处，比如滥用谷物升降机，以及利率过高（高达 15% 和 20%），但其中最主要的问题是农民偿还债务时纸币（币值）的变化。内战期间停止以物易物，政府发行了纸币。西部地区所借债务可用"美元"支付，而在 1866 年，为了恢复稳健的货币基础，国会批准每个月减少 4000 万美元纸币的供应，接着货币就开始升值，此时西部人认为货币政策对他们不公，迫使他们用升值的货币来偿还债款。正是在这一点上西部犯了错，而且大错特错。后来证明，西部因为这一点而丧失了建立这个国家迫切需要的反对党的机遇。

政府有必要恢复金本位制，而且它在 1879 年就实行了。但同样毫无疑问的是，美元稳步与黄金挂钩，给各个地区同一阶层的人都带来了巨大的困难，尤其是在西部，因为这些人在货币贬值期间进行了借贷。另一方面，货币贬值也给大大小小的债权人造成巨大损害。这是战争代价的一部分，每一场战争都会有这样的代价，就像是税收一样不会少；但与税收不同，这些代价并非人人均摊，而且对不同时期承担这些代价的人来说，这种代价的不公也是显而易见。1868 年，在稳定货币还是使货币贬值这个问题上，民主党和共和党内部都出现了或多或少的分歧。1874 年举行了一次会议，会上出现了"绿背党"（Greenback Party，美元党）并参加了 1876 年大选。然而，这一政党一事无成，而且随着繁荣再次到来，这一问题暂时也被搁置下来。

1876 年在很多方面都是值得注意的一年。为了庆祝《独立宣言》发表一百周年，费城举办了一场世界博览会，让外国和我们的公民有机会在许多方面评估我们取得的成就。从某些方面来讲，我们的机器制造和创造能力最值得注意，不过我们在其他方面的进展也值得注意。在建筑和室内装饰方面我们仍在延续维多利亚时代及内战时期的恶趣，但在绘画方面我们已有拉法奇、温斯洛·霍默、奥尔登·威尔、托马斯·莫兰等人的作品可供展示。参观者超过 300 万人，其中没有几个人去过欧洲，这一次则有机会观赏其他国家的艺术作品。这次博览会在我国历史上如此重要的一个百年纪念的年份举行，而且此后没过几个月最后一个分裂的州也重回联邦，使得联邦重建大业完成，这些都极大地加深了人民对联邦和国家的情感。而且在这个十年的一开始，我们的文化生活也取得了实质性进步。在哈佛大学的查尔斯·艾略特、普林斯顿大学的詹姆斯·麦考什、约翰·霍普金斯大学的丹尼尔·吉尔曼等人的大力推动下，我们的大学开始从高中招生，而且一些女子大学的建立也开启了一场女性观的革命。

也是在这一年，只有一个世纪历史的民主制度经受严峻考验并最终获胜。格兰特政府在国家政治中的丑闻，以及我们大多数城市散发出的恶臭，最终让整个国家都为之蒙羞，如此一来民主党也就获得了千载难逢的重掌政权机会。惊慌失措的共和党提名俄亥俄州诚实但无特色的海斯作为候选人，民主党提名的则是塞缪尔·蒂尔登，他是一位力主改革的政治家。两个人的选票结果很接近，而且双方都出现了欺诈行为。起初，结果似乎无疑是蒂尔登当选。第二天一早所有报纸都宣布了这一消息。然而，俄勒冈州的两批选票返回后，外加佛罗里达州、路易斯安那州和南卡罗来纳州的微小变化，使得选举结果偏向海斯。此时内战刚刚结束不久，有名望的南方人很少会把票投给共和党，而且原因很明显。但是，总归有些声名狼藉的人或黑人会投共和党的票。蒂尔登获得的选民票比他的对手多出 25 万张，而当人们猛然意识到民主党要宣布胜利时，民众的愤慨达到了极点。国会任命了一个选举委员会来核查四个有争议州的选票结果，时间过去数周之后，其间全国上下都悬着一颗心，委员会提交了一份报告，把这四个州的选票都判给了共和党。在激烈的争斗过后，人们对这一事件重新进行了仔细研究，发现实际上应该当选的是蒂尔登。

然而，当 1877 年 3 月 2 日宣布海斯当选时，蒂尔登却是以宽宏大量和高度的爱国主义精神默许了这一结果并请求他的追随者支持海斯。这离海斯宣誓就职还差两天。鉴于选举中欺诈的严重程度，这件事以法律为依据得以解决，而且人们拒绝引发任何进一步的冲突，这成为不仅是我国历史上，而且是自治民主国家历史上具有划时代意义的事件。内战已经证明伟大的民主国家可以维持联邦免于解体，海斯和蒂尔顿的大选之争则证明民主国家可以在巨大的挑战下保持自我控制。第二年，纽约公务员制度改革协会成立，慢慢树立起更高的公共服务理想。

奴隶制和联邦问题曾导致共和党的诞生，现在这些问题都消失了，而新的问题还没有产生。如前所述，两党之争还不如不同铁路公司之间的竞争更能吸人眼球。1880年大选，共和党再次获胜，这次既没有引起任何问题，也无须裁定。1884年，克利夫兰领导下的民主党在内战后首次上台执政。这位绝对诚实而英勇无畏的新任总统拒绝了许多利益诱惑。他希望降低关税，这使受保护的制造商和其他人与他为敌；他取消西部土地的非法租约，将2023万公顷土地还给人民，这严重地损害了养牛人的利益；他否决了养老金法案，该法案已成为一桩全国性丑闻，这让所有希望吃大众养老金的人与他为敌；他阻止自由铸造银币，这一努力以失败告终，但却让白银持有者变成他的敌人；他迫于不可抵抗的压力向连续28年未能执政的民主党政治家所施加的压力屈服，给了他们一些职位，这使他与改革派变得疏远。1889年，共和党候选人哈里森当选。

到了1890年，我们的情况发生了一个深刻变化，这将在接下来几代人的时间里带来截然不同的问题，只不过当时人们并未立即注意到这一点。这一年的人口普查报告指出"边疆已经消失了"。报告中写道："无人居住的地区已被孤立的居住点分隔开，很难说还有所谓连贯的边疆。"边疆因素对我国人民的生活、思想和性格的发展产生了鲜明的影响，除非本书中的这一判断是错误的，否则我们就必须说，我们边疆线的消失显然是结束了一个时代，而开启了另一个时代。

我们对历史进程的认识，不时会引入一个新的动态概念，比如气候和一般地理环境的影响，或者是经济阐释的影响。刚一开始我们往往会用这样的理念去解释过多的现象。特纳教授在首次提出"边疆"概念时就有这一倾向。他的这一想法可能比其他任何单一理念都更多地导致我们重新思考美国的发展——也许唯一的例外是，对所有历史都从经济角度做出解释。

很明显，没有任何一个单一因素，包括气候、地形、经济、宗教和边疆在内，能够产生全方位的重要影响；而且我在本书中要大胆提出一个假设，由于边疆没有在其他地方和其他民族中引起相同反应，因此我们必须考虑其他因素对美国的影响。边疆绝不能解释一切，但它无疑是最重要因素之一。在一个较为悠久的文明建立起来之前，我们不只是要开拓一个边疆，而是有一连串边疆要开拓。我们可以分析其中一个边疆的因素及其产生的影响，将其与后面一系列边疆进行比较。就像本书所阐述的，边疆对我们的生活产生了很大影响，这一点似乎无可争议。

近来有位著名历史学家认为边疆消亡的意义非常微小，并声称他发现边疆消亡并未对"美国生活的基本节奏"（这种说法含义有些模糊）产生任何影响。他还补充说，实际上，边疆开拓并未像政府声称的那样结束了。他说，自 1890 年以来，根据《宅地法》，人们获得的土地面积大大超过 1890 年之前申领获得土地的面积。他承认他的数据具有误导性，因为他没有考虑国家赠予铁路的土地。要想了解这些数据的误导性有多强，我们可以看一下如下事实：政府赠予铁路的土地是 5261 万公顷，赠予农民的则是几百万公顷。这足以使他的论点失去根据。但当他谈及 1890 年以后人们申领的大量土地，甚至是"东部和南方廉价的被抛荒的农场，乞求有买家接手的农场"时，他显然没有看出这样的土地不能被视为"边疆"。真正的边疆不仅仅是申领农场；它是一种心态，也是一个黄金机会。那些向西迁徙的男男女女从一个文明的边缘跨越 4828 千米大地到达太平洋岸边，他们所受到的影响是今人所无法体会到的。现如今，一个人要是对工人或职员等工作感到厌烦，在新英格兰的某个山坡上买下一座废弃的农场，过上两天田园生活——这跟西部拓荒者有天壤之别，因为新英格兰的农场距离村庄很近，距离整个现代美国文明生活也不远。在新英格兰，没有那种无比空阔的荒野，没有推着旧的文明大车前行的感受，没有建立新帝国的雄心，没有获得更自由和更美好机会的想法，没有让社会变得更民主更有秩序的愿景，没有在一个新社区迅速崛起的渴望，没有随着一片全新疆土的开发所带来的机会——在西部，城市可能会在一夜之间矗立起来，让他瞬间发家致富，变成有权有势之人。今天，在东部、南方或西部获得一块土地只是改变一个人的住所或其职业。这样做的人只是成为一个普通农民，而不是参与到国家建设的伟大冒险中，一旦有幸赶上好形势就有可能实现他的黄金梦想。这两者的心理状况是完全不同的。

如果边疆的影响力与大多数历史学家现在所认为的没有两样，那么从它消失的那一刻起我们就可以寻找美国生活中那些缓慢而渐进的变化。当"西进"不再是千千万万人共有的伟大冒险之旅，不再是由梦想引领的群众运动，而是变成一个人为了获得更好的工作或土地的个人冒险，显然其中一个很大的动机也就消失了。一个多世纪以来，不断向前开拓的西部一直是穷人、不安分者、对现状不满者日思夜想的地方，也是商业扩张主义者和雄心勃勃的政治家所关注的地方。随着各地建立起完整的州府，随着在全国范围内或多或少形成统一的生活方式，随着人口集中和人们越来越多地参与到工业化生产中，我们的问题和思想的特征自然也会随着时间推移发生改变。边疆的影响力将会稳步下降，我们将会处于不断改变的生活条件和观念的影响下。

一个半世纪以来我们一直忙于征服和开发一个大陆，到了1890年这项任务终于完成了。这主要是一项年轻人的冒险事业。现在这项事业已经结束了。西部还有许多空旷之地有待填充，还有很多不足之处有待改进，但这片国土是我们的，有无数多人在这里生活，与联邦紧密相连。从今以后我们所要做的不再是扩张，而是巩固这个国家。由此这个国家要解决的问题也就变成：如何统治有着不同利益诉求的人，而不是管理新加入的州；如何处理新世界机器时代带来的经济和社会问题，以及资本与劳动力之间的冲突；如何处理世界市场和世界联系的问题；以及杰斐逊式民主能否在汉密尔顿主义经济中生存下来这个至关重要的问题。

过去，人们可以简化他们遇到的问题，通过径直往西走来逃离那些复杂而充满敌意的环境——这样的时刻显然已经不复存在。现在无论是在东部还是西部，人们都必须直面这些问题，单纯改变生活地点并无法逃避问题。也许，开拓边疆时代的结束所带来的最深远影响即在于此。从今往后我们那些愈演愈烈的问题将是无可回避的。美国开始越来越接近这一天——到那时她再也不能盲目乐观，年轻无知。她已经成为一个成熟、懂得自我批评和深思熟虑之人。她必须勇敢地面对她所遇到的所有问题，而不再有轻松逃入"巨大空地"的道路。当我们享受大自然而不是向她索取时，那些尚属空白之地可能会容纳一点点过剩人口或是成为我们的游乐之地。但那些地方已不再是我们解决问题的方案，也不再是当我们面对不公和不满时能让我们感到些许安慰的梦想之地。马驹已被套上缰绳投放出去，此后不得不适应复杂文明的羁縻。这需要很长一段时间，但对一个国家来说一代人的时间短得完全可以忽略不计；我们历史上最重要的转向已经发生，只不过在这一转向发生的当时，几乎没有引起人们的注意。

# 11

# 国旗高于宪法

在不断发展的历史进程中指着某个具体时日而轻言这是一个"转折点",未免过于轻率;事实上,所有事件的发生皆为已然至应然之流变,缺乏明确分界,这对编年史家而言甚为烦扰,但却符合事物的发展进程。当1890年美国人口普查局宣布下面这一事实:边疆已不再是我们生活的动力因素,它只是提醒我们去注意长期演化中的一个特定阶段。数代人以来,边疆不断建立和消亡;伴随领土不断扩大,有更多边疆被开拓,而后变为内陆。我们已将边界从大西洋延伸至太平洋,现在我们北方毗邻一个强大的欧洲帝国,南方接壤一个稳定的国家,这两个方向都不再有边疆。

正如我们到达这个发展阶段需要很长一段时间一样,条件的改变对我们的影响也需要很长时间才能完全发挥作用。如果因为人口普查局是在1890年发表的声明所以就认为等到1891年就会发生巨变,这样的期待是十分荒谬的。其后果不会一夜之间显现，其影响亦不会翌日便清晰可见。此外我们还要小心，不要犯下面这样的错：对一国之内出现的世界趋势做出过于本土化的解释。其他国家同样会感受到工业革命的影响、伴随机器时代而来的问题、城市化的发展趋势、社会工业化导致的人口增长，以及由此造成的在政治和贸易方面对海外财产和帝国主义思想的终极渴望。

尽管如此我仍明确认为，无论在性质上还是时机上所有这些因素在我国都有所变化，首先是因为边疆的存在，然后是因为边疆的消亡。这一点是如此重要，以至于再怎么强调也不为过。虽然几个世纪以来边疆开拓已经向我们灌输了一种不同寻常的多面性和创造性，虽然美国人引领其他国家热爱甚至崇拜各种机器，但我们完全承认，关于工业革命产生的全面影响，我们要比欧洲体会到的晚了很多。这在很大程度上要归功于我们的自由土地、我们的农业经济，以及与英国相比我国给劳动者提供的更多机遇，他们可以在农场过上自由自在的生活，而不必被迫进入工厂赚取工资。在我们的人口和国内市场巨大到足以为兼并、权力及财富提供大量诱人的机遇之前，其全面影响因此而被推迟。此外，工业时代对我们生活的第一次重大影响发生在这样一个时期：民主理想的早期美国精神，即生活应当更加富裕并全面惠及每个人且人人都有机会的"美国梦"，因边疆引起的不断涌动的思潮和情感而不断焕发生机。在我国，工业主义所面临的并非形成于封建主义的民族心态，而是形成于边疆那种异常自由与乐观生活的民族心态。

如果我们想教条行事，我们可能会试图估量边疆经历的消亡，以及蠢蠢欲动之辈过剩精力的宣泄通道被关闭这二者所产生的影响。当然，这里还能免费获得土地，但各州已无大量空闲的荒野能让定居者梦想经过数年拓荒即可发展出富饶的农场、村庄和人口稠密的城市。这里再无那种只有印第安人或北美野牛和土狼游荡之土，任凭我们驰骋想象，会为我们及我们的后代带来财富和机遇。伟大西进运动的动力消失了，就像印第安人和野牛消失了一样。因而，若是空泛而论或简单阐释我国国情而不考虑欧洲情况，我们或许会认为可以看到移民类型的变化；我们应该减少数以百万创建西部的德裔、英裔和斯堪的纳维亚裔在我国人口中所占的比例；有更多类型的移民将会成为工业主义中的雇佣劳动者；改善地位的期望仍会成为人们的驱动力，但消亡的"西部"梦想已不复存在。我们也可以说，随着边疆消亡，这一地区的民主制度及思想对整个国家的政治影响将被削弱。我们可以这样认为，如果没有西部领土建设这一"安全阀"，随着人口密度不断增加，劳资冲突将更趋激烈，因为人们遭受着工业时代罪恶的胁迫但却并不准备束手就擒。我们可能会再次嘲讽道，我们丢失了冒险的狩猎场，占领了能够获得的所有陆地，我们应该像其他国家一样为海外帝国主义冒险寻找借口。

事实上，本章讨论的所有事情都发生在这十年中。在人口普查局宣布边疆扩张结束的十年内，移民确实发生了变化。杰斐逊、杰克逊和林肯治下的西部不断扩张，然而到了布莱恩时代却遭到挫败；劳资斗争变得比以往更加血腥和暴力；之后，我们与一个欧洲国家开战，占领其殖民地，变成一个势力一直延伸到东方的帝国。

我不想犯事后诸葛亮式的谬误。一方面，有些事情我们可以从边疆影响的逐渐消亡中合理地推测出。另一方面，如果我们假设边疆没有消亡，而是一直向西延伸到另一个如密西西比河谷的地方，进而建起一个新的农业帝国，消耗我们的精力，为我们带来自由和民主，开辟新的边疆，为数百万人提供空间与冒险，我认为上述之事就不会发生。因此，似乎我们可以将边疆的消亡视为一个重大的历史转折点。在那之后，我们的问题将会以不同的形式呈现出来，并将会在经济和社会问题上愈演愈烈。如果有足够的精力，我们就会立刻大规模地被迫卷入复杂的国际形势中。大城市伴随着汉密尔顿主义的产生而兴起，而抗衡城市兴起的稳步扩张的农业地区已不复存在。在这样的情形下，我们必须面对如何将杰斐逊式民主理念与现实形势进行协调的问题，这一形势与杰斐逊所假定的情形愈见不同并且已无可能回到当初。

就像"老人河"一样，我们的历史也在不停地流逝。他审视着一切；他知晓白人到来前那无尽的蛮荒岁月，并在夜色中把探险家德·索托揽入怀中；他目睹过西班牙探险家、法国牧师和旅行者；也目睹过英国猎人、捕兽者、商人和农民；他带动了航运和商业发展；当南北双方彼此怀着刻骨仇恨时，他将敌对双方联系在一起；他曾穿过森林和草原，经过木屋和南方种植园；现在，人们已经在他的两岸建起大城市，新时代已经来临。他聆听过所有这些儿女的声音，无论他们是传教士、酒徒、捕猎者、矿工、农民、种植者、野蛮人、奴隶、赌徒、码头工人、百万富翁、妓女、恋人、总统；无论他们是英裔、瑞典裔、德裔、法裔、爱尔兰裔、匈牙利裔、捷克裔、意大利裔、波兰裔；无论他们是卫理会教徒、天主教徒、门诺派教徒、贵格会教徒——他们都是美国多样性的一分子，他们在大河谷的怀抱中，满怀着杰斐逊时早期美国的希望和梦想。他将会在由大城市、机器、托拉斯和不可估量的财富构成的新兴美国中目睹什么呢？

> 他明了一切，却并无一言，
> 只是滚滚奔流，
> 始终浩荡向前。

德裔居民居住在大河谷中部大部分地带。辛辛那提和密尔沃基这样的城市中基本上都是德国人。圣路易斯的（旧法国）民族风味已移至他方。席卷西北地区的大群斯堪的纳维亚人则在明尼苏达州、达科他州和其他州的部分地区建起了斯堪的纳维亚聚居区。此类聚居区留存至今，仍在缓慢吸收其他种族文化，而未被历史悠久的南美和北美种群所同化，并充分发展出一种在大陆上其他任何地方都有的美国精神。政府在 1890 年的十年人口普查中指出，边疆消亡发生于 1880 年至普查当日之间。如果审视普查前后 20 年我们便会发现：前 20 年，除了北欧和西欧移民，欧洲各地移民人数占移民总数不到 5%。后 20 年，东欧和南欧移民人数占总移民人数 60% 以上。1860 年至 1880 年只有不到 25 万东欧及南欧人来到美国，1890 年至 1910 年东欧和南欧移民人数则超过 800 万。

这其中包括斯拉夫人、波兰人、匈牙利人、希腊人、意大利人、俄罗斯人、立陶宛人、犹太人等，他们代表了不同的种族，不同于早先的爱尔兰人、英国人、德国人和斯堪的纳维亚人。同早先移民中文盲只占 3% 相比，这批移民中文盲比例超过 35%。美国人越来越重视教育，这也对人们的读写能力提出了更高要求。相比早期移民来说，这些新移民的背景和观念差异更大，而且不易融入我们的社会生活和制度。1890 年后，早期欧洲移民潮仍在继续，虽然数量不断减少，他们居住在西部荒无人烟之地，但每隔十年便从数量上构成总人口的一小部分。另一方面，1900 年至 1910 年，异种族移民数量迅速增长，达到 622.5 万，对我们的生活产生了强烈影响。虽然这些新移民在其故国大都是以土地为生的农民，但他们来到这里却并未成为农民在乡村建立家园，而是聚集于大城市里各个种族群体中，或者是在城市中心以外的工厂和矿场工作。

出现此类现象原因众多，似乎使某些作者感觉困惑。我们猜测其中原因之一可能是，与英裔、德裔和斯堪的纳维亚裔人相比，这些人在本土时更为依赖家庭、教会和村庄等简单社会组织；他们更依赖于较前者更为紧密的群体，因其比之于早期种群更觉与新大陆格格不入。虽说是多种因素合到一起促进了欧洲移民运动，但这场新世界移民浪潮开始的主要原因是，新工业企业对廉价和低文化劳动力的需求；与难以驾驭的本国人相比，这些劳动力要更为驯服而无助。工业资本家通过雇用外国劳工来解决本土劳动力不足的需求，正如半个世纪乃至更早之前小规模雇用爱尔兰人一样。起初，大量移民签订合约后直接从船上被带进某个行业工作。1892年卡内基钢铁厂发生了霍姆斯泰德大罢工。在截至1907年的15年中，这家美国大企业75%的工人出生于国外。大约同一年，宾夕法尼亚州75%的煤矿工人来自东欧和南欧。除了劳动关系，相同种族的新移民常会集中到各自民族的聚居区，在那里他们说着相同的语言并组成相互可以依靠的社会群体。

还有一个重要因素推动这些欧洲农业移民来美国从事生产劳动或在城市定居。与早期移民不同，他们并无长留此地的打算。他们大都是打算盘桓数载，略有积蓄便回本土，过上比之前更好的生活。持此想法者自然不愿承担取得及打理农场的责任，而更愿接受计日工资，维持他们过去的低生活水平，甚至是低于那一水平的生活，并会在短时间内尽可能多攒钱，同时让自己远离各种纷扰，这样等到银行存款达到预期数目那幸福的一天就可踏上回乡之路。早期移民来此建造属于自己的家园，提高其生活质量并成为公民；新移民则如过路候鸟，宁愿暂时降低生活水平，以便他们可以在回到波兰、匈牙利或意大利后改善其生活质量。

这种思想也使他们缺乏将自己融入美国社会生活、积极学习英语并适应美国生活方式的愿望。事实上，虽然很多人确实在几年后便回国，但因这段移民经历他们经常感觉自己处于失调状态，无法调整自己适应当下生活。这些人在纽约、匹兹堡或芝加哥生活的最悲惨境地也比再次定居农村要好得多，与原先生活相比他们现在简直是在活受罪。那些尝试过这种生活的人大都又选择了返回美国。整个移民运动也因此而变得越来越富于流动性。但不管是那些重返此地者抑或初来乍到者，都会寻找属于他们自己的社会组织，这些组织明确存在，而且它们在矿山和城市工人中要比在农业群体中更为普遍。很大程度上由于大工业雇主的短视自私，只关注劳动力的廉价和"易于管理"，从而产生了一个地方存在数十万人的贫民窟和不可同化族群的问题。毋庸置疑，大规模的群体流动使本土工人难以维持公平工资，甚至是在移民潮达到顶峰前他们就已掀起罢工运动，努力获得合理分配的工业利润。随着时间的推移，这些既未回国亦未被美国同化的新晋工人开始对自身权益提出要求，但想要它们得到落实的难度也在增加。早期对奴隶劳动的需求为我们带来了黑人解放问题，之后对廉价白人劳动力的需求则为我们留下了另一个种族问题。这个问题相对而言还不算太严重，因为过上一两代人这些人就会被同化吸收，而那些有着黑人文化传统之人则无法被同化吸收。

阿斯特 1848 年去世时留下的 2000 万美元财富是美国金融和社会历史上的一个里程碑。范德比尔特 1877 年去世时留下 1.05 亿美元财富，当他的儿子于 8 年后去世时其遗产已增至 2 亿美元，他的儿子曾吹嘘自己是世界首富。我们可以从范德比尔特最常被引用的论调"该死的公众"中意识到，此辈中大多数人都从未考虑过社会或国家福祉。有时一个千万富翁也会良心不安，会为了慈善目的在身后留一些钱来安抚公众情绪。就连丹尼尔·德鲁也留下了建立神学院的遗嘱。但在大多数情况下，这些早期的金融征服者都具有冷酷的反社会性，如同血洗后甲板的海盗。

然而，不断积累的财富数字迅速上升，标志着生活和掠夺的节奏越来越快。这些财富拥有者死后也不乏有报纸和神职人员将其拔高为雄心勃勃的美国青年之楷模。他们确实必须足够大胆，就像海盗王一样残酷无情。国家自身规模的不断扩大使他们获得新的暴富机会，其中包括发达的铁路系统、国内市场、自然资源，以及拥有生活必需品和欲望的广大普通公民。他们可资利用的工具有公司、关税、股市、铁路定价特权、腐败立法机构、控股银行，以及新经济时代的其他机构。金钱就是力量，随着个人、团体和行业之财富和权力增长，对这些工具的控制力也迅速增强。一个人无须成为反资本主义者就能认识到我们的体系中存在很多固有的邪恶，并有必要对其采取控制措施。

1888 年，总统大选活动首次以关税为主题，而两年后成功当选的候选人哈里森则领导国会通过了《麦金利关税法案》，将平均关税提高了 50%。当然，保持美国工人的高水平生活很有必要；但因雇主们正竭力与工会斗争并愿引入新移民劳工以减少工人工资，因此这项决策一直未能得到认真执行。在那一年，美国约有 425 万名工薪族，而美国南方和西部的多数农民则过着与繁荣毫不相干的生活。全国各地都有一种非常强烈的不安感，并有越来越多的人反对托拉斯，因为他们惧怕托拉斯垄断商业和生活必需品后会控制普通小民的生活。国会在为受保护的制造商推出《麦金利关税法案》的同一年又出台了著名的《谢尔曼反托拉斯法案》以安抚民众不满情绪，该法案将激起民愤的罪恶行径认定为非法，但因缺乏法院的司法解释而收效甚微。

不幸的是，普通美国人从未被腐败深深冒犯过。正如吾等所见，在一片情感上相信充满机会的土地上，处于受支配地位的人有可能在某一天占据主导权，因而其价值观很大程度上被物化，商业道德观也是模糊不清。如果机会的大门一直向我们敞开，没人会关心他人私事。西部就长期对人们的所作所为持开放态度。

然而，情况正在发生改变。繁荣浪潮始于 1879 年并暂时平息了西部的不满情绪，但到 1884 年繁荣开始枯竭，当时发生了恐慌。几年后紧张状况有所缓解，但到 1890 年，农民再次因为价格问题而陷入困境。概言之，从 1873 年到 1893 年，美国处于通货紧缩和黄金产量下降时期，价格或多或少稳定下跌，黄金的货币价值上涨，引发上一章中出现的不满情绪。当然，实际情况远非如此简单，不过我们应当谨记，一个商业周期大约为期 20 年。

到 1890 年，人们不再拥有无限多的机遇。从这方面来说，边疆开拓之结束对人们的心理可能产生了极其重要的影响。过去一个人若想成为辛劳的农民，他可以去西部取得一块份地，但现在早期那种自由的生活方式已不存在，而前往城市的幻想则无处不在。小农耕作本身就是一种艰苦的生活方式，并不能给人带来无限的机会。

此外，农民也开始意识到他们并未得到公平交易。事实上，随着国家生活的变化，数量及影响力的重要性逐渐变得对他们不利起来。1790年，90%的人口是农民，农民受到重视；1890年，只有30%的人口是农民，受重视的是剩下70%的人口。1850年，农业财富超过全国总量的一半；1890年，它则只占25%。1890年左右似乎一切都在与农民作对，其中有大自然，一系列干旱和其他灾害；有稳健经济理论，稳健货币政策导致货币增值使得债务负担让人难以承受；有大公司带来的歧视定价和高收费；有国内黄金产量下降但世界黄金产量过剩，这将农业产出价格拉低至灾难性水平。西部部分地区的干旱持续了近十年，仅堪萨斯州和内布拉斯加州的玉米年产量就从1885年的2.87亿蒲式耳减至1889年的1.105亿蒲式耳。到1890年，农场抵押贷款增至令人震惊的10.86亿美元，而且西部所有县有90%的农场土地都背负沉重的抵押贷款。由于价格下跌，小麦和玉米的种植成本高于卖价。在堪萨斯州，超过1.1万份抵押贷款在四年内止赎；在1895年清查的15个县中，75%～90%的土地抵押贷款都从其所有者手中转移到了贷款公司。

1890年出台的《麦金利关税法案》似乎是压垮我国苦难农业的最后一根稻草，1892年民主党获胜而再次选举克利夫兰担任总统，处理国家风雨飘摇的经济问题。共和党人通过关税和反托拉斯法案的同一年，另一项法案也被通过，规定政府每月购买450万盎司银条并为此发行可兑付金银的法定财政部国库券。麦金利本人是白银（银币）自由铸造论者，但其所在党派必须承担起推行这项措施的责任。商业周期刚刚全面展开，部分商业活动的过度投机和其他行业的不利条件使得美国在任何情况下都会引发危机；但共和党的白银法案一出台，克利夫兰立即就实施了这项法案。1890年至1893年，与黄金价值相比，一美元银币的价格由原来的80美分跌至60美分。凭借共和党人创造的美国财政部国库券，商人们去财政部以银元券换取国库券，再换算成黄金，这样他们就将 60 美分的本金转换成 1 美元。正如克利夫兰所说，一条正在源源不断地耗尽美国财政部所储备黄金的产业链已经形成。

这条链条已经开始运转起来。1 亿美元的黄金储备日渐减少，恐慌在整个国家蔓延，政府却是毫无作为。国会中的白银（银币）自由铸造派成员试图阻止任何补救性立法，但他们也被迫同意废除 1893 年谢尔曼法案中的白银购买条款。在法令几乎被遗忘的情况下克利夫兰承担起了这份责任，四次出售债券，避免政府信用崩溃。克利夫兰的所作所为，特别是其中与 J. P. 摩根公司的交易条件，引起了党内支持白银（银币）自由铸造派的强烈反对，这派人士主要来自西部。为了确保一项所得税措施顺利通过，他疏远了资本家；而他对普尔曼罢工的处理方式，则使他失去了劳工对他的支持。

困难时期给工薪阶层带来了许多痛苦；1892 年，在克利夫兰的前任哈里森任内爆发了霍姆斯泰德大罢工，工人们要求修改工资标准和承认他们组建的工会。在美国工人的请求下，钢铁在关税方面受到严密保护，但钢铁厂一直对工会持敌视态度，所以它严厉地拒绝了工人们的要求。300 名平克顿私人侦探受雇守卫工厂，进而在一场冲突中造成 10 人被杀，60 人受伤。在州府派来的 8000 名士兵的支援下，钢铁公司摆平了这场罢工。与此同时，哈里森总统又命令联邦军队镇压了爱达荷州科达伦地区的矿工罢工。

经济恐慌发生后，1894 年发生了多起罢工事件，约有 3/4 的工人涉身其中，克利夫兰在任期间发生的最严重的罢工是芝加哥普尔曼罢工。普尔曼建造了一个所谓的"模范村"来安置工人，他将工人工资压得非常低，以至于工人支付完住宿租金后根本剩不下多少钱。美国铁路工会以拒绝挂载普尔曼车厢的方式支持罢工者。铁路巨头则拒绝采取仲裁方式解决问题。为了解决劳资纠纷，政府首次颁发全面禁止干扰火车运输的禁令。伊利诺伊州州长阿尔特盖尔德手下有充足的州府军队随时准备应急，但他本人却很不受资本家欢迎，不仅因为他捍卫法律，还因为他曾在 1886 年赦免了参与赫马基特炸弹事件的相关人员（现在人们已经知道那些人员都是无辜的）。由于州长拒绝联邦政府派遣联邦军队维持铁路运输的行动，克利夫兰以保护邮政为名向芝加哥派出 2000 名士兵。州长声称，如果总统可以命令部队进入州境以对抗该州权力机关的命令，则立宪政府已分崩离析。罢工最后还是失败了。克利夫兰的本意是想维护法律和秩序，但却坠入铁路经理们的彀中，而禁令则把法院也牵扯进劳资纠纷中。我们不久便会注意到，法院以另一种方式涉足其中。

虽然我们现在可以看出，直至克利夫兰总统任期结束，贸易周期本可按常规运行，世界黄金产量出乎意料的增长也会带来短暂的繁荣，但是 1893 年恐慌使国家陷入的困境，以及有组织的资本与劳动力之间的新对抗，却是引发了东部与西部、唯农主义与工业主义之间的政治冲突。

无论美国农民还是工人，都不是欧洲人所理解的激进分子。事实上，只需回顾一下他们在 19 世纪下半叶不同时期为之抗争的议题就可看出，其中大部分议题都是保守性质的。大资本家中出现的恐慌被传递给小商人，如果这是真的话，那它很难让人理解。事实上，大资本家所担心的是失去对政府的控制，以及无法大肆聚敛财富。这场竞争不是资本家与社会主义者之间的竞争，而是坚定信仰资本主义的阶级之间的竞争。这是大人物与普通民众之间的竞争，是攫取巨量财富的权势者与追求赖以为生机会者之间的竞争。

这是一场和美国宪法（实则是和美国革命）一样古老的冲突。在美国革命和《独立宣言》的宣传中，主要是靠向普通人灌输他比领导人真正相信的要重要和能干得多而劝诱他们去战斗。宪法则是多方相互妥协的结果。例如，宪法从未打算让广大民众普选总统，这（普选总统）对当时的保守派来说是一种极不正常的选择，就像弗吉尼亚州的梅森上校在制宪会议上阐述的，他们认为"这不亚于让盲人去辨别色彩"，而华盛顿对此的评价则是"民众不适宜进行自我治理"。

一点一点地，普通人为自己争取到了《独立宣言》中所赋予的地位。在处理人类的事务中，没有什么比长期保持良好平衡更难做到的。汉密尔顿在谈及政府时曾说："给予多数人一切权力，他们将会压迫少数人。给予少数人一切权力，他们就会压迫多数人。因此，二者都应拥有可以相互制衡的权力。"从一开始起双方就没有达到完美平衡的状态，但渐渐地多数人开始获得更多的权力，尤其是在杰斐逊、杰克逊和林肯担任总统这三个时期。保守派每每忧虑他们的控制，因为这样他们就有机会去做他们喜欢和习惯做的事情。被压迫的民主力量似乎每次都需要历经一代人时间才能找到掌控政治力量的出路，现在时机终于到来了。它的运行同商业活动一样具有周期性。考虑到民主运动与经济弊端的关联性，它的周期性也就更好理解，但它总是远远不止如此。他们从《独立宣言》的理论中不断得出他们的结论，始终伴随着价格和农场抵押贷款问题。成长中的工薪阶层承受着经济弊端的损害，但每次反抗的更大意义皆根植于农民的思想中，使他们成为自身文化信仰的捍卫者。

西部和南方愈发难以驾驭。除了妨碍人们生活的经济弊端，美国精神是另一个大问题。汉密尔顿的第二个假设似乎开始成为现实："给予少数人一切权力，他们就会压迫多数人。"农民和工人也已与银行、债主、政党和公司打过交道。除选举之外，国民的日常生活似乎迅速地被少数幕后操纵的神秘人物所掌控。威斯康星州那时被描述成"由少数将社会民主破坏殆尽之人操控。此辈通过私下会谈几乎掌控了所有重要职位，他们操纵会议，把持立法，甚至试图以其腐败之手妨碍法庭正义"。

除了腐败，就连本应成为维护人民权益最后手段的法庭，几乎也总是完全站在少数资本家一方。它们通过无数案件确立了大量判例，罔顾国民利益而执着于建构最严密的财产权（制度）。它们阻碍改善家庭劳动艰苦条件，并搁置经济公寓住宅改造达 20 年。它们禁止各州颁布限定工人劳动工时的法令。在德布斯和芝加哥罢工事件中，最高法院对宪法的扩张解释甚至超越了汉密尔顿的梦想，而只为使德布斯入狱；最高法院虽然在 1880 年支持所得税法案，但约瑟夫·乔特于 1895年宣称该税种"会引发混乱"，最高法院立马改变态度宣布该税种违宪，并在臭名昭著的糖业托拉斯案中否认控制 98% 的行业是贸易控制，因为"制造业"不是"商业"。

1890 年西部农民联盟选出了 3 名参议员和 50 名众议员，并于1892 年成立了"人民党"，以便将东部工薪劳动者与西部及南方的农业从业者联合起来。在奥马哈召开的大会上，"人民党"提出纲领，抨击旧政党并要求白银（银币）自由铸造、实施累进所得税、铁路和电报归政府所有、缩短城市劳动者工作时间、倡议全体公民投票权、美国参议员直选、设立邮政储蓄银行、限制移民和无记名投票。农民联盟试图挽救"美国梦"，但换来的却是东部资本家及其附庸愤怒与恐惧的咆哮。除了白银（银币）自由铸造主张，很难理解为何该政纲中的其他政策会被诠释为"颠覆了文明和财产权"。铁路和电报归政府所有，并不比运河和道路归政府所有更为激进，一些保守国家亦是如此行事。这完全是效率和公职人员数量的问题。至于它提出的所有其他条款，随后都被国家或联邦法规或联邦宪法修正案纳入我们的法律，其中大部分都是在非激进的共和党支持下完成的。

西部最后的反抗与之前成功的反抗一样，作为民主进程真正的推动力都必须得到全面恰当的评价。这不是对财产的侵犯，而是要求人的权利应当与财产权等量齐观，以免财产不再是优势而是成为一种普遍存在的威胁。这一切完全符合边疆的特殊贡献，边疆自存在以来一直在推动美国精神前进。每一次这样的推动，对那些在每个阶段都设法使自己比其邻居更坚定地拥有财产权的人来说似乎都是危险的和激进的。诸如"白银异端"之类的金融弊病，是边疆作为债务人的自然产物。当所有殖民地都是帝国的边疆时，英国禁止其按照自身需要印制纸币，这是美洲殖民地人民的不满之一。随着"廉价货币"政策发生改变，无论纸币、银行票据、白银，债务人阶层总是指望采取最低廉的形式。随着问题越来越复杂，其解决方式也变得更不确定。

多年来，银矿业主的特殊资本形式广泛要求白银（银币）自由铸造，而他们充斥于西部文字中的说教也助长了"白银异端"的形成。然而，西部并非孤例。像亨利·亚当斯和布朗大学校长这样的东部人也都支持这一异端论调，还有威廉·麦金利，他俨然已经成为共和党攻击西部激进主义的旗手。事实上我们并无法确定，当今此等异端论调是否可能再次粉墨登场。现代民主国家的普通人较之于 1896 年的西部人也并非训练有素的经济学家。随着白银价格大幅下跌和黄金产量下降，以及以 1918 年货币价值支付国际债务，国际联盟成员国将会于 1940 年遭遇危机，而随着价格和贸易下跌，我们极有可能在 1940 年之前看到，或者说我们已经开始看到对新的和更"科学"的货币基础的需求——也就是说，更廉价的货币导致贸易通货膨胀并使债务人更容易偿还债务。从某种意义上说，欧洲是美国新的经济边疆。

在继续讲述美国边疆文明的最终回潮之前，我们必须转向那个时期我们生活中的另一个方面。人不仅是经济的产物，也是政治的产物。宗教和艺术一直是人存在的两个主要动力，它们时而奇特，时而粗浅。正如吾等所见，18 世纪中期萌芽的殖民地艺术受到革命和数十年来西部物质扩张的摧残。19 世纪三四十年代，马萨诸塞州突然涌现出美国文学中许多杰出的地方团体。然而，除了爱默生，没有任何人能够一窥美国精神的真正本质及其民主梦想。霍桑探讨了早期清教徒的良知问题，尽管他给我们留下了关于清教徒思想的经典，但那已是两个世纪前的话题。朗费罗是一位举止优雅的文学教授；梭罗与其说是一个民主主义者，不如说是一个极端个人主义者；洛威尔，尽管他不停地谈论民主，但他却从未真正理解普通美国人对民主的热爱，他本质上是一个自命不凡之人；惠蒂尔为我们留下了像《雪封》这样关于美国外省的经典作品，但他过于忧心奴隶问题，像洛威尔一样以偏概全，因厌恶南方而宁愿牺牲联邦。

在那之后不久，诗人惠特曼前无古人后无来者地捕捉到了整个美国动荡的民主梦想的愿景，那是一个连惠特曼都无法把握全局的宏大梦想。他声称，伟大的诗歌始终是民族精神的结晶，而不是被挑选出的少数人之特权，而且他认定"劳动男女将会不折不扣地从头到尾贯穿我的诗篇"。希腊人讴歌其神灵，中世纪诗人讴歌浅滩和淑女，但惠特曼认为"美国的正当性和主要目标"是"用心耕耘人类无尽的普通福利"。这终将是给予"美国梦"以飞翔翅膀与吟唱辞章的一次明确尝试。美国不是旧欧洲粗糙的翻版。新事物应运而生，那是对超越俗世的美好及高贵事物的信仰，将收获自"用心耕耘人类无尽的普通福利"。如果美国曾对历史进程做出过特殊贡献而不仅仅是一个兴衰起伏不已的国家，那它的贡献就在于，自平凡人中成就创新与不凡。靠压榨群众而积聚私人财富的自私工业巨头对此毫不在意。游走于各种交易、委员会和党团会议中愤世嫉俗的政治家们对此毫不在意。过着舒适生活的传统欧洲学者对此也毫不在意。它产生于普通人和边疆的完美结合并在历史进程中不断周而复始。怀有梦想的人们不断成长壮大。除非平凡人的新生活能够不平凡，除非民主能带来精神上的愉悦和艺术美的享受并使日常生活充满喜悦，而非使心灵长期处于追求物质生活的荒芜状态，就像我们已经征服的蛮荒大陆，否则这一梦想将毫无意义。

我们似乎正在逐步接近梦想。尽管八九十年代多是粗制滥造、品位低劣，但后十年则标志着我们在流行大众杂志方面达到的最高点。阿贝、彭内尔、克莱恩、弗罗斯特等人放在任何国家都会引人注目。小说家不再需要跑到国外去寻找写作题材，而是以一种完整的多元群体形式出现，例如杰奎因·米勒、布瑞特·哈特、詹姆斯·艾伦、乔尔·哈里斯、玛丽·弗里曼、萨拉·朱厄特、乔治·凯布尔、小泉八云、玛丽·摩夫利等，他们的创作形成了我国文学史上的地域特色流派，描绘了新英格兰、弗吉尼亚州、路易斯安那州、肯塔基州、远西地区的地方情景，使美国读者意识到，在国家统一性上有无限的多样性。从文学角度来看，其中最具影响力的是新英格兰人朱厄特，值得注意的是，她描绘了一个基本上属于宁静平和的社会，而非骚动不安的美国生活。另一方面，最著名的作品则来自西部密西西比河汽船上的一名年轻领航员，他的笔名来自船员测定水深时的叫喊声："马克·吐温"（标定两寻）。《汤姆·索亚历险记》《哈克贝利·费恩历险记》《傻瓜历险记》生动地展现了普通美国人的生活。某些新事物来自"老人河"流域。

在大河谷中突然出现了一些新事物，让我们眼花缭乱上几个月，然后就像阿拉丁神灯里的神奇城市一样消失。此时距离西印度群岛的野蛮人既好奇又恐惧地目睹白人登陆并展开西班牙旗帜已经过去了400年。短短四个世纪，现在整个大陆各种族人口近6500万人。那个时代生活艰难，每况愈下，但我们依然决定邀请各国共同庆祝哥伦布成功登陆巴哈马小岛海滩。我们计划在芝加哥举办世博会。1893年，雕塑家、建筑师、景观园艺师、画家等各行各业人士群贤毕至，共襄盛举，当时情景盛况空前，令人无比振奋。与之相比，1900年的巴黎博览会不啻为各种不和谐畸形事物不完全的混合体。这对我们而言启发良多。我们一直忙于积累财富，忙于劳资竞争，忙于沉浸在肮脏腐败的政治斗争中，忙于在快速增长的物质发展中抢占先机，但是我们中的某些人创造了这座梦幻之城，梦想之光在湖边闪耀，而在几代人之前这里还只有野人和皮毛商。它像梦一样升起但却转瞬即逝。几个月后，世博会建筑被拆除，"白色城市"魔术般地消失，就像它刚开始魔术般地出现那样。

没错，建筑及作品都是经典风格而非独具美国特色，但最重要的是，一个显然完全沉浸于谋生或致富中的民主国家可能会迅速抛弃这些美好事物。数百万人从新英格兰的小农场，从环境恶劣的工业城市住宅，从南方的破败城镇和西部的荒凉城镇来到这里，第一次看到他们从未意识到的景象。在这座迄今为止以冷酷商业行为著称的城市，从这种事物形式与魅力的出现和消失中可以一窥其所蕴含的不完全大众民主之内涵，正如璞中见玉一般。随着它的消失，我们再次转向日常事务。

在某些方面，1896 年反抗东部的民主斗争催生出一个崭新的西部和南方。西部比之前需要更多资本，因为农业机械需要资金；现代农民必须自己成为某种资本家，他无时无地不在与大型公司斗争：铁路、银行、农机制造商等。这里有毒物、蝗虫、贫瘠的土壤、印第安人，以及其他大多数早期就存在的危险，但是有谁能够触及那些无处不在而又无迹可寻的公司呢，它们可以通过被其收买的立法机构、法院、特许状和宪法中有关产权保护的解释而隐匿踪迹？

南方也面临着新局势。在 1881 年亚特兰大的棉花博览会上，一些沿着阿巴拉契亚山脉南下而来的编织者向人们展示了他们的手工织布机，一名织工可以每天工作 10 小时织 8 码布。这次博览会上同时展出的现代化工厂机器则能在相同时间内每人生产 800 码。工厂的生产速度实在是太快了。棉产品的生产过剩使种植者意识到，种植棉花已经无法再给他们带来巨额利润。近十年来他们一直处于痛苦的困境中，无法支付每年用于种植作物的贷款。西部和南方的经济不再完全依赖农业。西部出现了大型工商业城市，伯明翰炼钢厂升起的黑烟和其他标志均表明，南方也开始了它的工业化进程。

东部的经济结构也发生了变化。该地区已经开始了稳定的工业化进程，财富的大量积累现在有赖政府支持和授予特权。最高法院裁决的有关案件一直都在支持大公司；在德布斯一案中，最高法院甚至断言，在法规无效的情况下它有权干预州际贸易；宪法权利的意外扩张给我们带来了积累财富的机遇。关税不仅保护了新兴工业，还使实有资本和掺水资本均有可能得到巨额回报，其作用已扩至克雷在其"美国体制"中所描述的无法想象的高度。总而言之，东部已经不再只是强调保护财产权这项与人权相对应的权利，它也在逐渐考虑它在政府偏袒中获得的既得权利。财富的获取在各个方面越来越依赖于立法和各种政府行为。1890 年《麦金利关税法案》导致 1892 年民主党回归，第二年民主党通过的关税法案在一定程度上降低了关税，但却将所得税纳入进来。东部金融阶层决定尽其所能地掌握控制权。

在过去的每一次斗争中，都会有一些不现实的观念与稳健的民主信念及奋斗精神相结合。然而，经济生活变得日趋复杂，而且随着共和党遗留给克利夫兰的"循环链"耗尽黄金储备，白银自由铸造问题惊动了整个债权人群体。除此之外，再加上操纵问题，白银自由铸造很快就成为 1896 年竞选活动的主题。共和党领袖、俄亥俄州的富有资本家马库斯·汉纳决定提名麦金利（后者对其背负沉重的财政负担）为共和党候选人。他若当选将会尽可能确保关税使东部满意，但不幸的是他支持白银自由铸造政策。然而，麦金利之前就曾有过改变宗教信仰以获得权力的先例，因此在获得提名后他接受了政纲中要求保持金本位制的条款。人民党与民主党人合并，而布莱恩上台后则开始执行以 16∶1 的固定比率自由铸造银币的条款。银币问题的纷争超越了党派界限，就像麦金利本人一样，导致主要两大政党分裂，挺银派共和党人转向民主党，挺金派民主党人则独立提名了候选人。甚至连禁酒主义者内部也出现分歧，分别选出了支持黄金（本位）和白银（自由铸造）的候选人。人民党极不情愿地与民主党人联手，他们认为竞选中白银之外的真正问题被完全忽略了。

麦金利在获得提名后几天表示，关税才是问题所在，货币问题被强调得过头了，一个月内它就会悄无声息。然而，事实是，在这段时间内所有人都在谈论这件事。东部和金融界都躁动狂热起来。我清楚地记得，当时证券交易所的成员向百老汇方向游行；如果布莱恩当选，整个国家将会陷入恐慌。从未有过的情感浪潮席卷整个社会，就连我们卷入（第一次世界）大战或进入停战日都未有过这样的波澜。布莱恩在其著名的"金十字架"演说中不仅抢了民主党代表大会的风头，而且在竞选活动中只强调黄金问题。

布莱恩作为一个思想有局限但十分正直之人不可能与领导早期反抗斗争的杰斐逊、杰克逊和林肯相提并论，不过他仍给人们留下深刻印象。共和党资金充足，汉纳掌控下的大公司出资出力；民主党则一无所有。根据当时亨利·洛奇夫人的记录，麦金利阵营有 700 万美元，布莱恩则只有 30 万美元。她在大选后致信塞西尔·斯普林－莱特："伟大斗争取得胜利。这是一场由训练有素、经验丰富、有组织的势力展开的争斗，一方得到金钱、媒体和声望的充分支持；而另一方，一开始是一群乌合之众，之后突然爆发出一股力量——一个领袖，一个伟大的领导者！虽然独自一人，身无分文，无深厚背景，无钱财，几乎不用草稿，但他不用扬声器就赢得了一场斗争。他是东方的十字军战士，有勇有谋，是伟大的先知！他太了不起了！受到来自追随者和政治纲领的限制——所有的一切都抛弃了他，他只能独自战斗，并且差点赢得胜利……"竞选最后一周，他独自一人为政党发言，他的发言深入人心，竞选结果出来后，得票数是 700 万：650 万。怀特劳·里德动情地说道："当一个人在民意调查中得到的票数与竞选总统时得到的票数均那么多时，他身上一定具备某些优秀品质。"或者我们也可以从布莱恩的立场上看出这一点。如果他能在胜选日当天引发洛奇夫人和里德先生这种顽固保守派共和党人做出这样的评价，我们可能就会觉得，布莱恩尽管能力有限，但他本人却是很受人们欢迎。

对普通共和党选民来说，竞选问题被简化了，因为他们除了关心自身财产安全及工作或生意（它正处于自由白银的威胁中），很少会去关心那些为自身利益而在幕后操纵的既得利益网络。任何记得东部竞选的人都不会忘记，1896 年 11 月投票日当天每个投票箱后面那些窥视的眼睛带给他们的那种恐惧。对民主党选民来说这个问题只是白银问题的一部分。事实上，他认为这可用来解决很多问题，并认为布莱恩过分强调了这一点，但是席卷西部和南部的狂乱情绪非常类似于早期暴动的情绪。黄金是权力的唯一象征，然而普通人却认为它扼杀了美国人民和美国精神，扼杀了民主梦想和反抗特权的人权。认为南方和西部农民将其全部资产都投资于农场土地和设备等最不可流通的财产上是想侵害财产权的说法很是荒谬。他们要求的是**他们**作为独立公民享有和使用财产的权利，与那些拥有其他**形式**财产的人进行公平交易。他们的货币理论是错误的，但亨利·亚当斯、布朗大学校长安德鲁斯和许多保守派东部人士，以及共和党总统候选人麦金利本人亦是如此。这无关紧要。反抗者真正关注的是，金融势力和公司（"既得利益者"）不应掌控美国并破坏普通美国人的日常生活。这种要求是合法正当的，如果一个国家已经到了只能让布莱恩带领他们的地步，那么应该进行反思的就是国家，而不是他们这些反抗者。洛奇夫人的女性观点只关注个人而忽略了其他问题。里德站在资本家角度只关注政治家而忽视了人民。没有人关注美国的声音，那些站在石墙后向从列克星敦撤退英军射击的美国农民的声音；那些经由康涅狄格河、纽约州西部，再到俄亥俄州、伊利诺伊州、堪萨斯州，或者是自南方沿着同样轨迹西行跋涉的美国农民的声音；那些早期美国人的声音，他们追寻杰斐逊承诺的"自由、平等和幸福的生活"，而他那个时代的保守派则挑着眉毛，嘴角带着一丝疑惑的笑容。

在每个后续时代的边疆，当每一代人的力量积聚到爆发点时，人们就会听到它。但在1890年政府指出边疆已经消亡。1896年，边疆的反抗首次遭到失败。某些事物已经从美国人的生活中消失了。一些新事物已站稳脚跟，可以抵御攻击。在东部，当人们在选举后的第二天早上得知消息时不禁欢呼雀跃。

西部的"老人河"低沉地奔流到海。是的，东部关于黄金和稳健货币的看法是正确的，并且一向如此，除了早期作为英国的"西部"时期；它一直都显得格格不入，但这次还不仅如此。"老人河"长久地聆听其儿女魂牵梦萦的梦想，"人终将比金子更珍贵"这一梦想，最终会如何呢？为何那个对"老人河"如此了解并且如此努力的男孩"马克·吐温"后来却去了东部，与其他人一样为发财致富苦苦挣扎，而如今则要与破产和夏洛克式债主斗争？这一切都是为什么？西班牙人很久以前便来到墨西哥湾淘金并想获取更多黄金。但是，"老人河"的儿女们也在梦想着更美好的事物。难道这只是一个梦吗？他们能满足于金矿、森林、土地和诚信交易，而不会为了财富出卖灵魂吗？"老人河"沉默不语，奔流入海。

共和党人事实上是靠人们对否决金本位制的恐惧而胜选，他们等了三年半才通过了一项关于这一问题的立法，即 1900 年的"货币法案"，但麦金利在胜选后立即宣布他将在特别会议上提请国会提高关税。国会议员丁格利根据制造商的要求提交的议案，尽管遭到统计局局长沃辛顿·福特等人的反对，而且议案自身也存在经济不稳定性问题，但在经过两周纯属敷衍的辩论之后还是得到国会批准。惧怕货币政策转向的人们为他们的选票得到了生活费用增加的报偿。正如福特先生所言，许多新费率不仅是保护性的，还是禁止性的，新关税"政策的着重点已由收益附带的保护，转为保护附带的收益"。

距离佛罗里达州最南端仅有 160 千米的墨西哥湾入口处，坐落着巨大而富饶的古巴岛，它在四个世纪后仍为西班牙占有，其人口主要由苏格兰裔和英格兰裔组成，另有美国的糖和咖啡种植者、部分纯血统西班牙人，以及大量西班牙人、黑人和印第安人的混血人种。一方面，西班牙人多年来一直苛政不断。另一方面，许多古巴革命者与西班牙人一样腐败，此辈时时以最恶劣的南美方式反抗统治当局。1895年，无休止的革命再次爆发，西班牙任命"屠夫"韦勒将军为总督，此人采取了毫无政治风度的镇压政策。正如我们所指出的，美国公众的"被压迫者情结"总是很敏感——报纸上对韦勒暴行的报道深深地触动了他们。我们一直以为，无论当地条件和特点如何，任何人不仅有权自治，而且有能力自治——这是一种带有利他主义和理想主义色彩而又极其危险的信仰。我在查看一家大型蔗糖庄园的收入账目（我个人恰好对此颇为关注）时发现，收入的一部分被忍痛用来贿赂西班牙当局，另一部分则被古巴"爱国者"讹诈，以求他们不会烧毁甘蔗——有时甚至一次支付一万美元给他们位于纽约前街一幢建筑物三楼密室内的代理人——就其非正义程度而言，在我看来，似乎此辈古巴"爱国者"比之我们1776年的"爱国者"亦不遑多让。

事态继续发展到1897年，部分出于美国的强烈意愿，西班牙承诺给予古巴自治并进行改革。不幸的是，我们派往哈瓦那港口的"缅因"号战舰于1898年2月15日停泊期间被炸。西班牙立即敦促展开公正的法庭调查并诉诸仲裁。我们对此一概拒绝，虽然我们一直主张进行国际争端仲裁。美国调查委员会于3月28日宣布该舰系从外部被炸；一个未被准许登舰而只能从外部进行鉴定的西班牙委员会则宣布该舰系内部爆炸被毁。随后美国政府将该舰拖至海上并沉入深海，至此任何委员会均无法再次进行调查。

赫斯特主导的报刊上[1]夸大其词的报道激起了民愤。时任海军部副部长西奥多·罗斯福为人好斗，他主张将西班牙人赶出新大陆。麦金利则主张和平，但他有些软弱并担心如果他试图领导国家遏制疯狂的武力外交政策浪潮，可能会瓦解共和党并妨碍关税制度及其他政府职能的平稳运行。虽然几乎不可能指望美国总统"自行其是"，但其中也有些人勇于独立领导，如约翰·亚当斯拯救我们出离与法国的战争。然而，美国调查委员会报告"缅因"号系从外部被炸后的第二天，麦

---

[1]　yellow newspaper press，"黄报刊"，类似于中文八卦报刊，特指专事报道来源未经证实的夸大其词新闻的报刊。——译者注

金利便向西班牙发出最后通牒，而伍德福德将军（我恰好熟识的一个诚实之人）则在 48 小时内电告麦金利，西班牙人知道古巴已不可得，愿意听其独立并尽一切可能安抚美国以免西班牙本土爆发革命。伍德福德不久再次致电，言其 8 月 1 日前可确保西班牙默许古巴独立，甚至美国可吞并该岛，以及西班牙有做出任何妥协的诚意。收到该电报后第二天，麦金利便向国会发出要求宣战的咨文。这或许是他被罗斯福对其"巧克力松饼般软弱无骨气"的评论深深刺痛而采取的一种矫枉过正行为。

参议员洛奇致信六个月前便准备夺取菲律宾的罗斯福，称我们计划取得波多黎各，并认为行政机关"现已完全致力于我们所希望的大策略"。边疆已经终了，但自然资源丰富且人口超过 1000 万的波多黎各和菲律宾实属飞来横财。国会未触及这些问题，而是立即通过一项自我否定条例 [2] 向全世界宣布，我们无意对"古巴行使主权、管辖权或控制权，这里的问题得到和平解决后，我们会将该岛的管理及控制权交还其人民"，此后该声明因我们坚持主张古巴接受《普拉特修正案》而归于无效，该修正案为我们的海军提供了岛上的燃煤供应站，使我们有权为了维持秩序而干涉其事务，以及否决古巴政府与任何外国势力的外交及财政关系。近来在与冠达航运公司有关在纽约至哈瓦那航线运营权的争议中，我们认为此类业务皆为我国"沿海商业"。不过，当涉及蔗糖关税时，古巴是一个独立的国家。我们似乎已经以相当反常的条件赋予它独立性，如果伍德福德将军通过谈判使它实现独立，而非麦金利诉诸战争使它获得独立，那它就有可能脱离掌控。但若那样我们就不可能夺取波多黎各和菲律宾，罗斯福也不会有机会带领他的"义勇骑兵团"（"莽骑兵"）攻占"圣胡安山"，从而也就成不

---

[2]　自我否定条例（self-denying ordinance），旨在限制先前创建的法律或规则在稍后的执法机构中续存，以维护法律规则在执行过程中的独立性和公正性。——译者注

了总统，而对我们及古巴人而言情况也将大有不同。

战争毋庸多言。西班牙海军舰船陈旧，状态不佳。几个月来，杜威在马尼拉湾击溃西班牙舰队，成为民族英雄；西班牙海军上将塞尔维拉试图从古巴圣地亚哥港口逃遁时，被迎头痛击。陆上部队轻松取胜，整个过程如同外出野餐。我们每次胜利皆依赖极大的热情而取得，不计胜败之可能，并且无视军队严重管理不善，以及本可避免的疾病导致死亡人数剧增之丑闻影响。

10月1日，和平委员会成员赶赴巴黎参加和会以签署条约结束这一事件。虽然古巴于两年后获得独立，但我们的国会已对西班牙剪其羽翼，攻取了波多黎各和菲律宾，并为后者支付西班牙2000万美元。当"和平条约"提交参议院批准时，国内出现了许多反对吞并外国领土的声音，那里生活着不会说我们的语言也无法被我们的制度同化的人。该条约得以通过，只因参议员洛奇向其他参议员指出，否决总统在巴黎和谈之内容殊为可耻，而20年后当另一位总统于同一场合达成协议时，此君竟然选择性忘却其言。

此战大多数美国人都为之欢欣鼓舞。没有征兵，7600万人中有22.3万人志愿服役，人员伤亡微不足道。我们无视军队首领大抵无能，无视因枪械质劣而在埃尔卡尼需要6500名美国人花费3个小时始得制服600名西班牙人等问题。胜利就像采摘熟草莓般轻易，我们乐于使德国愤怒异常并乐见英国舰队有史以来首次主动支持我们：在马尼拉湾，英国海军舰队司令奇切斯特授意英国舰队暗示德国海军舰队司令迪德里希，最好不要妨碍杜威行事。

然而，战利品也给我们带来了新问题。在某些方面，例如，在沃尔特·里德少校及后来戈加斯少校的努力下彻底消除了可怕的黄热病灾疫，我们为占领的新岛屿带来莫大好处；我们的政府虽然远非完美无瑕，但总体而言非常出色并取得了良好成果。然而，菲律宾人似乎并非如古巴人被西班牙统治那样渴望被我们统治，因而起义比战争本身使我们付出更多生命。我们第一次窥见这样一个事实：即使人们意欲自我管理，但当我们想要管理他们时，他们也可能无法做到。

在这些新的兼并之前，我们占领的都是空地，因为印第安人从未被考虑过，而且我们自己的定居者所居充裕的土地可以划分为各州领土。波多黎各最终也可如此操作，但菲律宾的情况却是大有不同。就像塔夫特先生所言，宪法是否适用于这上千万"棕色小兄弟"？新占领的土地是否是美国的一部分，如果不是，那它究竟又是什么？

正如你已猜到的那样，这个问题在关税中具有实际意义。美国蔗糖生产商要求对来自这些岛屿的蔗糖进口课征关税，但若它们是我们自己的一部分，又怎能对其征税？据我所知，目前菲律宾的独立正在得到支持，故对美国蔗糖生产商而言这一问题可以得到满意解决，而对菲律宾人而言则代价过高无法接受。问题出现于1899年。如果我们像英国一样拥有不成文的弹性宪法，一切都可轻松解决；但我们有一部成文宪法，终须对其做些激进解释，方可使我们吞并新领土，而且这部宪法使我们根本不知该如何去管理1000万不愿被我们统治的人民——我们这边并不打算使其成为公民，而只想向其征税。

1901年，这一问题被提交最高法院，正如杜利先生所言，"无论宪法是否追随国旗，最高法院都会追随错觉"。表决结果为5∶4，甚至这五个人就其达成部分一致意见也是理由不一，该裁决判定"波多黎各为附属领土——但并非美国的一部分"。事情就这样解决了，但其他问题则随之而来。我们的新人口在法律上被宣布为既非美国人亦非外国人，因为正如杜利先生所言，"国旗的生命力如此强大，没有任何宪法能够超越它"。

我们特别感兴趣的是，在一代人或更长的时间里，我们的政治哲学已与《独立宣言》和宪法起草时期有了明显不同。第一次重大打击伴随内战而来。我们的政治哲学主张政府的正当权力来自被统治者的认同，而我们尚保留着300万具有隶属关系的奴隶，这始终是不正常的。而当600万白人不再认同联邦并脱离出去时，我们强行迫使他们回归，这也是不正常的。现在我们又从波多黎各接纳了超过100万人，而远东则是约1000万人，并且后者因为系以现金赎买，他们对我们根本就没有认同感，而且他们已经发起了一场暴动，而我们则不得不用血腥手段才将这场暴动镇压下去。

1900年，麦金利以压倒性多数票再次当选总统，他选择了古巴战争英雄罗斯福为副总统；我国已经批准了战争和兼并，最高法院不得不使既定事实合理化，事实表明这一壮举难度之大正如布朗大法官所言，这一裁决辗转于九位法官之手，"彼此都不同意"。他们无能为力，国家政治哲学或宪法的创伤正如人体深深的伤口一样，不留下显眼的伤痕便不会愈合。边疆的早期美国精神源于这样一种信念，即在我们宣布政府只能得到被统治者的认同并且所有公民都有权享有某些权利时，我们言行一致。但在看待黑人问题时我们总是不得不闭上一只眼睛，而在1865年之后，当我们看待南方及南方那些反对"重建"者时，我们也不得不将眼睛闭上。我们拥有奴隶，我们曾有过"叛乱分子"，现在我们10%以上的人口都是"臣属者"。维持"自由的人自由地认同自由的政府"这一假象变得有些困难，如果我们不再以此为自由的和绝对正确的政治哲学，那么这是否会导致变本加厉地损害早期概念呢？如果奴隶因为其主人有权势而服从主人命令，南方因为北方有权势而唯命是从，岛民因为我们有权势而听从我们指示，那么为什么小公民不应当听命于有权有势的公民和公司呢？汉密尔顿先生显然引领我们大大偏离了杰斐逊先生的初衷。

1901年3月2日，J. P.摩根公司宣布成立美国钢铁公司并在四周后表示公司修正后的资本为11亿美元。"亿万美元"托拉斯时代开始到来。9月6日，麦金利被一名精神错乱的无政府主义者枪杀，八天后去世，罗斯福继任总统，成为美国的领导者。

# 12

# 恐龙时代

在地质史上所谓的侏罗纪时期，在动物进化的过程中突然出现大量大型爬行动物，这些爬行动物在它们的物种中成为有史以来最大的动物，它们中有一些身长超过 15 米。这些海陆空新生统治者们的出现是多种进化因素随机结合的结果，这些统治者们的体积、体力和攻击力仿佛注定它们一出现就要统治世界。它们在这片大陆上漫游了很长时间，那时人类尚未出场，如今它们保存在我们博物馆里的骨骼化石让我们很是震惊：这些骨骼化石体型庞大，其下颚处有 200 多颗牙齿。但是大自然已经证明，体型并不是发展过程中的决定因素；不知何故，这些巨型生物缺乏效率和适应能力，最终灭绝。

同样，在我们所处时代的社会和经济世界中也突然出现了规模庞大的企业组合，其形式为超出人们想象的大型公司，这些企业就像古老的恐龙一样似乎注定要统治世界。从体积、力量和攻击力来看，似乎没有什么东西能与它们抗衡。它们是否也会在效率和适应能力方面出现弱点（它们的体积并不能弥补这些缺点），从而能够按照自然规律依次消失，这仍是一个悬而未决的问题。很可能恐龙是因为缺乏脑力才灭绝的。为我们这头现代经济怪兽提供足够的智力指引力量之难度显而易见。无论最终结果是什么，当这些新巨人突然出现在那些相形矮小但却聪明、热爱生活的人们中间时，他们很快就明白，要为他们认为值得生活的一切而奋斗。

美国钢铁公司只不过是这些新生经济怪兽中最大的一个。1904年，一项保守估计显示，5300 家工厂合并为 318 个托拉斯，其资本价值为 72.46 亿美元；另一项估计则是，大量合并的资本价值超过 200亿美元。虽然这些合并大都发生在产业界，但为消除竞争，铁路部门也出现了一些类似的合并。更危险的是银行界的权力集中，就连带有保守色彩的《华尔街日报》也在 1903 年将它描述为："不仅仅是正常的增长，还是一种集中，这种集中源于合并、联合及其他用来确保垄断力量的方法。而且这种集中并不像商业银行那样。集中的大银行与金融利益紧密结合，与大型企业的发展密切相关，其中许多企业主要都是投机性的。"该报还提到银行权力正在转移到这样一些人手中，他们的兴趣不在合法银行业务上，而在股票的售出、注水（虚股）和操纵上。

所有这些新生的庞然大物都控制在极少数人手中，这些人大都来自纽约。摩根集团和洛克菲勒集团的成员共在 112 家银行、铁路、保险及其他公司担任 341 个董事职位，他们控制的总资源价值 222.45 亿美元。在一次晚餐后的演讲中，这个集团中的一个成员犯了一个战术性错误：他向在场者表示，外界传言美国商业由 12 个人控制且他本人便是其中之一，其实这种说法千真万确。朋友之间的这番话在向公众发表的有关演讲的报道中被删掉了，但即使这番话未予公开，公众对局势也是看得十分清楚。如此巨大的权力如此迅速地集中在少数人手中，这是一种前所未有的局面——不管我们是考虑到他们控制下的资源和收入总量，还是受其命令和行为影响的人口，抑或是他们直接雇用的数百万人。

针对新商业领袖的心态研究，从个体角度来看通常有些无聊，但从社会角度整体来看却是格外有趣。联合太平洋铁路公司总裁查尔斯·亚当斯对他们中的许多人都十分了解，他写道，他从不想在今生或来世遇见（他们中）一个人两次，"他们中没有一个人能让我联想到幽默、有想法或文雅。一些人仅仅是吸金者和交易者，他们在本质上是没有吸引力和无趣的。事实上，像其他所有事物一样，赚钱需要特殊的才能和高度的集中"。

这些人远没有上一代的范德比尔特和杰伊·古尔德那样粗暴。一方面，整个国家的行为规则有所改善；另一方面，出现了公司律师这一新职业，他们对像古尔德印刷"非法"股票证书卷款而逃及内战后其他戏剧性事件中各种外行的生疏手法嗤之以鼻。只要可能，这些新手都是"戴手套"的。而且伟大的美国商人思想中那种奇怪的二分法已经开始在大恐慌中显现出来。他们作为人可能做的事，和他们作为"商人"可能做的事之间几乎没有道德上的联系。一个人有可能是一个商业上的海盗，同时也是一个慈善的上帝，为他的家乡或一些慈善组织或教育机构做一些贡献（捐赠）。

例如，在金融界被称为"地狱猎犬"的一位华尔街名人，他老家的村民和其他一些受益者都因他在金钱上的帮助而对他十分尊敬。卡内基拒绝了工人们想要改善生活条件的合理要求，而且为了彻底控制工人们的命运，他用外国移民取代了美国本土劳工。如今他则开始捐赠数百万美元去修建图书馆，但在赢得这种廉价名声时他设置了很多麻烦的条款，结果就是，不止一个城镇或城市（其中碰巧也包括我所在的城市）拒绝接受这些捐赠。甚至在他将自己的工厂卖给美国钢铁公司之前，他每年的个人利润份额就已超过 2500 万美元。洛克菲勒的收入显然比那还要多，而且这个在商业上残酷无情之人也开始慷慨地赠予。

在这个群体中，也许只有年长的摩根拥有最宽广的胸怀和最有建设性的思想。如果一个人贸然前去打扰，那他就是在冒断送自己财路的危险；不过，摩根有时也会非常慷慨，对这一点我个人是十分了解的。有一天，华尔街出现了资金恐慌，在利率上升至每天 1% 之后，资金完全消失了。即使对拥有最安全证券的借款人来说，不管用什么方式也都借不到钱。我父亲在三点之前必须筹到 5 万美元，否则他的公司就要破产。他无法从任何一家银行借得一分钱，尽管他的抵押担保是最稳健的。作为最后的救命稻草，他被引见给摩根先生，他过去从未见过后者，但后者却立刻把钱借给了他。他们交谈不到两分钟，临走时我父亲问他利率多少，摩根先生头都没抬，一直盯着刚翻页的报纸，粗声答道："6%——摩根公司从不多收。"摩根对我父亲没有一点兴趣，那天就算我父亲的公司破产，也不会在华尔街这片风雨如磐的水域激起一丝涟漪。他那种姿态就像是一个君王，他让一个无辜者免于死亡，然后转身就去干其他事情。那天摩根就摆出了这样一种姿态。与他形成对比的是，其他"伟大的"银行家中有许多人拥有的却是手推车小贩般的灵魂。

此外还有所谓的"帝国建造者"——铁路巨头哈里曼和希尔这类人。虽然所有这些人在许多方面都有所不同，但他们也有一些共同特征。一方面，有一种我们已经提过的美国思想表明，不管怎样，赚钱和尽快使国家得到"发展"就是一种善事，结果这使人们相信，事情只要能完成就好，而不必在意它是如何完成的，以及它会产生多大的社会影响。这已成为一个显著的美国特征，它继承了边疆"快速致富，快速发展"的心态。这一特征在与大企业领袖进行斗争的罗斯福身上体现得就像在那些大企业的领导者身上一样明显。我们稍后会注意到罗斯福对巴拿马运河的攫取，但在这里我们可以暂时先引用一下他在规避国会关于运河建设的法案时所发表的言论："该死的法律。我就是想修这条运河。"这正是同一时期统治美国商界者的精神。

有了这种精神，他们就有了一种专制的信念，即他们有权统治人民，有权通过自己选择的方式在他们自己方便的时间和地点推动国家发展，并有权防止任何形式的干扰妨碍到他们自己的计划——总而言之，就是成为"仁慈的暴君"。在 1902 年的煤矿大罢工中，当人们反对煤矿主的权力被严重滥用时，后者的发言人乔治·贝尔宣称："劳动者的权利和利益并不会受到劳工鼓动者的保护和关照，而是受到基督徒们的保护和关照，对这些基督徒来说，上帝运用自己无限的智慧控制了这个国家的财富，并且许多事物的发展都依赖于对这些财富的成功管理。"汉密尔顿主义辗转腾挪几呈神权之势并牢固地筑起了保护大资本家之藩篱；此等新神权思想与《独立宣言》中的人权思想格格不入，但对这些大资本家而言，这就是他们的神。对这样的人来说，"美国梦"纯属无稽之谈。

汉密尔顿主义体制在运行过程中已完全失控而左支右绌。那么，杰斐逊主义是否就能发挥更好的作用呢？杰斐逊所提倡的根基，即拥有自己房屋和土地的自由民，此刻还剩下什么？ 1900 年，我们的人口约为 7600 万。这其中有不到 500 万人被归为农民和种植者；255 万人是赚取工资的农场工人；另有 255 万人是家庭及个人服务业的工薪阶层；贸易和运输业中有超过 300 万人；制造和机械业中差不多有 1900 万人。十岁以上者中文盲超过 600 万，而且这其中有一半以上都是本土出生的美国人。在 1787 年时相对比较简单的社会和政府问题如今已经变得无比复杂，以至于时至今日这仍是一个问题：我们或任何其他国家能否通过智慧来解决这些问题，或者我们是否会成为不可控力的受害者。早期的人们在城镇会议上接受政治教育，而且他们的大多数问题都和家庭有关。到 1900 年，政治体系的组织已经变得如此之好，以至于个人对其运行的影响变得很小，就像某个中心发电厂里的一部发电机对整个发电厂的影响一样小。

虽然我们当时没有认识到这一点并且今天也不想承认，但事实是，工业革命和应用科学时代释放的力量正在国家中形成新的模式，在这些模式中，合作和社会化以一种迄今为止从未想过的规模，将会在很大程度上取代 18 世纪和美国边疆开拓时期的旧个人主义，在从日历上宣布美国的边疆开拓时期结束之后，这种影响在那个世纪又延续了很长时间。美国的工人，公司雇用的大批挣工资者，在堪萨斯州种植小麦然后在伦敦或孟买售出并与俄罗斯或阿根廷小麦竞争的农民，控制企业数十亿美元资源（这些资源对数百万男人、女人和孩子们的幸福生活产生了重要影响）的资本家——所有人都仍在梦想过上新英格兰或弗吉尼亚殖民时期美国农民的个人主义生活。每个群体都觉得自身受到他人阻碍。当想要发展自己所在州的俄勒冈州人发现哈里曼不许任何人在该州建造铁路，而是必须等到他自己准备修才行，这些巨头的力量激起人们强烈的怨恨。而当政府插手其中，就像北方证券铁路公司合并被解散一样，巨头们则怨声载道，就像希尔对抗罗斯福一样，他们抱怨说这是非常可恶的一件事，并且说大商人勇气可嘉，（他们）"为了我们的生活去跟政治冒险家们对抗，那些政治冒险家从未做过任何事情，只是摆出姿势，装模作样地领取薪水"。

我们接受的培训和教育无法指导我们去解决新问题。我们的社会习俗和生活占了此等训练的大部分，都是支持个人主义、残酷竞争、不择手段地快速赚钱，无视法律，无视个人行为带来的社会后果。我们学会了"爱国主义"，但却没有学会如何成为一个好公民。至于我们的"书本教育"，伍德罗·威尔逊在 1907 年说过的一句话非常贴近现实："我们所有的教学体系并未培养出任何人，我们所有的教育思想也没有教育出任何人。"汉密尔顿主义正在瓦解，因为强者正试图掌控所有权力。杰斐逊主义正在瓦解，因为国家不再由自由人和自由地产保有人组成，这些人有能力解决他们的社会环境和各种力量带来的问题。教育正在瓦解，过去我们则认为教育能让选民有能力进行自治，因为我们的教育体系中没有任何价值体系和真正的目标；对大众而言最好的情况就是它已变成仅仅围绕"书本学习"的一团乱麻，而这种"书本学习"既没有给予他们可以为之追求的价值观，也没有给予他们应有的知识和智力训练，去帮助他们理解各种力量的复杂性，对于这些力量他们必须机智地加以应对。然而，"美国梦"依然被我们数以百万计的人所珍视，尤其是在农场、工厂和商店的普通民众中更是如此——而且理当如此。我们需要的是一个富有同情心、理解力、敏锐洞察力的领导者。人们因为布莱恩的民主及其对"美国梦"的信仰而全力拥护他，尽管他在智识、社会和经济方面犯过错，由此即可看出人们内心的这种需要是多么强烈。

这个国家仍然是分裂的，因为北部、南方、西部和太平洋沿岸都有自己的需求和生活方式；但边疆已成过去，这个国家正在迅速一体化。比如说在铁路巨头中，哈里曼在纽约、希尔在明尼苏达州、亨廷顿在加利福尼亚分别统治着西部的铁路网。这些问题不仅是全国性的也是区域性的。其中最紧迫的问题不是资本与劳动之间的矛盾，而是普通弱小的美国人与那些新生的巨头阶层之间的矛盾，这些巨头把整个国家都视为他们自己的个人财产，并要国家按照他们的想法来运转。撇开他们起初为自己积累的一两千万美元财产不说，他们对金钱的渴望远没有对权力和资源的渴望那么强烈，他们可以利用这些权力和资源来"玩游戏"。这种想法跟一个男孩非法与人飙车并获胜所获得的那种激动感别无二致。顺便说一句，就像哈里曼复兴联合太平洋铁路公司一样，他们有可能提供使整个社区受益的服务。但另一方面，他们也可能会毁坏财产，或者在他们偶尔互相攻击的斗争中摧毁一部分小人物。同时，通过控制大公司，他们也控制了我们数百万人的命运。许多从未听过南方黑人唱歌的人都会立刻体会到下面歌词中所带有的讽刺意味：

老蜜蜂做蜂巢，

小蜜蜂酿蜂蜜；

黑人种棉花和玉米，

最后则是白人得利。

在每一个方面普通美国公民都感到不安，他四处寻找能够与"托拉斯"进行斗争的领导者——这意味着他显然无法控制自己的日常生活和事务。

突然，麦金利在布法罗被人开枪刺杀，于是罗斯福便成为总统。改革已经开始，但却缺少一位国家领导者。拉福莱特多年来一直做得很好，但作为一名煽动家他在东部地区不受信任，而且他的政治力量主要局限于西北地区。罗斯福当过纽约州州长和海军助理部长并在一些小机构中任过职，但他的能力还尚未可知。他是一名改革家并在美西战争中赢得民众支持。他生来就是一个拥有一定财富和良好社会地位的纽约人，他在自己的达科他州牧场上待了很长时间，并通过《征服西部》一书摘得文学桂冠。

很快就可看出，这位新任总统虽然也属于一个政党，但他却打算奉行自己的政策，不被自身所属政党的全国委员会及其主席所支配。他的第一个绝佳机会来自于西北铁路事件。控制联合-南太平洋线的哈里曼集团，因摩根-希尔集团不允许其对伯灵顿铁路系统占有一半股权而感到愤怒，于是它就通过在股票市场公开购买，想尽办法从其对手那边抢占北太平洋铁路公司股份（它在伯灵顿铁路系统中占有一半股权）。众所周知，这个戏剧性故事的高潮就是北太平洋公司的群体事件，以及 1901 年 5 月 9 日的股市恐慌，当时华尔街有一半公司在几个小时内破产。最后竞争对手决定妥协，经过谈判，北方证券公司诞生了。

根据《反托拉斯法》，律师们认为将原本相互竞争的大北方铁路公司和北太平洋铁路公司合并为一家是一种极其危险的违法行为，但后来又演化出一种观点：一个所有者不能被视为与自己同谋。一家控股公司在新泽西州成立，其总资产为 4 亿美元，通过交换其股票来购买两条铁路线的控股权，哈里曼在这家新公司及这两条铁路的控制权中占有更大的份额。如果这一假借法律名义的把戏得逞，《反托拉斯法》显然就是一纸空文。

西北部地区发现这里两家原本相互竞争的铁路公司借助一个诡计（不论其合法与否）合并为一家后，立刻竭力反对，到 1901 年年底这种反对行动变得更加激烈。来年 3 月，罗斯福与总检察长诺克斯亲自梳理此案，政府提起诉讼要求解除两家公司合并并最终胜诉。在很短的时间内，罗斯福总统还成功地让国会通过一项法案，给予法院审理有关托拉斯案件的优先权；另又通过一项法案，禁止铁路公司向托运人提供不公平和带有歧视性的回扣。1903 年 2 月，商业和劳工部成立，其负责人在国务院任职，负责监管全体民众的经济利益。普通美国小民，无论是东部的还是西部的，都觉得自己终于找到了一位值得拥护的总统，罗斯福总统深受人们欢迎，1904 年他以绝对优势再次当选。

不仅西部地区的农民很感激这位新领导，东部地区的劳工阶级同样如此。在北方证券公司被起诉的同一年，无烟煤田发生了煤炭大罢工事件，在约翰·米切尔的有力领导下，罢工持续数月而没有发生暴力事件。凭借他的优秀品格和非凡的能力，米切尔赢得了矿工的热爱。正是在这次罢工过程中（罢工遭到煤矿所有者们的激烈反对），贝尔说出了此前我们引述过的言论，提到基督徒关注工人们的权利，而对基督徒来说上帝则用其自身智慧赋予了美国财富。但在人们传唱的一首歌谣中，我们则见识到另一种美国人的观点。

现在你知道迈克·索科洛斯基了——

那个人是我的兄弟……

现在我属于工会，我是好公民。

我在这里生活了七年，

在美国。

我怀着憧憬工作，

在诺丁汉康宁厄姆多伦斯井（煤矿名称）——

每个地方都像这样。

在井下，在巷道里工作，

每天劳作，从不休息。

我有很多钱，九百，也许一千，

所以，要罢工就罢工吧——

我们的约翰·米切尔是个汉子！

矿主们认为是上帝赋予了他们这些财产（他们以大公司的形式持有），所以他们坚决拒绝雇用那些胆敢自己组织工会、自己组织劳动资源的人。事实上，上帝也赋予了劳工们资源，好让他们整合成一个更有效率的组织，在更多方面与公司打交道。夏去秋来，僵局依旧。随着冬天到来，公众的焦虑情绪愈发严重，民众主要是同情那些表现良好的矿工。罗斯福派军队进入矿井并为公众开采煤炭，然后在矿主们继续顽固不化的情况下任命了一个委员会负责审议此案。最终，矿主们勉强答应在白宫与米切尔和罗斯福总统会面。在白宫，矿主们和总统对彼此都很生气，因而什么也没谈成，米切尔（正如总统事后承认的那样）是"唯一一个克制住自己脾气和保持头脑冷静的人"；两周后，矿主们在舆论的压力下将仲裁权交给了委员会，恢复了煤矿的生产。

接下来四五年，公众的注意力仍以这样或那样的方式放在与普通公民有关的"大企业"问题上。1904年，塔贝尔女士的《标准石油公司的历史》一书出版，该书向人们提供了关于大型托拉斯是如何攫取权力的可靠的文字记录。时不时地会有一些公司的不合法行为通过官方调查和法庭审理的方式被揭露出来。在对大型保险公司的调查中，暴露出令人作呕的丑闻；据查，尽管有新法出台，印第安纳州的标准石油公司仍然获得了回扣；糖果托拉斯不满足于自身实际垄断地位和高关税，通过支付码头超重税这一方式故意欺骗政府。在揭露黑幕的过程中，小说家、记者和新出的廉价杂志纷纷参与其中。虽然这往往会沦为单纯的丑闻曝光乃至造谣中伤，但那些被揭露出的真实案例却会唤起公众的良知和恨意。美国第一次开始审查日常商业生活中的道德。罗斯福在演讲和文字中反复强调"公平交易"和商业道德这样简单却亟须解决的话题。人们慢慢得到了真正的教育并具有了成熟的观点。这就像我们国家的青春已随边疆消亡而逝去，我们已经长大，开始以成人的眼光认真看待这个世界，而不再是透过缺乏经验的金色迷雾去看待它。

这一切都使我们能更好地了解我们的处境和状况，但这并未指出补救良法。不过我们已经开始在某种程度上更清楚地认识到，我们必须更有力地去面对一些问题。仅仅"解散托拉斯"并非解决良策。这种"明智"做法就像在亿万年前设定法令规定恐龙身长不应超过 1.5 米，然后用卷尺去测量每条恐龙的长度。当今世界，堪萨斯州的一个农民要按照电报上的报价，用铁路把他的小麦运送 2414 千米，然后再用蒸汽轮船运送到 4828 千米外，此时如果继续沿用好几代人前就普遍存在的相同的政治或经济手段，这个世界是无法运转的——以前一个农民要驾着马车走过十多英里土路把自己的农产品运进城，而那条土路则由他和他的邻居一起维护。单纯解散那些大公司并无济于事。人们开始关注"好的"和"坏的"托拉斯企业之间的区别。另一方面，在面对拥有数百万或数十亿美元资源及权力的新公司时，个体公民太过无能为力。显然，这个社会要么实行社会主义，美国人从未考虑过它；要么就是让政府站在我们与公司之间以便监督公司，保证它们是在为我们提供帮助，而不是在压榨我们。

我们开始沿着这条新路前行并先后制定了《食品卫生法》和《赫伯恩法》，这两部法律均于 1906 年获得通过。过去都是由家庭主妇采买准备家中食物，她要自己承担食品质量的责任；但当我们的肉来自大屠宰场，并且有许多其他食品是瓶装和罐装时，她就无法控制食品的质量和卫生。政府必须介入其中以确保在这两者上不出问题。同样，就像在《赫伯恩法》中所做的那样，政府必须介入其中以确保托运人获得公平的费率，这个法案将制定费率的权力转移到州际商务委员会手中。第一个新法案以最为简单的方式使每个家庭都感受到自己处于联邦政府的保护下，第二个新法案则使巨头们感受到联邦政府的权力。无限制的个人主义时期正在快速成为过去。就连"老人河"也感受到了新的限制：当基奥卡克大坝建成后，它再也不能不受约束地流入墨西哥湾。

随着边疆开拓时期结束，人们意识到我们的资源并非取用不竭，在 1890 年那一声明发布后的一年内，国会已授权国务院收回全国林地，不再用作宅基地。到麦金利去世时已经收回近 1902 万公顷土地，而在罗斯福任内这一数字增至超过 6960 万公顷；就在卸任前几周，罗斯福还不顾国会反对任命了一个国家自然保护委员会。矿物和水力与森林一样都被考虑在内，对所涉及问题的讨论让我们深切地意识到，边疆开拓时期那种快速开发和为了个人利益不受约束地攫取所有自然资源的旧有理念已经发生了改变。我们慢慢地认识到，在新的世界中我们应该服从一种更强烈的社会控制，对于这种控制，边疆开拓时期的人们是无法接受的。我们关于个人自由的早期美国理想认为我们可以做我们喜欢的事情，但政府依然是民有、民治、民享的，并且少数"基督徒"认为上帝是把这个国家当成私人俱乐部提供给他们的，他们更喜欢上述自由理念。现在我们必须调整这种理念，采用新的思考方式并习惯新的运行方式。有人通过谈论无政府状态和社会主义来吓唬民众，但民众渐渐已不再对此感到恐慌。

1907 年，由于融资不当和银行治理不善，大量未售出的证券在华尔街引发了恐慌。看不到前景的一些老式资本家试图让公众相信罗斯福应对此事负责。罗斯福总统站稳立场，坚决反击，宣称他们是"富有的恶人"。而大企业则朝他喊话"不要招惹我们"。但是我们不能不管大企业，因为它并没有老老实实，不招惹人民，而是无孔不入，进入我们的家门。过去拓荒者不断前进，保证 16 千米内没有邻居，他们可以高声大喊："别招惹我！"然而，开拓边疆的时代已经成为过去。在由密密麻麻的人群组成的森林里，大企业不能再玩以前拓荒者的那一套了。

在国内问题的这一新方向上取得进展的同时，我们也开始在国际舞台上发挥不同的作用。不断扩大的商业版图和在美西战争中获得的财富已使我们成为世界强国，虽然我们还未意识到这一点。在《巴黎和约》签订后的那一年，我们插手了那个时期的中国局势。当时约翰·海伊是国务卿，他照会英、法、俄、德、意、日等国列强，提出对中国实行"门户开放"政策。第二年，我国军队与他国军队一起镇压了义和团运动。

1899 年我们积极参与组建海牙国际法庭，1902 年当英、意、德三国宣布封锁委内瑞拉以获得某些索赔时，我们建议这个问题应该提交海牙国际法庭解决。德国拒绝这样做，于是罗斯福就派杜威率领美国舰队前往加勒比海"演习"，德国这才接受仲裁。遗憾的是，罗斯福对哥伦比亚的处理方式很快就使我们失去了通过保卫委内瑞拉而使我们在南美邻国中获得的威望和友谊。他非常渴望通过在中美洲地峡建造一条运河来代表他任内的成就。1902 年，国会批准了 4000 万美元用于购买法国德莱塞普斯辛迪加集团所拥有的运河权利，该运河已开始在哥伦比亚的巴拿马省建造，但却没有建成。但是国会规定哥伦比亚必须将运河所在地带的管辖权交给美国。通过海伊，罗斯福答应给予哥伦比亚 1000 万美元现金并每年支付 10 万美元租金用以租借运河地带 100 年，对此哥伦比亚迟迟没有接受。无论哥伦比亚政治的来龙去脉是什么，当然只要它想与我们签约它完全有权延迟做出决定，事实上它显然打算按照我们的条件缔约。不过，它还打算从法国辛迪加集团手中收取 1000 万美元，如果没有哥伦比亚的同意法国辛迪加就无法出售其手中权利，并且这笔款项将被添加到我们头上。

长话短说，在罗斯福的默许下，一场革命在巴拿马上演；巴拿马就此脱离哥伦比亚；美国战舰阻止了想要镇压这场革命的哥伦比亚军队登陆。几乎是在一夜之间我们就承认了巴拿马并与她签订了一项条约，通过这项条约我们永久地租借了"运河区"。这种帝国主义行径的粗俗程度几乎打败了欧洲所犯过的任何罪恶，也打败了我们中最卑劣的"基督徒"在商界所尝试的任何手段。这严重地损害了我们在南美洲的声誉，18 年后我们对哥伦比亚的自尊心作了部分补偿，给予她2500 万美元，而如果在罗斯福时期我们能够正大光明地为租借运河区支付应有的款项，所需支出不过是 1000 万美元。不过需要补充的一点是，运河开挖不到十年就胜利竣工并投入使用，而且由于戈索尔斯上校非凡的能力，我们把曾是道德和身体上容易发生传染病的运河区变为地球上最健康、最体面的地方之一。遗憾的是，罗斯福未能有足够的耐心来诚实地做这件事。

不过，1905 年，他把日俄战争中的交战双方聚集在新罕布什尔州的朴茨茅斯，并主要是通过他的外交手段和才智使这次会面以和平告终，这对他来说是一次真正伟大的外交成就。两年后，美国海军舰队离开汉普顿环球巡航，并于 14 个月后的 1909 年 2 月安全返航，给全世界海军留下了我们国家力量和地位日益增长的鲜明印象。

在官方宣布边疆拓展结束后的 19 年内，我们目睹了劳资双方最严重的冲突；实行了自然保护政策，而不是无限制开发；开始对我们的商业道德和做法进行自我批评；同一个欧洲国家作战，获得了菲律宾岛屿的所有权，同时获取了生活在那片土地上的 1100 万居民；在本土之外修建了巴拿马运河；在东亚和其他地方干涉世界政治并取得有利结果；为建立海牙国际法庭提供大力帮助；我们的战列舰更是做了环球航行。在科学技术方面我们也取得很大进步，尤其是在大规模生产技术方面。我们愿意废弃旧的制造方法，在各个领域进行试验，向全世界展示出惊人的经济方面的勇气；不过我们也有一个怪异的特点，尽管我们是最勇敢的经济创新者之一，我们在许多其他方面却是伟大的原教旨主义者。虽然我们愿意把经济改革推向崩溃的边缘，但我们却不愿意（或者是大企业巨头们不愿意）对我们的社会和政治安排做出丝毫改变以适应新的经济安排。部分是由于这一结果（或者是这一原因），适应或多或少平等社会的旧条件与新技术相结合，开始在工薪阶层和刚起步的亿万富翁之间划出一道前所未有的鸿沟。诚如我们所见，个人财富规模随着每代人的成长不断扩大，我们创造及分配财富的新方法更是以惊人的程度强化了这种趋势。可是我们仍未找到控制方法，部分原因是我们对社会变革有一种内在的恐惧，这一制度的受益者最大限度地利用了这种恐惧并将其灌输给我们。弱小、和蔼可亲并有法律头脑的塔夫脱一度受制于它。不过，新总统（塔夫脱）也并非总是如此——当然，除了我们的经济原教旨主义者的标准，从任何标准来看他都不是一个激进分子。

罗斯福已经当了两届总统，他认为把任期限制在两届内这一明智传统也适用于他的情况。在性格上他还无法与林肯或华盛顿相提并论，但仅仅是说他不如前二者这一必要的负面陈述就足以表明他的地位。不过，在处理他那个时代最大的问题，即如何使经济和政治民主与美国这样一个幅员辽阔的国家不可避免地出现的巨型公司相协调上，我们很难说他提出了非常深刻的解决办法。

然而，他确实做了一件当时没人能够胜任的头等大事。正当我们感受到导致局势紧张得一触即爆（部分是因边疆开拓结束所致）的各种力量的全面影响时，他理智的领导使得受压迫最重和最不满的人们团结起来。大企业的领导们把他视为一个令人讨厌的激进分子，事实上他的出现对他们来说也是一种幸运。他是一根避雷针，可以毫无伤害地带走这场风暴中被压抑的狂怒，不然这场风暴很可能会给国家造成巨大破坏。更重要的是，尽管他也有自己的缺点，但在这个或许是我们民主历史上最关键的时期，他是一股至关重要的力量，可以帮助我们达到更高的商业道德水平并帮助普通公民实现"美国梦"。如果说他还无法与林肯平起平坐，那他无疑也是自林肯以来最伟大的共和党总统，尽管他为自己政党的领导人所诅咒。

他拒绝竞选第三个任期，而是提名了他的继任者塔夫脱。接下来四年，这位新总统虽然软弱而且他本身也并非一个反动分子，但却让反动势力重获生机。在某些方面，这个国家正在发生深刻变化。其中许多变化，普通人能感受到却无法理解。首先，他在选举日投进票箱的选票价值和影响力正在稳步下降。那些熟悉最新广告手法的人直言，除了受成本所限，有关任何话题的公众舆论都可以被引导向任何意欲达到的目的——这一说法不无道理，因为借助高成本的精妙宣传手段，公众舆论开始越来越多地被操控。手里钱越多，就越能传达出一方的意见。此外，各种组织、团体和强大的少数群体在财政上得到充分支持，开始对立法者施加较无组织选民的意愿更大的控制。最近有500多个这样的组织在华盛顿设有办事处，目的都是对立法施加直接压力。反酒馆联盟只不过是最臭名昭著也是最成功的联盟之一。这些团体和大的经济部门的游说团体（铁路、电力和水力发电公司、各种各样希望提高关税的制造商等）的影响，正在开始削弱普通公民的投票权。在塔夫脱时代这种无形的管理方式开始引起人们注意，而事实证明他并没有能力去对付那些在许多情况下他几乎不了解的势力。今天美国最强大的机构之一美国商会就是在他的建议下成立的。

对手密谋各种诡计想要瓦解塔夫脱与罗斯福之间的友谊。在1912年总统竞选之前的一段时间，罗斯福结束了他的非洲和欧洲之行，回到了美国。对他名声不利的是，他相信自己应该与谋求再次提名的塔夫脱展开竞争。在大会上，裁决和诉讼程序对他和塔夫脱的声誉都有损害；他在败北后组建了"公麋鹿党"（美国进步党）并与自己的政党决裂。随着共和党在塔夫脱与罗斯福之间的选票上出现分歧，也就为民主党候选人威尔逊的当选扫清了道路。威尔逊是普林斯顿大学前校长和新泽西州州长，他是一个有才干之人并且是一个进步主义者。

从某方面来看，这次选举也标志着我们国家一个时代的结束。除哥伦比亚特区外，美国大陆每一个地区的每一个公民第一次能以一个既定州的公民身份投票。在塔夫脱任期最后几个月，最后两个准州（亚利桑那州和新墨西哥州）被承认为美国的两个正式州。1867年从俄罗斯获得的阿拉斯加和1898年被并入的夏威夷是仅存的准州，它们同从西班牙获得的岛屿一样，都在旧美国大陆的范围之外。如果说1890年标志着边疆的结束，那么1912年则标志着漫长的扩张和建国进程的结束。1787年《西北法令》为这一进程奠定了基础。当美国全国范围只有约375万人口，而全国土地仅延伸到密西西比河，而且甚至还未包括佛罗里达和墨西哥湾沿岸时，当时谁也无法预见到：在恰恰一又四分之一世纪的时间里，这个国家的人口会超过9500万，扩展到整个大陆，直至太平洋沿岸，而且每部分人口聚集的程度都足以保证建立一个州府，最初的13个州将会变成48个，人口的中心将会转移到密西西比河流域，而不再是大西洋沿岸。

然而，这些事实仅仅是完成一个伟大进程和做出方向改变的物理和统计意义上的符号。国家人口增加近30倍，边疆开拓结束，政府由48个州组成，这一切都表明国家发生了根本性变化。

在威尔逊简短的就职演说中，在谈过政府更替的原因后，他深切地提醒人们重新考虑一下美国可能和应该是什么样子。"我们对自己的生活有了新的认识，从许多方面来看，我们的生活非常伟大。在物质方面，它更是无与伦比的伟大……它的道德力量也非常巨大。此外我们还建立了一个伟大的政府体系。……但伴随善而来的也有恶，许多纯金都被腐蚀了。我们浪费了一大部分原本可资利用的东西……我们为我们的工业成就感到自豪，但迄今为止我们从未停下来去计算人类为此付出的代价，被扼杀的生命的代价，过度劳累和崩溃的代价，以及男男女女和儿童所承受的可怕的物质和精神代价，多年来沉重的负担无情地落在这些人身上。这一切的痛苦呻吟还没有传入我们耳中——这是我们生活中庄严而动人的低音，它从矿山、工厂和每一个每天都要为生活挣扎的家庭中散发出来。随着那个伟大的政府而去的是许多我们耽搁太久而未能用坦率无畏的眼光去审视的事物。我们所热爱的那个伟大政府常常被那些自私自利的人所利用，而那些利用它的人则忘记了人民。我们终于得以看到生活的全貌。我们看到恶伴随着善，堕落与颓废伴随着健全与生机。……但我们往往急于求成，有些事情难免做得粗鲁、冷酷而无情。我们的想法一直是'让每个人都照顾好自己，让每一代人都照顾好自己'，然而我们却培植了一个巨大的机器，这使得除了那些站在控制杆下的人之外，任何人都不可能有机会照顾好自己。我们现在要清醒地重新考虑一下。……我们已经下定决心，要用我们在建国之初就自豪地确立并一直铭记在心的标准来重新调整我们国家生活中的每一个进程……我们将恢复，而不是毁灭。我们将按照现有的和可能修改的方式来处理我们的经济体制，而不是像面对一张白纸随意书写……然而，这并不仅仅是一个科学的过程。国民被深深地激发起来，激发他们的是一种庄严的激情，关于错误、关于失落理想的知识，关于政府往往堕落为作恶工具的知识，让他们深受震动。……今天不是一个胜利的日子，而是奉献的时刻。"

再一次，我们听到了伟大美国民主的真实声音；再一次，一位先知谈到了"美国梦"，谈到了那些建设我们这个国家的卑微而平凡的人们对更美好、更富裕生活的期冀。这是民主先驱的声音，是杰斐逊、杰克逊和林肯的声音。但是，威尔逊的发言中也有不同之处。现在仍然有他在演讲中所呼吁的"普通人"。他们心中仍然有"美国梦"。但边疆消失了。如果拥有无限机会的早期边疆还在，那么当总统宣称反对浪费自然资源，反对我们急于致富和变得伟大，反对人人为己的信条时，他的话听起来会显得很奇怪，因为这些都是边疆的本质，如果对它们进行谴责能够得到积极回应，这意味着边疆在我们的思想中也即将终结，就像20年前它在客观意义上已经消亡。

在第二个任期结束时，威尔逊所做出的努力失败了，但我们不应因此而忽视他在第一个任期内取得的成就。罗斯福为普通公民的利益而战，他大力宣扬在我们狂热的工业化生活中逐渐被忽视的简朴美德，使得普通民众备受鼓舞。不管罗斯福有何过错，我都认为，是他使得这个国家的核心比它起初创立时变得更健康、更健全；这是鲜有政治家可以拿来夸耀的事情。尽管塔夫脱有许多美德，但他却无法激励这个国家；在他四年的平淡岁月之后，威尔逊一度将一种崇高的愿景重新赋予人民——在他们的生命中，除了华盛顿、杰斐逊和林肯，还没有人能够激发他们产生这样的愿景。

这也不仅仅是一位不切实际的梦想家的理想主义。在威尔逊的第一个任期内，他有许多值得注意的成就。《安德伍德关税法案》中所规定的关税是内战以来最低的，它还附加了美国第一个累进所得税。几个月后《联邦储备法案》获得通过，我们的银行系统根据该法案运作，这标志着我们朝着健全的银行体系迈出了历史上最重大的一步。成立了联邦贸易委员会，它在公司和州际贸易方面享有广泛权力，但它的职能主要是调查和提供咨询。《克莱顿法案》拥有广泛权力，大大加强了政府处理公司和非法垄断的能力。此外它还宣布，在劳资纠纷中，除非是为了防止对财产造成无法弥补的损坏，否则不得颁布禁令，并使工会、抵制、罢工和纠察队合法化，从而加强了劳工的地位。

威尔逊还成功地让国会修复了对英国的国家诚信缺失。根据1901年《海伊－庞塞福特条约》，我们同意，如果我们自己建造并加固巴拿马运河，我们不会歧视外国船只。后来国会通过一项法案，免除了美国航运公司的通行费，但却仍向外国船只征收。尽管政府努力确保废除这一明显失信的法案，但国会却是一直很顽固。由于墨西哥发生了革命，威尔逊很难维持他对待那个邻国的政策。国内的石油和其他商业利益，以及英国的石油利益，给他带来巨大压力。由于国家赋予他全权处理的权力，他同意废除不公正的通行费法案，并向国会提出呼吁，这不仅是出于对国家自尊的考虑，也是基于对国家外交政策中存在的一些问题的考虑，如果国会不批准他的请求，他将无法处理这些问题。

威尔逊的墨西哥政策很可能是错误的，当然他的政府不能因为1913 年宣布通过了规定所得税和参议员直选的宪法修正案而受到赞扬，因为这两项修正案的批准过程都始于上届政府。但它完全有理由声称，在几年时间里，为了使美国的理想和生活适应强加在它们身上的新条件，它所做的建设性工作比我们 1890 年进入新轨道以来的任何一届政府都要多。不仅如此，威尔逊在处理其政府的政治问题上也表现出了出人意料的能力，而且他也成为其政党和国家无可争议的领袖。我们认真地致力于纠正弊端，在新世界中使"美国梦"依然可能实现。在这个新世界里，有经济恐龙、数十亿资本和数百万雇员、收音机、电话、汽车、飞机；在这个无限复杂的世界里，除了人的内心和找寻自己生活和价值尺度的个人独立性外，似乎任何事物都有存在的空间。但是，我们已经取得很大进步。正如威尔逊所说，我们对自己有了新的认识，精神焕发。我们希望公平地对待资本，但我们希望把人自身放在更高的位置上。如果我们不仅得到了领导力，还得到了所需的时间，我们永远都不会知道我们在新环境中会朝着重建梦想的方向走多远。当我们把斧头举过头顶，把它砍在我们罪恶的根源上，一只可怕的手从后面抓住我们的手腕，紧紧地握住。然后就是一片黑暗。

1912 年 4 月，世界上最了不起的巨轮"泰坦尼克"号自豪地从英国启航，开始了她的处女航。船上装有各种现代化设备，面对海上的危险，她似乎坚不可摧。然而，半路上一座冰山水下的部分把她撕成两半，不一会儿她就沉入了海底，1500人丧生。第二年，卡内基捐资在海牙建造和平宫用来维护世界和平。1914年夏天，萨拉热窝一声枪响，奥地利大公遇刺。奥匈帝国对塞尔维亚宣战。欧洲各国迅速往边境调集军队。这些国家：德国、俄罗斯、法国、比利时、英国，很快就相继坠入无底深渊。就像"泰坦尼克"号的沉没一样，这一切似乎都是在毫无征兆的情况下发生的。我们以为地球安全可靠，可以在上面工作、玩耍、做我们的梦，但它却突然在我们脚下沉陷。巨浪淹没了所有人了解、熟悉和热爱的东西。整个世界的灯光都熄灭了。

# 13

# 重返旧大陆

在 1914 年 8 月的那些日子里，美国的第一反应是惊愕莫名。除了与西班牙战争中的半休日（half-holiday）时期外，我们几乎都已忘记在我们这个现代世界仍会出现这样的恐慌。只有我们中最年长的一代人，即 60 岁以上之人，对我们的内战或 1870 年欧洲战争有些许童年回忆。这场战争似乎是一个不可思议的时代错误。过去十年我们一直专注于道德问题，专注于找到各种方法和途径，让我们的家园在各个方面都变得更美好、更整洁。揭露商界丑闻、里斯等人领导的改善贫民区运动、国会在控制而不是摧毁大企业方面最终取得的进步，这一切似乎都预示着离实现"美国梦"更近了一步。然而就在这时，整个西欧文明社会突然迸发出燎原战火。

我们惶然无措，我们的困惑也没有因为对事态发展有更多了解而减少。为何奥地利大公在塞尔维亚遇刺会瞬间引致欧洲各国互相残杀？为何除了战争，奥地利拒绝接受任何可能的解决方案？为何俄罗斯发起总动员？为何德国立刻侵入比利时转而攻击法国？难道这一切都只是因为一个人被谋杀？虽然到目前为止我们并未把英国视为小国的捍卫者（它是为了遵守对比利时中立的保证而加入战争），但整个事件的其余部分都超出了我们的理解。

事实上，我们完全没有办法去理解。欧洲街头或农场的普通人几乎和我们一样困惑，15 年后的今天，学者们面对众多历史文献仍未能就战争"起因"达成一致。我们对欧洲体系的紧张压力和束缚知之甚少也不太关心，我们也没有为几个世纪以来的欧洲争端而烦恼。在一个多世纪里，从一个 600 万人口的小国发展成一个 1.1 亿人口的世界大国，史诗般席卷 4828 千米的空旷大陆，将一种文明从大西洋沿岸传播到太平洋沿岸，建立我们的政府，吸纳外来种族，所有这些都足以耗尽我们自己或任何人的精力和能量。

对我们来说，欧洲曾是一个遥不可及的地方。大西洋沿岸及其他少数地方有许多人经常出国，与欧洲保持联系和利益往来，但他们属于一个相对较小的阶层。即使在东部，我们大多数人也很少会在日常生活中去考虑欧洲。越过山脉，在密西西比大河谷，欧洲几乎完全从人们的日常生活中消失，除了移民或移民子女的思绪回到他们的故国德国、挪威、瑞典或俄罗斯等。"老人河"自在王国的农民、店主和专业人士没有理由要去准确了解欧洲的政治和商业，就像他们没必要忙于和中国交往。事实上，对太平洋沿岸地区而言，中国变得比欧洲要重要得多。我们的思想就像我们的船只和贸易一样去了东方，却从未想过欧洲大陆。或许在这一点上，我们对欧洲的了解比欧洲对我们的了解更多。如果我们是狭隘的，欧洲亦是如此，我们都醉心于自身的优越感中。除了个别明显例外，如布莱斯或朱塞朗，即使受过教育的欧洲人也很少关注我们，就像我们很少在意新西兰人一样。无知并非都是"美国制造"。

然而，如果说我们对欧洲不太了解，这并不意味着我们对那里的某些国家没有许多情感和偏见。首先，有些偏见在美国广泛流传，可以追溯到 1776 年革命。也许最普遍的就是对法国的感情，而这则源于欧洲姐妹共和国的传说——法国是帮助我们获得独立的国家，拉法耶特早已成为我们的民族英雄。这些情感诉求如此强烈，以至于法国后来的任何举动，无论充满多少敌意，都无法改变这些诉求。对英国的态度则要更为复杂一些。东部地区主要有一个小的亲英群体和一个大而偏激的反英群体，另有很大一部分人则是在适度的厌恶和较之其他民族有更多同根同源的归属感之间摇摆不定。然而，在西班牙战争之前，我们不能自欺欺人地相信英国统治阶级会对我们怀有善意。独立革命、1812 年战争、帕默斯顿 1841 年以战争相威胁、内战中上流社会的观点和新闻界的态度，所有这些除了对我们的历史课本和演讲的自然影响之外，都给我们留下了非常不好的印象。

　　除此之外，我们还有小团体情感。颇有政治影响力的爱尔兰人痛恨英国，并一直在政治斗争和竞选活动中惯于利用这种情感。我们还有近 900 万居民，他们不是出生于德国，就是父母中至少有一方为德国人。他们已经成为我们的优秀公民，我们这个国家对他们和他们的国家都有很多好感。此外还有一些大规模的重要种族群体。例如，仅纽约城的意大利人就比意大利任何一座城市的都多。西北部大量的斯堪的纳维亚人在情感上自然也是更向着德国。

　　随着战事进行，我们被大量宣传所淹没，这些宣传大都是为了迎合群众的基本情感而非理智，其中大部分内容后来都被证明是故意捏造的。尽管事实证明德国人的努力显得特别笨拙，但是所有交战国都在试图影响我们。另一方面，现在人们已经承认，英国人散布的关于德国人将士兵尸体拖到肥皂厂的照片完全是伪造的，而关于切断比利时儿童的手的故事也是编造的。我们的海军上将西姆斯已经宣布，经过调查，除了一例，潜艇指挥官残暴待敌的故事都是假的。散布关于敌人的虚假故事来制造对他们的仇恨，这在战争中并不新鲜；我们自己在独立战争中也很善于捏造虚假故事。当然，盟国或德国主打情感牌的宣传分别被那些相信盟国或德国的人所接受，但也激怒了那些持相反观点的人。总的来说，这一切都倾向于混淆而不是澄清我们真诚的情感和思想。

然而，渐渐地，一些广泛传播的事实开始出现在我们的意识中，尽管不是在所有种族群体中。我们不知道原因是什么，但显然同盟国已经向战争迈出了第一步并拒绝拖延下去来等待任何可行的调解办法。入侵比利时显然是违反国际法的罪行，"国际条约不过是一张废纸"这句著名短语给我们留下深刻印象。然而，我们没有理由把自己卷入一场无休止的欧洲战争。如果说德皇治下的德国人试图破坏欧洲势力平衡，那这也正是法国人在拿破仑治下所做的事情。如果说德皇有时对待我们比较刻薄，那么德国在我们内战期间却是从未像拿破仑三世那样公开表示不友好，当时他试图承认南方并为马克西米利安占领了墨西哥。显然，一个半世纪以来，在英国向与我们和平相处的大国宣战时，她对我们的态度中从未表露出要求我们飞奔过去援助她这一点。毫无疑问，比利时正在遭受违法犯罪之苦，但我们并未签署保证其中立性的条约，也没有理由认为我们应该充当全球警察。如果我们、智利、巴西和阿根廷保证乌拉圭的中立，然后我们突然侵犯她的领土，显然英国和法国都不会觉得有必要与我们开战，以纠正世界另一边有着完全不同政治制度的国家的道德错误。

此外，下面这一点非常重要，而且一个多世纪以来它一直都是我们国际政策的基石，即我们绝对不应干涉欧洲，反过来欧洲也不应干涉新大陆。除非我们受到直接攻击，否则干涉欧洲争端这本身就是对整个国家政策的愚弄，并会招致欧洲人对我们国家进行干预。除了一些激进分子，总统的中立宣言在美国受到普遍欢迎，这被认为是唯一正确的选择。顺便说一句，我们正在尽我们的最大努力——就像很多人想的那样，几乎是不切实际地——在挑衅下保持与墨西哥之间的和平，我们的小型常备军有很大一部分都驻扎在我国南部边境。

然而，即使我们保持中立，我们也明显会受到深刻影响。纽约证交所于 7 月 30 日关闭，关闭期约四个半月。在我们新的银行系统下，联邦储备委员会匆忙成立，总统宣布将提供 5 亿美元紧急货币。事实上，频繁的轮渡早已将我们与欧洲连接起来，由于这些船只都由外国拥有，所以商业和客运服务也都歇业了一段时间。进口商品价格迅速飙升。然而，由于每个参战国都有大量男性被征入伍，欧洲的产量下降了，对各种各样美国商品（食品、弹药及各种制成品）的需求猛增。有两件事变得清楚明了。一是在我们的生产体系下，这场战争很可能是一场强制征兵活动。二是作为一个非常复杂的商业时代最重要的中立者，我们必须面对和处理与中立贸易有关的所有问题，还在拿破仑战争时我们就不得不面对这个问题。我们一直坚持的海洋自由理论受到严峻考验。

纵观我们的整个历史，我们一直在向西部进发。直到最近几年当移民因为某种原因来回流动时，几乎每个移民美国的人都是由于在其欧洲故国受到压迫或镇压。他是为了更大的宗教和政治思想自由或社会和经济机会自由才远涉重洋而来。当我们一头扎进森林，然后越过更远的西部，越过草原、平原和山脉到达太平洋时，我们的目光总是会看向日落和未来。伟大的西方铁路建设者的梦想和努力已跨越太平洋，到达彩虹在亚洲海岸落下的地方。我们的游客乘坐欧洲船只从欧洲赶来，我们则自己开船将贸易拓展到中国、日本和菲律宾。战争的到来就像有人粗暴地抓住我们的肩膀，让我们头晕目眩地转过身来。报上有关历史上最具灾难性事件的每日头条引起了我们的注意。我们的求知欲驱使我们读起关于欧洲历史和政治的书籍。宣传活动令人困惑和不受欢迎，欧洲人的行事让人难以理解。我们隐约觉得自己已经离开欧洲几年或几个世纪，因为我们或我们的祖先早已受够了它。我们曾要求独自前行，但却没有做到。我们为自己的独立而奋斗并赢得了它。我们不得不再次战斗。在门罗主义中我们告诉欧洲，如果她在我们的新世界里不干涉我们，我们也不会干涉她。欧洲几乎没有对我们表示过丝毫兴趣或友好的同情。当我们年轻、软弱、不成熟、挣扎时，欧洲批评者嘲笑我们。我们走自己的路，不求任何帮助。我们不仅建立了一个伟大的国家，总的来说也建立了一个快乐和满足的国家。可是突然之间，由于一些我们既没有参与也没有过多影响的事件，欧洲似乎开始在海外追赶我们。我们一直一心只关注自己的事务。

我们在某些方面也有失公平。我们看到，在我们的土地上有 48 个主权州和平相处；我们看到，作为他们的同胞，法国人、德国人、俄罗斯人、奥地利人、英国人和其他几十个种族可以一起友好地生活和工作。当我们远眺欧洲仇恨的火坑时，世界仿佛回到了几个世纪以前，而我们则以边疆的方式去思考未来和人类更幸福的命运。这种观点转变给人带来的冲击同样深刻，因为它在很大程度上是潜意识的。

事实上，广而言之，欧洲的情况似乎与此基本相似；它与我们不同，因为它是处于外部环境中。无论战争的直接起因是什么，最基本的原因似乎是工业革命对封闭边界的影响。我们自己的扩张一直持续到 1890 年，伴随着最低限度的暴力事件。对整个世界而言，印第安人的步步后退仅仅意味着野牛或草原土拨鼠的灭绝。通过购买，我们国家的领土有了巨大的增加，而这就像我们购买一栋新房子一样容易。保卫其他地区的战争并不具有世界重要性。同样，在几个世纪或更长的时间里，某些欧洲大国（如英国和法国）在非洲和亚洲建起了庞大的殖民帝国。由于工业化原因，德国的人口迅速增长，但因它来得太晚而无法赶上分一杯羹。正如麦金德 1904 年在《地理评论》杂志上指出的那样，欧洲在中世纪曾被强大的野蛮力量包围，后来它开始在全世界扩张，直到它再次面临完全被抢占的领土和"闭关自守的政治制度"。

我们已经注意到了我们的边疆消失对我们自己生活的深远影响。我们已经看到，我们是如何开始强行超越旧界限进行扩张的，尽管我们的土地上还没有达到人口稠密的程度。欧洲被压抑力量的紧张程度远超我们并于1914年引爆了战争。这并不能免除德皇或战争舞台上其他演员的直接责任；但就像在我们自己的日常生活中一样，我们所做的事情有直接动机，我们的整个生活背景和性格决定了我们的行为，因此欧洲文明的崩溃既有直接原因，也有潜在原因。就像美国资本家没有那种调整经济状况以适应规模较小但雄心勃勃之人合法要求的心态一样，拥有它们想要的所有海外财产的帝国主义国家也没有意识到，在一定程度上它们有责任面对世界形势做出一些调整以满足后起年轻国家的合法愿望，这些国家也在要求得到属于它们的机会。老年人总是认为年轻人过于好斗。富人总是认为不断上升的穷人的要求有些过分。拥有权力的人极不情愿与人分享自己手中的权力。这种情况与人性一样古老。这个问题解决起来很困难，也许根本就不可能解决，但问题的关键所在其实很简单，就像上面简明剖析的那样。

欧洲国际形势的重复特征，几乎就像我们自己边疆终结的重复特征。这也是我们在过了一段时间后才开始感受到的。尽管从我们自己的军事冒险来看这似乎有些矛盾，但在本质上我们却是一个和平的、支持和平主义的民族。我们并不宽恕这场战争，但在另一方面我们也是一个年轻国家，不得不为自己在阳光下的地盘与旧世界的帝国进行斗争。我们一直同情那些同样与它们（比如西班牙）战斗过的国家。在非洲和亚洲，我们看到英、法两国的帝国财产建立在武力对抗当地人的基础上。在这样的欧洲帝国中似乎没有什么非常神圣的财产权利或政府权力，尤其是当我们想到在比属刚果发生的暴行。如果德国反过来选择用武力挑战其他国家的权利——好吧，那正是整个欧洲世界的行事方式，也是我们自己的行事方式。我们不知道已经开始的斗争的规模；就此而言，我们对欧洲本身也不了解。世界各地的人们都认为战争会在几个月后结束。一些殖民地可能会改变主人，一些边界可能会被重新划定，一些赔偿可能会被支付，然后这个世界就会像过去那样继续运转下去。

与此同时，来自海外的货物订单如潮水般涌来。1914 年到 1916 年，我们的炸药出口额从 600 万美元增至 4.67 亿美元。钢铁出口翻了一番！高价小麦从西部源源不断地运出。到 1916 年 7 月我们主要从英国购回价值约 13 亿美元的证券，这些证券是在我们需要发展资金时卖给她的。农场和工厂前所未有地繁忙，产品价格稳步上涨。十年来我们一直专注于如何使我们的商业生活与"美国梦"更加和谐。然而，由于紧张的生产活动和巨额利润突然向我们袭来，我们再也没有时间、机会或心情去做那些事了。边疆时期最狂热的"淘金热"与从欧洲涌入美国的"淘金热"相比根本不算什么。威尔逊曾阐述并赋予我们的全新而清醒之远见卓识已如轻烟消散，代之以对欧洲不计代价的疯狂求索。这不是我们的错。这是命运。同样的邪恶破坏了欧洲，在各国之间播下了死亡和仇恨的种子，却在我们被赋予使我们的"美国梦"与我们新时代变化的现实相协调的任务时把我们的手推开了。对欧洲而言，战争是一场经济崩溃；对我们来说，它则是一场道德灾难。

作为中立国，我们预期的困难很快就在我们周围成倍增加。不但大多数老问题再次以恶化的形式出现，而且科技由于彻底改变战争的性质而产生了无数新的复杂性，但却没有为它们提供任何解决方案。拿破仑战争是在职业军队之间进行，平民百姓在士兵交战的战区之外基本未受影响。1914 年战争则是一场后方平民与前线士兵几乎一样都是战斗人员的战争。旧日简单的战争违禁品清单已不再具有可信度，但却尚未有新的国际法来界定新的违禁品。如果真的像士兵一样，平民百姓也是战争的一个因素，那么在我们新兴的复杂工业生活中，几乎所有需要的东西都与输赢密切相关。

此外还有一个复杂问题，我们声称有权运往中立国的大部分货物显然都是运往参战国。例如，我们对丹麦的出口从 1913 年 11 月的 55.8 万美元增加到次年 11 月的 710 万美元，对瑞典的出口从 37.7 万美元增加到 255 万美元，对挪威的出口从 47.7 万美元增加到 230 万美元，对意大利的出口从 230 万美元增加到 480 万美元。同样，邮件问题也产生了。通过包裹邮寄，大量违禁品被送往德国，例如，经查验若干邮件便发现了 3000 多包生橡胶（的单据）。两个月内，英国审查机关查获了价值约 1000 万美元的证券和近 2500 万美元的汇票及同盟国的汇款单。

科技创造了一个新世界，但却是旧世界制定了战争法则。作为主要的海军交战方，英国一再违反这些法律；毫无疑问，整个法律法规都需要重新修订以适应应用科学的新时代。另一方面，我们也处于极其困难的境地。当我国公民向政府抱怨他们的合法权利受到交战各方的干涉时，政府有责任出面提出抗议。作为世界上最强大的中立国，以及一直在战争中维护中立国权利的国家，我们肩负着沉重的责任。盟军抱怨说，我们经常对他们那些非法但必须承认又是必要的行为持有狭隘的法律观点。然而，现在既然当时的激情已经部分冷却，我们很可能会问：（除此之外）我们还能做些什么呢？即使我们公民的同情心都偏向一边（他们显然不会这样），我们也不可能放弃中立改变战争规则使之有利于某一方。如果我们为了盟国利益而对某些法律视而不见，那么对德国来说对其他法律视而不见才是公平的，而我们的政策由于不是建立在相当明确的中立法律的基础之上，就会变成一连串由我们的情感共鸣所决定的不连贯的决策。

尽管我们一直忙于自身发展，尽管欧洲认为我们是物质主义者，但长期以来我们也一直在追求一种更合理的国家法律。从 19 世纪中叶开始美国公民就在于布鲁塞尔、巴黎、法兰克福和伦敦召开的各种欧洲大会上都提交了计划，如果国际仲裁法院和国际法的重新编纂没有取得进展，这不是我们的错。如果欧洲拒绝在这方面帮助我们，它就不能指责我们缺乏同情心，因为在这场我们保持中立的战争中我们无法改变法律以适应它的目的。与此同时，毫无疑问的是，旧法律不符合新形势，与其伴生的问题几乎无法解决。我们不能指望那些为自己的生命而战的国家恪守旧法律，正如不能指望它们只使用军刀和后膛枪一样。而在另一方面我们则应遵守旧法律或不再中立。如果我们不再中立，我们就必须加入其中一方进行战斗。

由于环境的原因，我们的货物停止运输，我们的邮件开始被拆封，这主要是由于英国人的缘故。另一方面，同盟国以在我国开展阴谋活动和无限制潜艇战的形式对我国中立状态的破坏行为则表现得更加明显。"卢西塔尼亚"号邮船沉没，约有1200人失踪，其中114人是美国人，这只是德国人制定的新型潜艇战中最引人注目的事件。我们不可能也没必要在此详述我们逐渐达到不再可能保持中立的整个过程。

1916年1月，威尔逊对民众情绪更多偏向德国的中西部进行了一次访问，向那里的人民强调了当前局势的危险性。他对素有"德国城"之称的密尔沃基市的听众说道："我知道你们信赖我，要让这个国家摆脱战争。到目前为止，我已经这样做了，我向你们保证我会尽一切可能做到这一点。你们将另一项责任赋予我。你们要求我，不能让任何东西玷污或损害美国的荣誉。这不是我能控制的事情……也许在任何时候我都不能同时维护美国的荣誉与和平。不要强求我去做一件不可能的、自相矛盾的事情，而是要做好准备，坚持让每一个代表你们的人都做好准备，为维护美国的荣誉贡献力量。"在得梅因，他告诉人们"其他国家可能会威胁到我国生活"。在教促为战争做好准备时，他补充说："难道你们希望情况是这样吗：总统能做的就是不停地发照会，提抗议？如果这些每天都有可能发生的违反国际法的行为涉及美国切身利益和荣誉，你们难道不希望采取切实行动吗？难道你们希望全世界都说，我们都热爱的美国国旗可以不受惩罚地被玷污吗？"

威尔逊一直在与德国谈判，要求德国对已给我们造成的损害做出赔偿并放弃潜艇战。德国一度同意了我们的条款；如果可以维持和平，同时交战各方都能尊重中立权利，我国毫无疑问会支持和平。到目前为止，盟军只妨害我们的财产，德国人则侵害我们的生命。除了某些强大的少数族裔群体，公众通常都会逐渐认识到，即使在比利时以外盟国的事业在道德上也是公正的；当我们参与到战争中时，这一点就变得更清楚了。然而，到目前为止，800多万德国人自然是站在德国一边，爱尔兰人及其支持者也是如此。社会主义者在1912年获得100万张选票，在1916年应该会变得更强大，他们强烈反对战争，这是整个国家中一个非常强烈的和平主义元素。正如我们在其他方面看到的那样，例如，美国人作为一个人和一个"商人"经常会有截然不同的态度，美国人的思想同时具有强烈的理想主义倾向和现实主义倾向。在反对我们参战的过程中，这两种思想经常会同时在同一个人身上起作用。从理想主义角度来说，这些人对和平的信念会一直坚持到和平难以维持的最后一刻；而从现实主义角度来说，他们认为，除非是有其他可能的方式让交战各方重新履行义务，尊重权利和法律，否则只因有120人被杀就把一个有着1.2亿人口的国家投进欧洲大屠杀的火海中，这是一种明目张胆的犯罪行为。除非能够证明找不到这样的办法，否则他们绝对不会全力投入战争。无论威尔逊是否在这种情况下为我们提供了最明智的领导，这些都是他必须面对的一些情况，而像罗斯福等不用背负官方责任的人则没有充分权衡这些情况。

然而，事态发展到最后表明，除了战争别无他法。在1916年大选中威尔逊再次当选，尽管一开始人们认为他的对手休斯会赢。1917年1月31日，在总统第二次就职前一个月，德国大使宣布德国将继续实施无限制潜艇战。三天后，威尔逊向国会宣布与德国断交。与此同时，德国大使也领回了他的护照。德国曾于1916年5月正式同意接受我们关于潜艇战的条件，现在却拒绝接受该协议，总统要求其他中立国效法我们。1917年4月2日，总统明确要求对德宣战。

在列举了德国侵犯人类权利的行为之后，他又说道："我们与德国人民之间不存龌龊。对他们，我们除了同情和友谊没有别的情感。他们的政府投入战争并不是因为人民的推动。……决定打这场战争与过去不幸的岁月中决定打一场战争的方式相同。旧时统治者从不征求人民的意见，战争的挑起和发动全都是为了王朝的利益，或是为了野心勃勃的人组成的小集团的利益，这些人惯于利用同胞作为走卒和工具。……我们没有什么私利可图。我们不想要征服，不想要统治。我们不为自己索取赔偿，对我们将慷慨做出的牺牲不求物质补偿。我们只不过是为人类权利而战的斗士之一。……把我们爱好和平的人民领入战争是件可怕的事，因为这场战争是有史以来最血腥、最残酷的，甚至文明自身都岌岌可危。然而，权利比和平更宝贵。我们将为自己一向最珍惜的东西而战——为了民主，为了人民在自己的政府中拥有发言权，为了弱小国家的权利和自由，为了各国人民共同享有权利以给所有国家带来和平与安全，使世界本身最终获得自由。为了完成这一任务，我们可以献出我们的生命财产，献出我们自己，以及我们所有的一切；我们满怀自豪，因为我们知道这样的一天已经到来：美国有幸得以用她的鲜血和力量捍卫那些原则，正是它们给予她生命和快乐，给予她一向珍视的和平。上帝保佑她，她别无选择。"

　　也许没有其他伟大的国家会像美国这样对每次挑衅都用尽一切可能的道德劝说手段去尽力维持和平。当然，在进入战场之前，没有任何人否认过战争可能带来的破坏。我们对这场战争并未抱任何幻想，而是决意一战。这种赤裸裸、冷酷、惨不忍睹的恐怖已在人类眼前上演近三年时间，并且在当时看来未来三年也没有终结的希望。当我们做出参战决定的消息传至英国，这一天被宣布为庄严的感恩节，国王和王后参加了在圣保罗大教堂举行的仪式，"为美国加入为自由而战而感谢全能的上帝"。星条旗飘扬在英国议会大厦的维多利亚塔楼上，这是英国首次在那里悬挂外国国旗。在下院，阿斯奎斯就我们加入这场战争发表了演讲，他在演讲最后说道："我怀疑，在当下这一刻世人未必意识到美国参战这一行动的全部意义。当我说这是历史上最无私的行为之一时，我绝对不是在奉承或夸张。"

盟军欢欣鼓舞；但这是一个冷酷无情的美国，它把精力集中在开展已经开始的必要工作上。主打情感牌的宣传闸门被打开了。所有的宣传都是拉法耶特和1776年的法国、对"德国兵"的仇恨、重铸"英语民族"联盟，所有这些均被那个年代的人们所铭记。但我们也隐隐感到有些不安。国旗飘扬在议会大厦上的国家并不是一个独立的英国殖民地。我们不是白白成为世界"大熔炉"，也不是白白在"新世界"的边疆生活了三个世纪。一旦胜负决定，外国种族团体就会以对他们的新土地的真诚爱国之心收起他们对祖国的个人感情，但针对一些人的肮脏宣传只会让其他人产生疑问或感到悲伤。更不用说那些针对外国血统的宣传，我们的人民中有超过1300万人出生在国外：150万人来自南欧，180万人来自东欧，425万人来自西北欧，420万人来自中欧。在我们21岁以上的男性公民中，超过125万人出生在德国和奥匈帝国，现在他们看到了必须与自己的同族战斗的那一天。

即使对许多不受母国或血统影响的人来说，这场战争也是一场巨大的灾难——不是因为它是一场战争，而是因为它再次使我们与欧洲纠缠在一起。一个世纪前1812年战争结束时，我们已经将我们的目光坚定地转向西方。我们曾试图建立一种文明，消除欧洲遗留下来的仇恨和争吵。现在，这些人不仅漂洋过海来扰乱我们家庭的和谐，而且我们还要背弃已在我们心中根深蒂固的政策，使我们自己卷入与我们毫不相干的旧世界制度中。并不是说我们对欧洲没有同情心。我们更有教养的公民享受她的生活，欣赏她的艺术和文学。我们通过组建比利时救济署并向其捐助3500万美元表明了我们的人道主义愿望。战前，我们的移民公民每年都会源源不断地往故国汇去数亿美元，帮助他们在故国的亲人。但一个世纪以来，每个美国孩子在华盛顿"告别演说"的支持下都怀着这样一种信念长大：我们属于一个不同的世界，在与那些欧洲政治体系中的国家打交道时，我们必须让自己保持清醒。西班牙战争没有带来这样的问题。它与欧洲毫无关系；一切都与新世界或向西扩张有关，这已成为我们本能的取向。古巴的宗主国是一个欧洲国家，这只是一个意外，我们几乎没有注意到这一点。但在我们的历史上做出的最大努力不是建设性地向西，而是惩罚性地针对旧世界，这是不自然的，以至于在整个斗争中会让人产生一种不现实感，并渴望回归我们看待世界的正常方式。这种感觉表现在我们从不称自己为"盟友"，而仅是一种"联合力量"。

然而，一旦宣战我们就全力投入去帮助盟友打赢战争。这里不可能详述我们采取的所有经济和军事措施。我们的战争和海军支出通常一年约为 3 亿美元，1918 年增至 70 多亿美元，1919 年增至 110 亿美元。在"战争宣言"与"停战协定"之间约 19 个月内，我们通过征税筹集了 112.8 亿美元，花费了 260 亿美元，并向盟友借了近 95 亿美元。通过五次出售"自由债券"运动，我们的国债增加了近 215 亿美元。人力资源方面的数字几乎同样令人震惊。在我国历史上第一次通过了一项普遍的征兵法草案，最后所有 18～45 岁之间适合服兵役的人，登记在册的总人数超过 2400 万。整个国家的产业结构协调一致，服务于同一个目的。1917 年 12 月政府接管了全国铁路系统，近 64 万千米的轨道由私人业主转交"美国铁路管理局"，由其单独管理。各种其他委员会特别是战时工业委员会承担并完成了指导国家经济生活中各个方面的艰巨任务，全力支持战争机器的运转。1918 年 5 月，国会实际赋予总统在全部拨款范围内对开支进行独自支配的权力。

考虑到潜艇的威胁，我们参战时迫切需要的是船只。必须成立造船厂，而没过几个月我们的船只就开始出海航行，到 1918 年 7 月 4 日，单是那一天就能发船 100 艘。潜艇不可能那么快就击沉它们。军队动员人数为 435 万人，需要提供补给的人数几乎是芝加哥人口的两倍。我们的常备军规模很小，管理和训练这些临时从平民生活中征调来的数百万人也是一个严峻的问题！在参加战争的20万名军官中只有5791人在西点军校受过训练。到1918年7月已有超过100万名士兵抵达法国海岸，部队开始以每月50万人的速度奔赴旧世界。截至11月，我们在法国共有200万人，其中超过110万人是由英国海军运送的，而仅在四代人前它一直在向西运送军队以镇压殖民地叛乱。18世纪欠法国的债还清了。她在1778年帮助解放的全部美国人口，比我们现在保卫其边境的美军人数还少。

结局不期而至。德国士气崩溃，德军请求和平。征程结束了，同盟国失败了。德军后方的形势长期以来变得日益危急，这是血肉之躯所无法承受的。由于在战争史上最长的交通线上筹集、装备、训练和运送一支数百万人的军队需要不少时间，所以我们的部队在那令人难忘的11月11日到来前仅在很小程度上参加了前线战斗。然而，在我们的士兵有机会一显身手之处：在阿尔贡，在圣米歇尔突出部，以及在其他地方，他们都表现得很出色。我们付出了巨大的努力，带着新的巨大资源投入战争，此时势均力敌的竞争者已陷入僵局，所以我们能给我们支持的一方带去胜利。

另一方面我们也最好记住，我们的损失相对来说微不足道，无论我们是将其同欧洲国家的损失作比较，还是同我们自己在内战中的损失作比较。在后者中，就经济情况而言，我们国家的一半被摧毁，这使得国家衰败，就像大战期间欧洲大部分地区一样；然而，1914年到1918年给我们带来了暂时的巨大利益。在南北战争中，当时我们的总人口约为3500万，部队中有近60万人死亡，而在（第一次世界）大战中，我们的人口增至超过1亿，却只损失了约12.6万人。我们可以将这个数字与以下死亡数字进行对比：土耳其32.5万人，罗马尼亚33.5万人，意大利65万人，大英帝国90.8万人，奥匈帝国120万人，法国136万人，德国177.3万人，俄罗斯170万人。欧洲总计有850

多万人死亡，2100 多万人受伤，在那里动员的总人数超过 6000 万人。

因此，战争使政治和经济世界的重心发生了转移。并非由于我们的误判或先见之明，我们得以几乎毫发无伤地跻身世界末日战场，而欧洲则伤亡惨重。整体上看，我们国家财富大增，然而却有一个又一个海外国家经济崩溃，法国货币甚至贬值 80%。从债务国的地位到拥有数十亿美元的国力，我们成为当时世界上最大的债权国，几乎偿还了我们对欧洲的所有债务并转而持有其超过 100 亿美元债权。我们将会注意到这幅画卷还有其他方面，但汹涌的波涛已朝我们卷来。不幸的是，它并不是遍及世界各地的普遍富裕和诚实勤劳的浪潮，而是鲜血、仇恨和痛苦的浪潮，整个世界的氛围，包括我们自己国家的氛围，都被奇怪的和新生的不快乐、不信任、厌恶及恐惧所污染。

和平会议在巴黎召开时，美国显然处于权力和影响力的顶峰。威尔逊决定率团亲往，这样做也许有失明智，但盟国民众却是前所未有地疯狂为他欢呼。不管大多数欧洲政治家或是我们国内旧联邦主义的"富人和智者"会怎样嘲笑"美国梦"，它都不仅是大部分欧洲民众的梦想，也是其移民新世界的亲友们实现的梦想。威尔逊就战争的目标与和平的本质（应该迎来一个更加幸福的时代，如果可能的话还应消除战争）做了各种声明，里面透出的崇高理想主义看起来似乎让梦想在欧洲和美国上空飞翔。到处都弥漫着异常的心理氛围。四年来，文明人类承受着最紧张的压力，已经把神经绷到了崩溃的边缘。随着停战协议突然到来，仿佛天国开启，新耶路撒冷降临。

不幸的是，这不过是一种一厢情愿的心理。威尔逊满怀如同当年林肯为联邦之长治久安而殚精竭虑般的期望奔赴巴黎。威尔逊对欧洲政治模式的长期复杂性缺乏了解，他希望实现公正和公平的和平以纠正旧有陋习，并通过建立国际联盟以提供一个新的人道组织，在世界各国之间实现长久和平与合作。我们事先已郑重通告世界，我们保证信守承诺，我们不会为自己要求任何土地或赔偿，威尔逊希望用这种无私的精神来为世界新秩序辩护。这是一个崇高而无私的梦想，因为敌人已被击溃，我们本可单独媾和走我们的路而让盟国达成它们的和平。威尔逊选择运用其巨大声望来确保所有国家、敌人和朋友得到公平对待，并利用他们所有人对于建立更美好秩序的愿望成立国际联盟，好让众多国家如美国各州那样和平共处。

我们已经目睹了 1865 年我们被战争蹂躏的土地上林肯的梦想之结局。即使他还活着，他所属政党的政客们（一心只想着仇恨和战利品）可能也难以接受他崇高的理想。威尔逊没有林肯幸运，他不得不直面那些复仇者。为这次和平会议选定的巴黎是当时欧洲最恶毒的仇恨中心，选择它本身就展现出了胜利和复仇的自豪姿态，而不是为持久和平做出真正的努力。这次和会的故事经常被人讲述，并通过亲历者的出版物正越来越连贯地将其拼合起来。美国曾在战争中观察过欧洲这座火山口，现在它正前所未有地研究欧洲的外交体系。美国发现了胜利者瓜分战利品的秘密条约，参加了这场被告知完全是为了自卫和人民之自由的战争。威尔逊本人以他的自决原则煽动种族主义和民族主义的火焰，造成了难以言表的伤害。在会议的实用主义政治氛围下，为了战利品、复仇和安全，这场竞赛变得越来越激烈。一些错误被纠正，但却有更多错误出现。不过，国际联盟最终还是得救了。

但是，美国人的心理也是需要考虑的。当威尔逊在巴黎与外国政治家谈判时，源源不断的美国士兵正向西返回美国。这些男孩和男人来自田纳西州的山区、爱荷华州或达科他州的农场、佛罗里达州或加州的橘园，以及从大西洋到太平洋的村庄和城市，他们被卷入巨大的战争机器并被带到离家 4828 ～ 9656 千米的地方去抗击敌人，他们中有许多人可能会觉得这场争端与己无关，他们只是做了自己分内之事。但他们思乡心切，除了"确保民主世界的安全"外，对这到底是怎么回事多少有些模糊，而且在相当大的程度上他们还对盟友产生了不愉快的看法，而不是对其有更多理解和同情。他们看到了法国最糟糕的一面，坦率地说，他们中有许多人发现，尽管有拉法耶特，但他们在遇见法国人时却不喜欢法国人。这绝不全是法国人的错。许多不可避免的情况使场面变得无比糟糕，在这种情况下想让两国人相互欣赏不太可能；1919 年离开法国的许多人都发誓这辈子再也不会踏上这片土地，而十年后他们就开始觉得自己更愿再见到法国。

在巴黎谈判拖拖拉拉的六个月里，美国正在迅速远离欧洲。这场战争被称为"大冒险"，但实际情况却从来不是那样。对我们千百万人中的大多数人来说，这只不过是一件完全不属于我们范围的工作。我们对盟国没有特别的爱，对德国人民也没有特别的恨。事实上，停战后驻守德国的士兵中有许多人更喜欢德国人而非法国人。据我们所知，同盟国的一群人（德皇和其他一些人）散播恐怖，袭击我们的船只，杀死我们的公民，直到我们不得不出国帮助消灭这个团伙。我们已经那么做了，整个事件从一开始起就或多或少是不真实的，我们被迫违背自身意愿，违背我们一个世纪以来的国家政策和思维方式去干涉欧洲，我们越来越想忘记这整个事件。值得注意的是，那些"过来"人在回来后也不愿谈论它。他们想忘记，而最容易忘记的方法就是不去提起。我们对战争的奇怪态度和我们对战争的迅速反感反映出一个事实：没有一位军事领导人能胜任任何政治职位，哪怕是最不重要的政治职位。独立战争给了我们华盛顿总统，1812 年战争有杰克逊，墨西哥战争有泰勒，内战有格兰特，西班牙战争有罗斯福。在第一次世界大战之后，卸任将军几乎连看门人的工作都找不到。我们几乎是在恐慌中想要回到我们自身问题上来，回到我们熟悉的生活方式上来，回到我们熟悉的看待美国的方式上来，将它视为在新世界和西部地区有自己的未来并独立于欧洲。

此外，全国范围内使用的统计数据也有可能产生很大的误导。国家财富确实得到极大增长而且国家也确实"繁荣"了，但新财富的分配却很不均衡。当战争打断我们的生活时，我们一直在努力控制许多大公司，但它们却是在战争中积累了更多资产，奢侈品也像往常一样泛滥成灾。另一方面，高价格对依赖战前被认为最保守投资的人和那些依靠工资生活的人造成了巨大的破坏。就连拿工资的人也觉得自己没有得到应得的一份。1919年有400多万人同时罢工，鉴于美国钢铁公司的巨额收益，这些人为让他们的工会获得认可而举行了罢工，但却没能取得成功。当老板们获得巨额利润时，工人们心中充满了不满。在某些情况下，他们必须一次工作24小时，而经理们用来镇压罢工的方法则是不公正的和反美国的，包括指示代理人在不同工人群体间挑起所有可能的种族仇恨。

不幸的是，这次罢工并没有成功；对俄国布尔什维克主义的恐惧，以及罢工者日益增长的暴力行为，导致这个国家产生了对"赤色分子"的真正恐慌。战争期间，政府宣传机构向人民灌输了我们与敌人之间的阴谋故事，其中有些是真的，但大多数都不是。1917年《反间谍法》曾被不公正地用来监禁了许多人，他们的辩护人和惊慌失措的政府支持者之间的关系十分紧张。1919年，几位合法当选为纽约州议会议员的社会党人的资格被否决。这个国家的整个心态都是可耻的，其中包括许多本应保持头脑清醒之人；它认为欧洲奉行布尔什维克主义，是社会主义的传播源，因而竭力主张与欧洲疏远。

战争突然结束让我们在情感上有些不满足，而欧洲则是在情感上疲惫不堪。两年来，我们一直以狂热的精力努力建造一部庞大的战斗机器；宣传部门巧妙地调动人们的每一根神经，把感情集中在战斗上；然而，正当我们准备义无反顾地扑向敌人时，却有一双手又突然把我们拉了回来。在大众心理学中，这种不寻常的情况必然会引起异常。暴民要求牺牲受害者，而那些与众不同者也就成了牺牲品。随着不同欧洲国家爆发越来越多革命的消息传来，对欧洲陷身其中的担忧也是与日俱增。

除了这种大众心理，还有政治心理需要考虑。宪法中含糊地规定：

"只要出席会议的参议员中有 2/3 的人同意，总统就有权经参议院的提议和同意订立条约。"没有人准确地知道"提议"的意图是什么，但"同意"却是显而易见的，总统制定的每一项条约都必须经受充满猜疑戒备心态的参议员们的严厉挑战。威尔逊在去法国之前明确表示，参议院中有一个强大的团体将会反对任何将国际联盟纳入条约的行动。自从"公麋鹿"事件以来，罗斯福越来越失去了他的政治平衡，他开始憎恨威尔逊，怨恨之情使他看不到民主党所行政策的任何好处。总统在军事顾问的建议下拒绝让罗斯福去法国集结和指挥一支独立部队，对此罗斯福嘲笑说"这是一场非常排**他**性的战争"，而没有看到这种"排**他**性"的要求是由他自己造成的。罗斯福和洛奇参议员一道，正如他俩在西班牙战争前为确保波多黎各和菲律宾的安全而联合起来一样，努力阻止威尔逊签署任何条约。其他参议员（包括波拉和哈定）则组成了一个"不可调和群体"。

10 月 25 日，罗斯福给洛奇和其他一些参议员发去电报，声言威尔逊在 8 月宣布的对持久和平至关重要的"十四点计划"是"一个彻头彻尾的恶作剧"，而威尔逊则不明智地提出要选举一个民主党人的国会来进行反击。选举在接下来一周举行，共和党人以微弱优势控制了参议院。洛奇成为对外关系委员会主席。威尔逊处理政治形势的战术很糟糕。他没有任命对和平委员会有重要意义的共和党人。最重要的是，总统无视参议院的意见，没带一名参议院成员到巴黎与他共同谈判。他认为等到时机成熟可以直接向参议院施加足够的压力，或者通过舆论的力量使条约得到通过。

1919 年 6 月 28 日，这一条约在巴黎签署。7 月 10 日，威尔逊立即坐船回国，将这一条约提交参议院批准。月复一月，委员会和参议院不断对该条约进行讨论。威尔逊无法接受提出的保留意见。9 月初，总统开始了他的西部之旅以唤醒这个国家。一开始他并未给人们留下什么印象，后来他逐渐获得一些支持，而就在这时他却突然中风，有好几个月不能理事。这个国家没有了首脑，在停战 16 个月后，参议院最终拒绝批准这项条约。1921 年 7 月通过了一项简单决议案 [1]，大意是："1917 年 4 月 6 日国会通过的联合决议所宣布的德意志帝国政府与美利坚合众国之间的战争状态就此结束。"在 1920 年 11 月，以哈定为总统候选人的共和党人以令人震惊的 700 万胜出选票获得执政权，这项决议是他们结束历史上迄今最大战争的方法。这就像是在战斗的雷声滚滚之后，听到一只胆小的田鼠发出的吱吱声。面对前所未有的世界道德领袖的责任，美国战战兢兢、结结巴巴地从房间里退了出去。

---

[1]　简单决议案是指只需国会两院其中一院通过的议案。简单决议案只在众议院或只在参议院通过，它并不提交给总统，因而也就没有法律效力。——译者注

# 14

# 新时代与新政

在从国际事务中退出后的这十年，简言之，可以说是哈定无奈地清偿战争费用，柯立芝默默地压下哈定政权的丑闻，胡佛不得已眼睁睁地看着"柯立芝繁荣"消失。

这场战争结束得悄无声息。几个月来，最重要的事情就是我们一直处于战后无可避免的通货紧缩之中。战争突然结束给我们留下了一大批物资库存，然后大约过了一年时间经济危机就发生了。这与经济史上已经发生的事件相吻合，就像在 1927 年或 1928 年，一场大恐慌之后重现了一场繁荣。

战时有段时间美国的理想主义随着强制征兵不断高涨。《禁酒令》和《女性选举权修正案》分别于 1919 年和 1920 年正式成为宪法的一部分。这两件事都是公众议论已久的话题，但将其纳入宪法则由当时人们的认识所决定。看到《禁酒令》在道德、法律及其他方面带给我们的困扰，我们不难察觉这是党派政府失败的象征；十年来，两党中没有一个敢在这个时下最受关注的话题上采取一种坚定的立场。这主要是因为我们对政府的看法发生了改变；人们不再期望那些议员能够根据他们自己的想法行事，他们变成一个表达大多数选民未经深思观点的传声筒，各方政党都开始回避那些有可能引发大众意见分歧的真正问题，更不要说去主动寻求解决那些问题。

参议员哈定在 1920 年被提名为总统候选人，他这个人就不带有任何鲜明的政治色彩，竞选副总统的柯立芝也是一样。尽管已在洛奇和保守派的支持下进入总统之争，但在条约问题、国际联盟及其他涉及我们参与国际事务的问题上他还是持骑墙态度。他对所有事情都不表达明确坚定的立场，而是敦促回归他所说的"正常状态"。美国在世界上的新位置所带来的困惑，"赤化"带来的恐慌，加之又处于通货紧缩的危机中，在选举期间这个国家做出的唯一一个决定就是她想维持安定局面，坐稳当前位置。很快，"繁荣"（所谓"正常状态"）真的回归了。

这十年之初的美国与进入战争时的美国相比发生了翻天覆地的变化。在罗斯福执政期间和威尔逊第一个任期内快速发展的理想主义已经在很大程度上消失了。某种鲁莽（主义）取代了它的位置。尽管私刑趋于减少这点很令人欣慰，但在其他方面暴力犯罪却是变得越来越普遍。投机活动日趋猖獗，战争中或战后常有这种事，这一阶段也是一样。战争期间出售政府债券的运动让 6500 万人成为债券持有人。其中许多人都是第一次熟悉股市和报价机制，而这与 1922 年到 1929 年全民参与牛市好像也并非没有关系。个人财富大幅增加，以前人们总是称谁为百万富翁，现在大家谈论的则是亿万富翁。在这十年结束之前，福特将有机会拒绝接受他的公司开给他的一张 10 亿美元支票作为他的股息。

在这十年间，福特最先引入了有关大批量生产和高标准工资的理论和实践，提高了大众消费能力，创造了大规模生产的产品市场。为了盈利，这一体系要求产品标准化，消费需求不断增加。各种手段用尽：高薪资、前所未有的海量广告、"强大的推销策略"和分期付款计划全都推向大众，只为让他们去购买工厂大批量生产的更多产品，这些工厂都因战时生产而动员起来，开足了马力。战时及战后的大规模生产打破了以往各阶级之间的经济关系。物价急剧上升，致使我们每个人的家庭预算都乱了套。一方面是为了保护劳动力的高薪资，一方面是缘于对外来民族的不信任，还有一方面则是数百万人希望从饱受战争蹂躏的欧洲移民到美国，所以我们严格限制移民。让美国成为所有人的庇护所，这项任务远远超出我们的能力。薪资的提升和对家务活的不屑，在中等财力的普通家庭中掀起了一场革命。在很大程度上人们摒弃了旧的家庭生活方式。许多女性都发现扮演妻子、母亲、厨师和女佣的多重角色负担太重，而且越来越多的城市人口也尽可能地选择住进打理起来更省事的小型公寓。

为了满足日益增长的消费和不断提高的生活水平，人们对金钱的需求变得越来越大，没有尽头。努力工作和省吃俭用看起来并不能像投机走运那样解决问题。以前人们的"美国梦"是想控制一个大公司，现在人们则盼着他们手里的股票大涨，赚取市场利润，然后好支付他们的账单。

或许变化最大的当属印第安人的地位，我们提到他们与其说是为了国家利益，不如说是因为他们自身的价值。他们中有一万人在（第一次世界）大战中服役。印第安人的总人口为 24.4 万，其中 1/3 以上是美国公民。由于在政府划拨给他们的专属地上发现了天然气和石油，单是土地财富在 1923 年的估值就超过 10 亿美元。其中 3.7 万人总共耕种 40 万公顷土地，另有 4.7 万人饲养牲畜，价值 3800 万美元。在我们国家可能没有任何变化的程度能超过这片土地上最初主人的变化。在 1921 年之前的几年里，即使在他们被骗取数千万美元之后，他们每年在住房、谷仓和现代农具上的支出依然高达 250 万美元。

那个时代的躁动不安可以从国民对汽车的渴望上看出，而且平均每个家庭一辆汽车的目标至少在加州已经实现。美国正驱车奔跑在前进的道路上。在昔日的圣菲小径上，诗人林赛看到了这里发生的一切。

汽车排成一排。
当汽车的喇叭声响起，
美丽的梦想顿时失去色彩。

在每一个车牌上
都有一个大大的黑色的名字——
那是车子所在的
飞速发展的城市。

它们来自孟菲斯、亚特兰大、萨凡纳，
塔拉哈西和特克萨卡纳。
它们来自圣路易斯、哥伦布、马尼斯蒂，
它们来自皮奥里亚、达文波特、坎卡基。

从康科德、尼亚加拉、波士顿来，
从托皮卡、恩波里亚、奥斯汀来。
从芝加哥、汉尼拔、开罗来。
从奥尔顿、奥斯威戈、托莱多来。
从布法罗、科科莫、德尔菲来。
从洛迪、卡米、洛米来。

呵！堪萨斯，让我们重见光明的土地。
当高楼让我们感到窒息，伟大的书籍让我们厌烦！

当我看着高速公路，
望向天空的时候，
当我看着壮观美丽的云彩
在酷热的堪萨斯平原上，
晴日里翻滚云浪——
我坐在里程碑旁
看着天空，
美国
在我身边飞驰而过。

在可爱但怯懦的哈定政府，关于他内阁中一名议员的丑闻层出不穷，不久那位议员就被判入狱并处罚 10 万美元。但却没有人在意这件事。我们想要的是"正常状态"和金钱。哈定死在了任上，之后柯立芝继任总统，在他的治理下继续稳定地偿还国债，制造业也继续繁荣。我们什么都不想要，只希望股市不断走高。我们提议召开了削减军备的国际会议，但最后两次会议基本上没起什么作用。一些大国坚持《凯洛格条约》想要"全面禁止战争"，但这种理想主义姿态到底能有多大成效还很难说。在参与国际事务时我们还是保持"宝贝女儿"原则，即可以去游泳但前提是"把衣服挂在山胡桃树上，不要靠近水边"。没有哪位有影响力的政治家敢督促我们加入国联，虽然这个组织由我们倡议建立并且欧洲已有多国加入。此外，对于有人建议我们听从国际法院对国际争端的判决，尽管我们之前力促各国如此行事，但我们却对这种呼吁置若罔闻。第一次真正触及国际责任时公众舆论就鸦雀无声，像一棵"敏感植物"一样，叶子一被人碰就紧紧地合在了一起。

我们接受了大公司，这一方面是因为我们可以从其股票上涨中赚钱，另一方面则是我们意识到，现代商业在世界范围内的需求，在某种程度上也需要它们存在。尽管我们的大批量生产一直坚持以世界市场为目标，但我们最强的行业（如汽车制造业和电影业）仍得依赖一些国家生产的某些特定零件。我们力争将我们的货物销往世界各国。我们的大型企业（国际收割机公司、标准石油、福特汽车等）正在英、法、德等国投资设厂。我们的银行在伦敦、巴黎、布宜诺斯艾利斯等地开设分行。但我们依旧试图生活在边疆时代的思想中并相信我们仍然能够独立生活，只要我们说我们愿意这样做。在很大程度上我们已经放弃对各种州际委员会的依赖并开始意识到，在如今的情形下，只有联邦法规会为我们服务。然而，我们还是坚持将世界划分为一个个互不联系的个体，尽管事实早已证明世界是一个统一的有机体，其每一个部分都依赖于与其他部分的互通互融。胡佛总统被认为有着最强的工程计算大脑，善于解决现代商业及政治问题；但也正是在他的领导下我们制定的关税制度因为税率太高而差点害了我们自己，因为实际上我们一直在向别的国家放贷，数额高达110亿美元，而那些国家为了偿还利息则必须把货物卖给我们。

在实现"美国梦"的奋斗历程中，罗斯福和威尔逊的战斗呼声已经变为小镇商会对再现"柯立芝繁荣"的呼吁。我们的领导人告诉我们新时代已经到来，在这个新时代，我们要想提高自己就得依靠自身力量；每个人都可以购买他选择的任何东西，只要他在银行或商店有信用额度。股票市场疯狂的投机活动不仅吸引了那群以前半赌博性质的群体，还吸引了速记员、电梯操作员、理发师；各行各业的人在"高标准生活"的要求下都开始对生活有着越来越不切实际的高要求。当有人提出理性的观点反对投机狂热，总统或他的财政部长则发表声明，向公众保证一切正常。其中财政部长梅隆（人们估计他有数亿个人资产）因其所在公职及其精明头脑在这方面有很大的影响力。柯立芝在其第二任期结束时拒绝再次参选，胡佛凭借他创造更大"繁荣"的承诺当选，他说这一繁荣将建立在科学的基础上，可以永远持续下去。贫穷不复存在，我们将要生活在经济发达的天堂。他的对手"AI"史密斯是一位能干的主管，但却是一位移民后裔、一个"温和派"、一个罗马天主教徒。尽管对抗史密斯的"政治诽谤"运动中也夹杂着宗教和一些其他问题，但关键问题是疯狂的投机活动和商业"繁荣"仍在继续；事实上，商业"繁荣"的泡沫在胡佛上台之前就已开始破裂，只不过政府高官全都矢口否认这一事实。

最终在几个月后，理智的商人早就料到的那场不可避免的经济崩盘还是到来了。胡佛与困境和真相苦苦斗争，而梅隆不久就守着自己的亿万资产缄默不语。买单者自然还是民众，经济衰退的影响蔓延至整个国家。这场灾难并不只限于美国。它是世界性的。我们把衣服挂在了山胡桃树上，但这并未给我们带来什么好处。我们努力不去靠近水面，但水面还是淹没了我们。在世界大战中资本遭到严重耗损后，一场世界范围内的恐慌和萧条在所难免，就像一个人双腿截肢后总是会变得无比虚弱。欧美最权威的银行家几个月前就预料到这场经济崩盘，但美国政府还是鼓励大学教授、速记员和擦鞋童去借钱炒股来支付账单。

令人难以置信的是，两位总统和他们的财政部长居然都不知道真实情况，否则他们就是在故意欺骗民众。作为一个国家的领导者，在现在这种境况下真可谓进退两难。一个国家或者无论多么有权势的政党在任何情况下都难逃这不可避免的一劫，但当进入一场飓风时至少不该让她扬起每一片多余的风帆。我们已经厌倦了理想主义，有人督促我们把命运交由可靠的现实主义者，那些根本不去扯什么"道德问题"、头脑冷静的商人；人们告诉我们说我们接受的道德说教已经够多了，我们应该更实际一些。我们最为成功的制造商福特先生在他1930年出版的新书中写道："我们现在知道，凡事若在经济上是正确的，那么它在道德上也是正确的。繁荣的经济和优良的道德之间不可能有冲突。"由于这位成功的商人可能会认为自己是繁荣经济的最佳诠释者，因此他觉得自己也是国家道德的最好裁判。很久之前我们曾提起过，美国人开始搞不清商业与美德之间的关系。这种困惑到 1930 年已完全消失。从那以后人们就弄明白了这件事。如果经济上正确的也是道德上正确的，那我们就可以把我们的灵魂交给经济学家和工业巨头了。

胡佛刚一上任就遭到重重一击。在白宫，无论是民主党人还是共和党人，无论是伟人还是庸才，都无法拯救国家，使国家免受大萧条在经济上带来的影响。然而，新总统又故意为自己和人民增加了一个不必要的困难。由于在竞选中他是靠着一再强调对"更大更好"繁荣的承诺而当选，所以他难以在当政后几个月里就让他自己或民众意识到，我们即将进入经济史上迄今最严重的大萧条之一。如果胡佛和他的智囊团没有预见到这场不可避免的危机，那看起来我们即使寄希望于任何形式的"计划经济"也是无济于事，因为谁也想不到做计划的人竟会错得那么离谱。实际情形似乎是，那些最了不起的商业领袖毫无预见性。总统本人曾被誉为有可能是超级商业精英中能在科学时代协调国家乃至世界经济生活的第一人，谁曾想他却自缚了双手。他没有向公众摊牌表明自己的愚蠢，也没有宣布他几个月前跟人们说的话都错了。他无法迅速告知人们真实情况及前景如何，虽然他自己已经意识到了这些。当他确实慢慢地认清事实后，他显然也相信一位总统有必要像他所说的那样保持"乐观"。但这对他来说并不意味着我们就应该以坚定的勇气去面对危险，而是要把我们当成小孩一样，不让我们看到危机的存在。

这些因素所带来的后果就是，尽管这场暴风雨越来越猛烈，我们却仍在随波逐流。1930 年 6 月，经总统批准，《霍利－斯穆特关税法案》生效；在几周之内，尽管胡佛勇敢地进行了否决，国会还是通过了一项新的养老金法案，这是为了一个利益团体而对财政部进行的一场大洗劫。接下来，1931 年 2 月 27 日，《奖金法案》也被下一届国会通过，同样是在总统投了否决票的情况下。新的关税法大力阻止了欧洲的借贷者向我们售卖货物，而他们则是通过这种贸易来挣钱偿还欠我们的债务。而且由于国内出现的困难，以及缺乏自信心，我们基本上不再向外借钱。基于这些情况，加之其他一些原因，导致欧洲首次发生严重金融危机；5月，世界上最大的金融机构之一安斯塔特信贷银行宣布破产，这开启了世界大萧条的又一个新阶段。胡佛总统一度像是要担起领导的重担并意识到这场危机是世界性的。很快，在没有获得国会同意的情况下（国会当时正在休会），他通过谈判同意延期偿付战争债务一年，但是由于他对法国情况的处理不够恰当，这一做法失去了它原本应有的效果，并导致美、法两国关系进入一个更为紧张的时期。

当时的情况非常严峻，以至于在 1931 年 9 月 21 日英国被迫退出金本位制，英镑的价值立马从 4.87 美元跌至 3.40 美元。另一件令人震惊的事情也沉重地打击了人们的信心。战后欧洲各国出现通货膨胀，其中法国、意大利和比利时的货币贬值约 80%，德国马克更是一钱不值，这种经济动荡使得各地的保守派中产生了一种深刻而持久的不信任感。但是，由于债务负担是由其他国家和其他阶层不计后果地承受，因此人们议论纷纷，谈论是不是存在某种"廉价"货币形式，而这也是遇到大萧条时常有的现象。在美国之所以会产生债务，是因为人们完全抛弃了常识。公司通过借钱来扩大规模，但这种生产能力现在已经不需要了。房地产投机者通过抵押贷款来融资，投入到建设和开发中，但当时劳动力和建材的价格是最高的。股市投机者在 1929 年借了近 70 亿美元来维持股价高涨的泡沫。内战期间曾经过得不错的农民，到 1930 年时他们的农场抵押贷款比 1920 年时多了 10 亿美元。他们像其他人一样也卷入了这场借贷狂潮。

美国没有明确区分的债务人与债权人阶层，支持通货膨胀的人在说起来时感觉就像不存在这两种人似的。事实上，几乎可以这样说，我们身边最没钱的人借入的钱最多，最有钱的人则借出的钱最多。大多数债券和抵押贷款都在储蓄银行和人寿保险公司手中，而把大部分资金都投资到这里面的则是中产或低产阶级，像福特、洛克菲勒和其他公司的大亨大多投资于股票。早在 1932 年储蓄银行和人寿保险公司就已承受不住压力。截至 6 月 30 日，人们从银行提取的金额高达近 40 亿美元，而保险公司也被要求付给投保人近 30 亿美元。这些公司无法购买债券，又要应付这些需求，被迫大量变现，因此如果按市价计算所持债券的价值它们就有破产之虞，而市价又在以惊人的速度下降。在那个月整个美国上下都了无生气，几乎是陷入一片慌乱之中。在紧要关头，摩根公司挺身而出，提供了 1 亿美元的资金池用于购买债券，从而阻止了恐慌进一步加剧。

尽管 1932 年 6 月证券价格落至最低点，但企业收益仍在持续下滑，国会在 1 月成立的类似战时财政委员会的复兴金融公司（RFC），为银行和铁路提供了大量贷款使其免于破产。《格拉斯－斯蒂格尔法案》和其他一些在年初通过的法案使得当时囤积的准备金上升到 13 亿美元，但这也只是在一定限度上阻止了整体士气的消沉。初夏召开会议提名总统候选人时，党派领导人、国会和大众依然恐慌不已。

民众对两位候选人都没什么热情。尽管胡佛已无望当选，但共和党人还是再次提名他，那时民主党候选人富兰克林·罗斯福还不是一个受欢迎的人物。除了民主党人要求废除《第十八条修正案》，这场竞选并不涉及大的原则问题，但却带有一种想要更换政府的强烈愿望，就像一个人浑身疼痛，在床上辗转反侧，不顾一切地只是想要改换一下姿势。最后结果出来，四年前被人们寄予厚望的胡佛，尽管其选民票是 1600 万张对罗斯福的 2250 万张，但他却只获得缅因州等六个州的支持。

经过大选后一段不安生的日子，随着罗斯福在 1933 年 3 月 4 日就职，美国开始进入历史上最迷茫而又令人兴奋的四个月。随着总统换届，正如大病初愈的病人一样，这个国家大松了一口气。它不知道未来会发生什么，但它知道，因为事情不可能变得更糟，所以做出的任何改变都肯定会让事情变好，而且政党、政府和政策上的大变动也必然有利于经济形势发展。

还在就职典礼前罗斯福政府就清楚地认识到，为了尽力挽救国家的银行体系，必须暂时关闭每个州的所有银行；因此，在新总统上任的第一个工作日，整个国家可以说没有一分钱来支付账单，除非是在听罗斯福就职演说时碰巧发现口袋里还剩下一两枚硬币。对于这一前所未有的形势，人们出乎意料的好心态意味着人们的心理已经有了向好的变化，而且出于某些原因，美国重又振作起来。新总统所发表的就职典礼讲话也是有史以来最短的（他的堂兄西奥多·罗斯福当年的就职演说则是时间最长的），让人们更加坚信他知道自己该怎么做。他向国会递交了一系列简明扼要的咨文，请求通过一条又一条法案，这一连串紧凑有序的行动像是在向人们表明，他有一套缜密的计划可以带领国家走出危局，从而进一步增加了人们对他的信任。

大部分计划的制订都参考了总统的一些朋友、经济学教授及其他一些人的意见，这些人被大众称为"智囊团"或"教授团队"。就职典礼过后，这些人被安排在华盛顿就职，继续为总统出谋划策，有点类似一种私下的内阁。外界基本上不了解他们的相关信息，甚至连他们的名字都不知道，而且他们当中也没有一个人是其所在行业的拔尖人物。因此，某些人说这是一个"专家政府"，其实并不确切。比起其多位前任来，这位总统更多是在依靠理论专家而非实践专家。而理论与实践可是很不一样的东西。这个实验很有意思，不过很多人并不看好，他们担心过于教条地应用抽象概念来解决我们这个复杂工业社会的疑难杂症有些冒险。其他一些人则相信，总统有能力理性看待别人向他提出的建议，弃劣选优，自行决断。

认为罗斯福就任后三个月所做的事情是对政府执政方式进行了宪法改革，是没有道理的。虽然相比其他总统罗斯福将更多权力集中在自己手上，但他却并不像过去那种专权的暴君或独裁者，我们无法说这其中有哪些部分不违宪或者它可能因此而永久地改变了行政与立法部门的关系，因为这原本就是一种不断变化的关系。想要弄清当时形势，我们必须从多个方面去考虑。即使新总统个人魅力很强，而且在政治管理方面很有一套，若非情况特殊，国会也不会完全放权。

在国会的运行问题上，支持某人无疑是重中之重。民主党 12 年来首次主掌国会，颇想尽可能多地获得政府职位，而本届总统则恰好事务繁多，能提供很多职位。总统对这些职位的利用炉火纯青，只有国会愿意按照他的意愿在立法上予以协助，他才会提供职位。而国会也明白，立法部门目前在民众中已是臭名昭著，而新总统则深得民心，日益强大。除了担心失去支持，国会更担心的是全国上下燃起的民愤。最近的大选表明，超过 2200 万选民都认为国会百无一用。这个国家确实既恐慌又愤怒，而且国会的恐慌只会更多。国会成员的平均素养甚至大大低于通常水准，以至于他们更难发表谴责性声明。

而且这次成员换届的比例也特别高，相当大一部分成员都是第一次进入国会，对相关程序都不熟悉。尽管在国会参众两院像往常一样仍有一些睿智、经验丰富、能力出众之人，但他们只占很小一部分；在这届国会任期内任何狂热想法都能得到 2/3 多数派支持，这可能会被认为是在对选民中不满和绝望的一方发出呼吁。

全国至少有 1300 万人失业，很多州的农民为了不使自己的农场被没收，实际上已经全副武装准备反抗；人们纷纷传说将会发生更大规模的革命。国会知道，全国人都希望能马上出台一些具有建设性的法案。但国会本身并没有什么计划，而且就国会成员来看，他们也没有能力提出什么计划。总统至少看起来还有一个计划。他所要求的权力几乎涵盖最疯狂的激进分子所希望做的一切，而且那些较为激进的议员在投票授权给总统这些权力时感到，他们可以告诉自己的选民他们实际上是把票投给了那些具体措施。而那些保守派议员则要更害怕国会中的 2/3 多数派，所以他们认为，比起相信立法机构及其成员，把权力交给总统不失为一种稳妥之举。

因此，由于各种因素的综合作用，国会接连通过一系列法案，这有可能是除了战争危机时刻通过法案最多的一次。据 6 月 22 日的《国会议事录》记载，《紧急银行法案》经过 40 分钟辩论就获得通过，《经济法案》经过两小时辩论获得通过，《啤酒法案》经过三小时辩论获得通过，《农业和通货膨胀法案》经过五个半小时辩论获得通过，《联邦救济法案》经过两小时辩论获得通过，《铁路法案》经过六小时辩论获得通过，《马斯尔肖尔斯法案》经过六小时辩论获得通过，《抵押贷款救济法案》经过两个半小时辩论获得通过，等等。

各种法案相继通过，以及赋予总统各种权力，这一切的效果都只能简单加以概括，因为若想对其进行讨论，至少要写上几页纸的内容。简言之有如下变化：美国结束了金本位制；整个国家的银行系统处于联邦紧急控制之下；所有公共和私人合同中的黄金条款宣布无效；总统被授权将国家开支削减 10 亿美元，以达到收支接近平衡；税收也因此大幅提高；未来所有证券的发行都由联邦监管；总统被授权可将美元最高贬值 50%；通过联邦储备系统实行积极的扩张政策；发行 30 亿美元纸币以偿还公共债务；斥资 30 亿美元用于建设项目以提供更多就业机会；提供 5 亿美元用于救助；中止《反垄断法》，整顿国民经济，包括提高价格、调整工资、签订贸易协定；由政府实施大型开发计划，在肖尔斯兴办大型电力企业；重新调整铁路系统；拨款 40 亿美元用于农业救济；采取各种措施恢复国家繁荣。国会采取的这一系列重大行动一个接一个，快得让人来不及反应，一家主流报刊的一位编辑抱怨说，根本就没时间也没版面发表文章和为公众做出深度剖析。

因为我们距离所有这些事情发生的时间实在太近，所以即使在本书中也无法实现那位编辑的愿望。这可能也表明过去三个月发生的事情更多是让人觉得扣人心弦，而不一定是具有划时代意义。4 月，国家经济突然走上正轨，几乎各个行业都大有起色，例如，钢铁产能从14%迅速恢复到56%。到7月1日，商品经济急速升温，股市也出现了"繁荣"的苗头，不管是否健康。直到那时总统还没有利用其手中权力刻意让通货膨胀。另一方面他显然也在摸索自己的路。他是靠再三承诺人民能够挣到货真价实的美元而当选。然而，到了7月他似乎转而在进行一个"管理"美元的实验——不管他想以此来做什么，反正他的目的到目前还没有暴露。6月，美国代表团前往伦敦参加经济会议，在此之前总统曾于5月16日宣布，此次会议的主要目标之一是稳定外汇。然而，到会议召开时，他却没有提及稳定外汇一事，而是全力强调提高美国物价，并且完全不管美元兑其他货币在迅速贬值。虽然总统把美国代表团团长兼国务卿科代尔·赫尔置于一个相当尴尬的位置，但后者还是尽力在保全总统面子的同时防止把会议失败的责任安到美国头上。然而，美国人和外国人都开始感到困惑和担忧，随着美元兑英镑的汇率在几周内降幅超过1/3，大批恐慌的美国投资者竞相抛售美元。有人就这些事评论说，美元的价值（乃至美元的性质）现在主要掌握在一个人手中，而这个人对这个问题的看法暂时还不够明确。在这种情况下，人们没法对未来做出任何预测；史诗总是在一个最闪耀的时刻结束，没有任何预兆。总之，目前来看，在债务人与债权人的斗争中，尽管他们的界限依我们看也是模糊不清，但最终还是债务人取得了完胜；在民族主义与国际主义的斗争中，总统改变了他的政策并决定我们至少目前应该退出国际舞台，尽可能地在我们自己的边界内活动。

人们可能会质疑这能否成为长久之计。正如吾等所见，经济国际主义（在国际贸易中交换原材料和成品）对生活来说必不可少。日常必需品从未像今天这样国际化。例如，如果没有进口橡胶，美国的汽车用不了几个月就无法正常行驶。但政治上的民族主义也从未像今天这样猖獗。总统在经济会议中直接点明了这一内在冲突。只要各国之间的货币汇率不稳定，国际货物流通就不会顺畅。只有让我们自由地控制自己的货币，我们才能操纵价格瞬间上涨。这两件事情是不相容的，但现代世界的这一问题迟早必须得到解决，我们必须决定地球上的各个国家是各自成为一个隐士王国，互不联系，自力更生，还是像我们国家的各个州一样通力合作，共同发展。65国参加的经济会议主要是在我们的努力下才得以顺利召开，然而，如今它也是因为我们自己的所作所为而以失败收场。虽然这一问题仍未得到解答，但它迟早会得到解决，要么是通过理性谈判，要么就是通过暴力。

# 终　章

　　至此我们已经简要地概述了自远古时期不知来自何方的野蛮人在美洲大陆上游荡时开始的美国历程，但我们仍然希望能对本书相关重点予以必要强调。及至墨西哥和中美洲丰富而残酷之文明产生发展时我们便有了历史纪年。我们已目睹，第一批白人登陆美洲岛屿及海岸所遭遇之惊异，随后此辈所来愈频且甚众。我们已目睹，法国人、英国人和西班牙人之奋斗与冲突。我们已目睹，我国始于弗吉尼亚少数饥肠辘辘之英国人，直至崛起为由世界各种族组成之1.2亿人口大国。我们一直都在不断壮大，起初保卫詹姆斯敦时城防不足以对抗数十名赤裸的印第安人，而仅仅过了九代人后便能从近2500万人中征募数百万适龄军人，跨海打击敌人。一个几乎不足以维持50万野蛮人生计的大陆，如今则支撑起人数为当时250倍的辛勤忙碌的人民。在我们辽阔而空旷的土地上，到处都是房屋、公路、铁路、学校、医院，以及最先进物质文明带给我们的种种舒适环境。我们取得的物质成就惊人而空前。我们前进中的每个重要阶段都得到新的科技支持从而加快了其进程；我们被人类前所未有的成果回报所吸引而奋力疾行；我们受到风气影响使得消解紧张情绪几乎成为肉体所必需，进而投身于从物质上掌控周边环境的活动中，从而放弃了众多早年的积淀。

即便如此，边疆也已渐行渐远，而其余波至今仍在我们之间回荡。我们在 18 世纪即拥有稳定而兼具物质及精神意义的成熟文明。此后我们就开始争夺位于彩虹脚下无尽的财富。当我们不断向西部发展，我们稳定的生活便为持续的变动所取代。一位英国著名作家曾在席间向我抱怨，我们过多地以边疆为凭借。如果这不是借口，那肯定是一种合理的解释。边疆令我们大大偏离祖先业已奠基的文明建设，并且它自我们身边的延伸亦恍如昨日。我年轻时经常与我曾祖母交谈，这位老太太出生时美国只拓展到密西西比河，甚至尚未拥有佛罗里达和墨西哥湾沿岸。杰斐逊将我们的边界拓展至落基山脉，当他去世时我祖父尚且年幼。当我父亲仍属孩提时，俄克拉何马州南部和落基山脉西部的领土仍在西班牙手中。当我出生时，苏族与内兹帕斯领地仍战乱不止。当南太平洋铁路首次跨越西南部时，我才 5 岁；当边疆正式宣布消亡时，我 12 岁。

我们即便忙于物质征服与建设，也并未完全丧失对更高尚事物的憧憬。如果说我们汲汲于那些遥远的美好事物，它们像在过去一样给我们带来了希望，我们亦能发现其实现途径，此诚为人间希望之乡。在思想领域，我们一直追求实用性和适应性而非原创性和理论性，虽然可以看到我们今天在天文学上已处于领先地位。在医学方面，我们的发现更是为世界带来无法估量的价值，并在许多人道主义革新方面起到示范作用，如在对待债务人和精神病人方面。在（第一次世界）大战中做出参战决定之前我们一直在努力争取更为公正的国际法准则，推广调停之手段，用以取代战争来解决国际争端。即使在艺术和文学作品中我们没有产生可以称得上是大师级的人物，我们也已创造了一系列以当今标准衡量仍属世界级的高水平作品，无此则世界将更加贫乏。在文学和戏剧方面，当今世界尚无任何一个国家或地区的作品可与我国媲美。在无形的品格方面，在过去一个多世纪中其他国家没有出现一个比华盛顿和林肯更高贵之人。

但是，毕竟此等事物中有许多并非新生事物，如果它们就是美国必须做出的贡献，那么美国原本可能只意味着一个人口更多之地，是数百万人类种群的繁衍之所。就许多方面而言还有其他地方的生活比美国原生生活更安逸，更具思想性和美学刺激性，更为迷人，因为美国仍然是原始的。数百万野蛮粗心之人，道路两边乱七八糟的广告，利用我们最美丽的风景来宣传那些应予抵制的产品，都是我们文明生活水平下滑的表征，而与之相类的无法无天和腐败堕落等则均颇具讽刺意味地被公众漠然置之。某些问题是欧美都存在的。某些问题是城市带来的，不分国界。拥挤城市中的从众心理开始到处成为现代文明的威胁之一。民主的理想和民众的现实造成现代政府的两面性。"我认为我们的政府将会保持良性……只要其主体保持农业属性；只要美国任何地方都有空地便会如此。当政府如欧洲那样集中于大城市，就将如欧洲一样腐败。"杰斐逊在波旁王朝时期曾这样写道。

如果如我所言上述代价是我们所必须付出的，那么美国就不会向世人奉献出其独具特色的礼物。当然，我们还有"美国梦"，那是对一片土地的梦想，在这片土地上每个人都能生活得更美好、更富裕、更幸福，每个人都有机会根据自身能力或成就获得机会。我们很难向欧洲上流阶层充分解释这一梦想，而我们国内也有太多人对此感到厌倦并已失去信心。它不只是对汽车和高薪的梦想，而是对一种社会秩序的梦想，在这种社会秩序中每个人都应当能够凭借其内在能力达到最充分的高度并被他人认可，而无论其出身或地位如何。我曾遇到一位前来纽约做客的睿智青年，过了数日我问他，他印象中最让他感到震惊的是什么。他毫不犹豫地回答说："各种各样的人看你的眼神，完全没有流露出不平等的想法。"前段时间，有位曾为我干过活并受过相当程度教育的外国人，他在干完活后偶尔会在我的书房中和我聊会儿天。

有一天，他说这种关系就是美国与其祖国最大的不同："在我们那里我只是埋头干活，偶尔会得到好评，但不会像这样坐下交谈。我们那里存在因为社会阶层而产生的差别，无法逾越。我不会与你进行平等对话，因为你是雇主。"

不，过去一百年来吸引各国数千万人来到我们海岸的"美国梦"并不只是物质富裕的梦想，尽管这一点无疑很重要。"美国梦"的含义要比这更为丰富。它是这样一个梦想：每一个男人和女人都能得到最充分的发展，不被其他旧文明社会里逐步形成的障碍所阻碍，不被为了阶级、而非为了所有阶层个体的利益而发展起来的社会秩序所压制。美国并未完全达到这个目标，但与其他任何地方相比美国都要更接近这个目标。

这是一部壮丽的史诗和一个伟大的梦想。那么将来又会如何呢？

我在这里并不关心在大规模生产下全球分配和消费关系带来的长期经济问题。这些根本性的问题已在其他地方由那些更专业的人士充分探讨过。但在接下来十年我们是否会再次面对剧烈波动的经济周期，是否会面临经济机器运转速度明显放缓的局面，我们如何应对这两种情况的主要因素就在于美国人的心态。关于这一点有一个有趣的问题就是，我们长期处于边疆及其他美国因素的影响下，是否产生了一种新的变化，还是仅仅带来了一种短暂的变化。我们是否能够趋利避害？边疆及新大陆的梦想和理想主义，是否与我们对美洲大陆三个世纪的剥削和征服在我们身上留下的丑陋伤疤有着千丝万缕的联系？

我们已经试着展示了某些伤疤是如何获得的；我们是如何执着于商业、营利和物质改善并认为它们本身即为善；这些因素如何上升至道德层面；如何认为一种不假思索的乐观主义是必需的；如何拒绝正视我们自身社会中那些阴暗和肮脏的现实；如何将对现实的批评视为对新社会的阻碍和危险；我们如何认为那些礼仪是不民主的表现，并认为文明思想是成功的障碍，是低效的娇娇之气的表现；物质发展的规模和统计数据在我们眼中如何变得比质量和精神价值更重要；在边疆的不断发展变化中，我们如何忽视过去，冀望未来；在"谋生"的斗争中我们如何忘记了生活；我们的教育如何趋向于功利主义或漫无目的；我们如何发展出其他不幸的特质，而这些特质直到今天才引起我们的注意。

当我们投身于自己的使命时，世界也被改变了。并非只有我们美国人必须寻求新的价值尺度和基础，但出于若干原因这项任务对我们来说却是尤为重要。一方面，我们向新大陆的移民和不断向未定居荒野的推进，使我们的旧价值观受到的扰动远远超过欧洲；另一方面，这里没有待扫除的旧事物，这一事实使得当我们转向工业化生活时，其工业化程度远大于工业革命的起源地欧洲，从而让我们更加全面地感受到了工业革命和机械化的影响。

看来，现在是这一价值观问题对我们而言至关重要和紧迫的时候了。长期以来，我们一直受到诱惑而忽视了它。许多从事城市建设和大陆开发工作之人的价值观都趋于物质化和简单化。当一个男人开辟出一片空地，看到其妻子儿女无处安身时，也就没有必要去讨论在人道和满足的生活中真正的价值观是什么。我们必须砍伐树木，我们必须建造房屋，我们必须焚烧树桩，我们必须种植玉米。简单化成为我们的一种思维习惯，这一习惯在空地变成繁荣的城市后仍在我们的生活中长期延续。但这种思维习惯并未忽略不同的价值观。它只是含蓄地接受某些东西，就像我们最具特色的威廉·詹姆斯的实用主义哲学。我们不能说我们没有先验的标准：关于一件事或一个想法的价值之证明仅在于其是否"有效"。我们所说的"有效"其含义为何？我们难道不是意味着它能产生或促成某些令我们感到满意的结果——即我们已经在头脑中预设了具有价值的某种事物，或者换言之，某种标准或价值吗？

能够转移或吸收我们活力的边疆已不复存在。至少在几十年的时间里我们将会成为一个人口更加稠密的国家，在这个国家我们的社会理想应该能够带给我们文明社会人所具有的满足感。为了清除目前教育中的混乱，我们显然必须厘清我们的价值观。除非我们能够就生活中的价值观达成一致，否则我们定然缺乏教育目标，而若缺乏目标，我们对方法的讨论便是徒劳。一旦边疆时期成为过去，"美国梦"本身就会产生各种价值观问题。更完善、更丰富的生活说来简单，但何为更完善、更丰富？

在这方面，就像在其他许多方面一样，大企业巨头往往不是在引导我们，而是在使我们误入歧途。例如，它们宣扬的高工资等级理论便具有危险性。危险之处在于，它们提出这一理论不是为了通过增加人们的闲暇时间来创造一种更为完善的人，以及让人们更明智地利用闲暇时间，而是以增加人们作为"消费者"的能力为唯一和公开的目的。因此，人们就会被一切可能的压力或欺骗方式所刺激，将其工资花费在消费品上。他被警告说，如果不消费到极限，而是沉溺于无须破费的快乐中，他可能不仅会被剥夺高薪，还会被剥夺得一无所有。他和我们其他人一样似乎都踏上了一台永远不会停下的跑步机：我们挣钱不是为了享受，而是为了让工厂主们变得更加富有。

如果我们仅仅将人视为生产者和消费者，那么大企业越是冷酷而高效，我们就越是接近这一目标。即使从人类价值观的高度来衡量，许多消费品无疑也能使人类变得更健康，更快乐，更优越。但若我们首先想到他是一个人，而且只是偶然地作为一个消费者，我们就必须考虑哪些价值对他而言是最好或最令其满意的。我们可以尝试为他监管企业，不是把他作为一个消费者，而是作为一个具有众多与消费无关的需要及需求的人。这样一来，我们考虑问题的出发点就会由效率和统计转为人性。我们不应该创造一个高工资标准以便领薪者消费更多，而是应该让他能以这样或那样的方式生活得更富足，无论是否是通过享受那些工厂生产的产品或是其他东西。从社会方面来看与从经济方面来看，观点完全不同。

就像在教育中我们必须具有某些基于价值观的目标才能明智地改进我们的体系或者知晓努力的方向，商业和"美国梦"亦是如此。渐渐地我们扩大了这样一种观念，即企业不只事关个人利益问题，更是一种公共服务；在银行、铁路、电话及电力的使用及其他方面，我们试图规范收费和其他事项以符合公民和股东的利益。我们可能会沿着这条道路迅速前进，但不能忘记仅有立法远远不够。政府监管下的最新业务（即投资银行业务）从长远来看必须更多地取决于它的个体银行家的品质和判断，而非官僚主义导向。如果法律不符合人民的意愿和品性，任何法律皆为一纸空文。如果我们全民仍旧把快速致富看得高于一切，那么就会有人出售高风险证券，就会有数百万人冒险购买。债券销售者与走私者并非泾渭分明，而且我们非常清楚对银行的监管并未令其安稳行事。大萧条的灾难之一是，公众有充分理由对银行家的诚信和判断力几乎完全失去信心，即使最重要的银行长期以来一直受到政府的严格监管。问题是，当银行家像我们大多数人一样本能地基于其自身或公司利益去考虑问题并行事时，任何法律都不会给予银行家那种类似信托人的责任感。

美国在一个重要方面从边疆时代开始便发生了根本性变化。过去的生活孤独而艰难，但它孕育了强烈的个人主义。杰斐逊时代的农民是独立的，可以持有自己的独立意见。我们正在稳步发展成为一个充斥着雇员的国家——无论一个人是每天获得5美元还是年收入数十万美元。唯唯诺诺之人（"yes-men"）在我们的字典里是一个新词，但它却是真实的，这样的人在我们的国民生活中比比皆是。不只是劳工和员工，整个经济及社会阶层均要仰雇主之鼻息。美国内战之前的黑奴心里清楚，不能就人权表达自己的观点。当今衣食无忧者对完善现行经济体制所一致持有的胆小观点令人震惊地增长，这些人一般都是公司职员或主管，这与他们担心自身可能失业不无关系。

另一个严重问题是，脑力劳动者对当前经济秩序的不适应。正如领薪者被告知他作为消费者必须调整自己的休闲追求以满足商业机构的利益，脑力劳动者同样承受了几乎无法抗拒的经济压力，要求他调整自己的工作以适应企业或大众消费的需求。如果工资无限制地增长（大规模生产使得提高工资成为可能），那么脑力劳动者或艺术工作者将不得不以更高的价格支付他所接受的服务和租金等所有消费项目，因为工资是其中的重要构成要素。由于工资提高，这些人的生活成本随之上升，他们发现，由于市场的有限性，仅靠其智力成果在这个世界上根本无法立足，因为这个世界建立在大规模生产的利润基础上。如果自己不追求某种形式的大规模生产以获取利润，也就永远无法承受不断增长的大规模生产成本。如果大众消费在很大程度上并不意味着他的思想和表达的质量明显降低，尚属无伤大雅。如果艺术工作者或脑力劳动者可以依靠广泛的受众而不是某个阶级或群体，就会大大增加其作品的影响力，但广大受众为此必须具有欣赏其作品的能力。大规模生产理论在应用于精神事物时往往会归于失败。大型企业中的公司合并，以及为数千万消费者的市场生产一种标准品牌的豆类或汽车等低价产品，在我们的物质需求领域这是可能的。而这在思想领域则是不可能的，但目前的整体趋势却是在朝这个方向发展。报纸正在合并，就像它们也是一个一个的工厂一样；每日、每周及每月发行的期刊都变得像牙膏一样依赖于大规模销售。其结果就是，将它们所代表的思想质量降低到数百万消费者思想的最低限度。

　　如果"美国梦"能够实现并延续下去，那么归根结底这将取决于那些追梦者自己（民众）。如果我们要为所有人实现更富裕和更幸福的生活，他们就必须知道这样的成就意味着什么。在现代工业国家，经济基础对所有人都至关重要。1929 年，胡佛为我们的"国民收入"感到自豪，但国家只是男女个体的总和，而就在我们最繁荣的时期，当我们从单一的总收入数字转向个人收入时我们也会发现，其分配明显不公。财富是一种社会产品，为了社会利益我们没有理由不对它进行更公平的管理和分配。但除非我们能先确定生命的价值，否则我们很可能会朝着错误方向发展，而这则无异于负薪救火、缘木求鱼。

除了单纯的经济基础之外，对价值规模的需求也变得更加巨大。如果我们能够进入一个时期，在这个时期，不论是在工业领域还是在生活中的其他部门，群体价值高于个体，并且如果人人都要享有更富裕和更幸福的生活，那么大众的水平就必须明显高于目前的水平。公众生活必须上升至一个更高的水平，不然就会将政治领导、艺术及文学方面的水平拉低至其自身水平。指责美国是"巴比特·沃伦"是没有用的。在美国，上层和底层在精神上和智识上都比大多数国家更相近，但巴比特却是无处不在。[1]"大街"是世界上最长的，因为它环绕着地球。[2] 这是一个美国名词，但却并非只是指美国的街道。英国大教堂镇和法国外省城市与辛尼斯城同样令人窒息。但这并不是问题的关键。

问题的关键在于，如果我们想要拥有富裕而幸福的生活（在这种生活中所有人都能充分发挥自身作用），如果我们想要"美国梦"成为现实，我们的社会精神和知识生活就必须明显高于其他地方，在那些地方各个阶级及群体间的兴趣、习惯、市场、艺术和生活彼此割裂。如果"美国梦"被证明不具有实现的可能性，那么我们也可能会成为彻底的现实主义者，变得更加具有阶级意识并作为个人或阶级互相争斗。但若"美国梦"梦想成真，那些在财政、经济或其他方面都处于优势地位之人就必须全心投入"伟大社会"，而那些底层之人不但在经

---

[1] 《巴比特》，美国作家辛克莱·刘易斯所写的一部讽刺小说，批判了美国中产阶级生活的空虚和随流循俗的社会压力。巴比特特指不假思索地遵循中产阶级生活标准之人，特别是商业及专业人士。——译者注

[2] 语义双关，暗喻不独美国，世界各国都有其流行生活标准。"大街"源自辛克莱·刘易斯的同名小说，指美国文化中令人窒息的某阶层主流生活标准。——译者注

济上而且在文化上都必须努力奋斗。我们如果任凭个人的自私、身体的安逸和低级的趣味控制我们，我们便无法成为一个伟大的民主国家。人人享有更美好、更富裕生活的"美国梦"之基础在于，人人都有能力分享它。物不可自沽其值，人不可独立于世。这完全取决于各自是否奋发以实现自身价值。林肯出生于小木屋中，但其伟大并非由于这种出身，而是在于他超越了出身的限制，即超越了成千上万困守于其出生之地的贫穷、无知、缺乏抱负、不求上进、满足于低级事物和目光短浅之人。

如果我们要使梦想成真，我们必须共同努力，不为更强大，而为更美好。有强调数量的时候，也有强调质量的时候。有时数量也会成为一种威胁，这时收益递减规律就会起作用，但质量却并非如此。论及共同努力，我并非提议建立新型组织，此类组织在我国已多如堪萨斯境内之蝗虫。笔者意指对生命永恒价值的真正独立求索。在大如美国这样的国度，像泛泛而谈那样进行预言而可以准确无误并无可能，但在我看来希望与疑虑都有其存在空间。失去了"美国梦"，这部史诗便失去了所有的荣耀。规模、人口及财富的统计数字对我而言毫无意义，除非我仍然相信这个梦想。

美国仍是"反差之地"，就像多年前詹姆斯·穆尔黑德博士所写的关于美国的同名佳作中所说。有一天，一个来自俄克拉何马州的男子对此大发雷霆，给人的印象是，这个年轻的州除了油井和百万富翁一无所有；而第二天就有人从这里的大学得到一本极好的季刊，上面刊登了一份评论，列出了法国、西班牙、德国和意大利出版的所有最新书籍；种种迹象都表明，一种活跃的智力生活（包括思考世界另一边的想法）开始出现了。

针对我们文明中的一些倾向出现了理智而清醒的批判，要求对它们进行严格审视，没有比这更好的希望征兆了。在这方面我们无疑正在脱离边疆阶段。我们的生活需要这样的审视，今天的每个国家也都需要如此，但因忧虑丑恶现象而忘却美好事物则是荒谬的。根据梅里蒙特的莫顿、本尼迪克特·阿诺德、"比利小子"、萨迪乌斯·斯蒂文斯、杰伊·古尔德、P. T. 巴纳姆、杨百翰、汤姆·劳森和其他可资拼凑之人物的过往而编撰出离奇而费解之国家历史，与单纯以约翰·温思罗普、华盛顿、约翰·亚当斯、杰斐逊、林肯、爱默生、爱迪生、戈加斯将军和其他人物来书写过去的历史，同样难窥全豹。

今日之美国不再全由"巴比特们"组成（尽管他们已经够多了），正如它不再全由年轻诗人组成。特别是在年轻男女内心深处有股健康向上的悸动，他们越来越下定决心不再单纯为了商业利益而充当消费者，而是打算过上理智和文明的生活。当人们虑及本可发展成为伟大艺术之电影产业的泛滥时，人们可以转而求诸遍及全国各地的小剧场和民间戏剧的创作运动，求诸上代人之前几乎不为人知的民间诗集，以及其他自我们的土地和历史中直接衍生出的充满希望的文化。我们的问题是，在善与恶的冲突中善能胜出几分。虑及夜间上万屏幕前看吻戏特写的激动人群和剧院看奥尼尔戏剧的人群，两相比较，我们发现结果并不令人振奋。然而，另一方面我们也不要忘记，一个国家既可以在一年内生产 150 万辆福特而在短暂使用后徒增乡村车道边弃置的废车，也可以创作出或许是过去半个世纪来最精美的雕塑典范，即位于华盛顿为纪念亨利·亚当斯夫人而建的圣·高登纪念碑。另外，我们也可以将洛克菲勒财富积累中体现的精神，与他现在财富分配中体现的精神进行对比。

我们整个国家的生活就像乡村道路一样，皆因混杂边疆经验之无序残余而显得杂乱无章，因而我们应当尽己所能去帮助那些真诚地试图厘清这二者之人。但是，边疆也为我们留下了我们的"美国梦"，而且这个梦想正在许多人心中和许多机构中实现。

在后者中，我常常认为最能体现该梦想的就是我们这个有着"图书馆之乡"美誉的国度中那座最伟大的图书馆：国会图书馆。在大多数情况下，我对那些拥有巨量赠予和基金之人毫无兴趣，他们的收入有可能一辈子都用不完，并且他们还有着像雪崩一样不断滚动的投资。他们只是将其财富的一部分还算明智地归还社会，没有这个社会他们也就无法获得他们的财富，而且他们的获取过程往往都是掠夺。这是我们经济体制失调的主要证据。这一体制稳步地加大了普通人与超级富豪之间的鸿沟，使得社会资源聚集到个人财富中，每年为其所有者提供数百万收入，而他们中只是偶尔有人受到感动并完全按照他们自己选择的方式将一点点盈余返还公众，这无疑是一种浪费和不公正的制度。也许这是最无益于"美国梦"的。我并不轻视某些人的慷慨和公共精神。存在缺陷的是这样一种体制。这一体制也不可能由那些从中受益最多者自觉地加以改变。从来没有任何统治阶级愿意主动下位。民主除非自我拯救，否则它永远都不可能被拯救，亦不值得拯救。

然而，国会图书馆恰恰直接来自民主的核心，我在此将它作为民主可以自我实现到何种程度之象征。国会图书馆接受了许多捐赠，但它是由我们自己通过国会创建的，而国会也日益对它表现出慷慨和理解。此一民创、民建之图书馆也必将是民享之图书馆。任何体验过欧洲巨量藏品的种种限制和繁文缛节以及难以企及之人，都会在进入国会图书馆的书库时仰天盛赞美国的民主。

但是，国会图书馆所象征的"美国梦"并不只是明智地划拨公共资金。该馆在两个方面显示出其公共性。如果没有像赫伯特·普特南博士这样的公民担任国会图书馆馆长，如果没有国会的慷慨援助，国会图书馆就不可能成为今天这样。他和他的工作人员一直致力于让400多万册书籍和小册子服务于公众，这一服务的广度和深度是旧大陆任何类似庞大机构都无法企及的。此外就是使用这些设施的公众。当人们俯视普通阅览室时，一室之中即可能有万册书籍之多，不经申请即可自行阅读，他们会看到，座位上坐满了安静的读者，他们中有老人和孩子、富人和穷人、黑人和白人、行政人员和普通工人、将军和士兵、著名学者和小学生，他们都在由他们自己的民主制度所提供的图书馆内在书海遨游。在我看来，这是"美国梦"完美实现的具体范例——其资源藉由人民自己积累之资源提供，由善用资源之公众掌控，由高素质之人群享用，这些人即为伟大民主之组成成分，他们致力于全民之福祉，而脱离了故步自封之状态。

在我看来，只有将这种方式推广至我们国家生活的各个层面，才能长久实现"美国梦"。我对政治家们机智的家长作风或商界领袖们的社会智慧缺乏信任；我们不要指望政府和大公司巨头能够指引我们作为一个大国走上令人满意的人道生活之路，除非我们作为众多的个体在我们自己的灵魂中培育出一些伟大的东西。在无数的男男女女下定决心，通过自身经历甚至是幻灭明白何为真正令人满足的生活（古希腊意义上的"美好生活"）之前，我们根本无须指望政治家和工业巨头。在我们的政治体制下，除了极少数意外惊喜，期望某个政治家能够超越其权力来源徒劳无益。只要我们自己仍然满足于仅仅拓展存在的物质基础，满足于我们的物质财富增加，那么认为那些能够利用这种公共态度为自己获取无限财富和权力之人就会放弃这两者成为一个鄙视精神层面事物的民主国家的精神领袖，这种想法就是荒谬的。只要财富和权力是我们取得成功的唯一标志，野心勃勃之人就会为实现这些目标而奋斗。

今日之前景令人沮丧，但也并非毫无希望。将 1933 年之美国与 1912 年之美国进行比较，我们感觉国家似乎倒退了很多。但这段时间毕竟很短，整个世界都在经历地狱之火。从过往四年的严峻教训来看，我们在思想上似乎并未取得应有之教益。在大多数情况下，人们似乎更愿尽快回到轻松赚钱和奢侈消费的旧生活中，而不太愿意用更为理智而高尚的方式去重新评价生活。我们今天对那些破坏企业和造成我们损失的领导人表示不满，他们中有少数人成为替罪羊。然而，事实是，我们的日常生活已经自上而下地腐朽了。乡村和小城镇的小党魁们只是缩小版的坦慕尼派[3]党魁而已。高位之人往往肆无忌惮地攫取巨额利益，而小人物亦上行下效，敛财成风。在销售风险债券、短斤少两、长期克扣、以少充多这些做法之间仅有程度差异，而无实质之别。所有人都感受到了"高生活水平"和"挣快钱"的压力，大多数人还因此而出现了道德滑坡。

另一方面，我国国土广袤，环境复杂，人口众多，种族多样，很难一概而论。天空并非漆黑一片，也有不少光亮的迹象。尤其是年青人的反抗正在加剧，所以我们也没必要放弃希望。如果我们意欲在国民生活中实现我们的"美国梦"，那么我们确实还有一段漫长而艰辛的路程要走，但若我们失败了，除了旧日的永恒轮回就会一无所存。另一种选择则是自治的失败，即普通人未能达至全面发展的境地，也就是说"美国梦"无法实现它原本给予人类的所有希望和承诺。

这个梦想不是某个孤独思想家闭门造车的产物。它来自千千万万从世界各地移民美国者的内心和他们背负的重担。如果我们觉得他们中有些人对"美国梦"的信念太过执着，那就是说，我们尚未理解他们对此有多么的向往；我们可以倾听一下他们中一个年轻移民女孩的心声，她叫玛丽·安廷，来自俄罗斯，她说她是一个来自"中世纪"的孩子，一下子就进入了我们的 20 世纪。她坐在波士顿公共图书馆的台阶上，整个人类思想的宝藏都在向她敞开，她写道："这是我最新的家，它带领我走向一种快乐的新生活。我能真切地感受到过往无尽的岁月在我的血液中激荡，但是一种新的节律也在我的血管中跳动。我的思想并未被浩瀚的历史所束缚，就像过去我的脚步被束缚在山下祖父的房子里那样。过去只是我的摇篮，现在它再也无法托起我，因为

---

[3]　坦慕尼协会，也称哥伦比亚团，1789 年建立，最初是美国一个全国性的爱国慈善团体，专门用于维护民主机构，尤其反对联邦党的上流社会理论；后来成为纽约一地的政治机构并成为民主党的政治机器。它在 19 世纪曾卷入过操控选举丑闻，1934 年垮台。——译者注

我已长大；当我畅游在这座壮丽宫殿的广阔空间中时，单是它的影子就有数英亩之阔，我曾经的家，博罗茨克的小房子，现在已经成为记忆的玩具。不！我不属于过去，但过去却属于我。美国是这个世界上最年轻的国家，她继承了历史上的一切。我是美国的孩子中最小的一个，她把她所有的宝贵遗产：那望远镜中辨认出的最后一颗白星，那伟大哲人的最后一缕幽思，都放到了我的手上。我拥有辉煌的过去，我拥有光明的未来。"